客车维修问答与经典案例分析

KECHE WEIXIU WENDA YU JINGDIAN ANLI FENXI

金柏正　编

内 容 提 要

本书是从事客车维修工作几十年的高级技术人员维修经验的总结。全书共分五章，内容包括：汽车维修管理；汽车技术使用；机械基础、汽配材料、设备使用；现代客车新技术；客车维修经典案例分析。本书适合从事客车（含公交客车）生产、使用和维修的中、高级专业人员，也可供汽车使用与维修专业的培训、教学参考。

图书在版编目（CIP）数据

客车维修问答与经典案例分析/金柏正编. --北京：人民交通出版社,2011.9

ISBN 978-7-114-09351-7

Ⅰ. ①客… Ⅱ. ①金… Ⅲ. ①客车－车辆修理 Ⅳ. ①U469.107

中国版本图书馆 CIP 数据核字(2011)第 166446 号

书　　名：客车维修问答与经典案例分析
著 作 者：金柏正
责任编辑：张　兵
出版发行：人民交通出版社
地　　址：(100011) 北京市朝阳区安定门外外馆斜街 3 号
网　　址：http：//www.ccpress.com.cn
销售电话：(010) 59757973
总 经 销：人民交通出版社发行部
经　　销：各地新华书店
印　　刷：北京鑫正大印刷有限公司
开　　本：787×1092　1/16
印　　张：13.75
字　　数：309 千
版　　次：2011 年 9 月　第 1 版
印　　次：2014 年 6 月　第 2 次印刷
书　　号：ISBN 978-7-114-09351-7
印　　数：3001－5000 册
定　　价：27.00 元

前　言

高速公路的迅猛发展，促进了我国道路运输业的升级。高速运行客车的新技术层出不穷，ABS、ASR、CAN 总线、气囊悬架、共轨电喷柴油机、无内胎子午线轮胎、盘式制动器、缓速器、全承载车身、冷暖空调等当今最新电子控制技术、液压技术、机电液一体化技术已在高档客车上广泛采用，极大地提升了客车的安全性、经济性、舒适性和环保性。但由于我国客车生产厂家众多，客车总成配置五花八门，检测设备和维修技术资料奇缺，行业交流极少，高素质的维修人才稀缺，许多客车故障难以正确及时判断排除，不仅影响正常运行，甚至危及行车安全。因客车途中抛锚，重特大道路交通事故时有发生。

以打造“全国道路运输第一品牌”为己任的杭州长运集团公司率先在全国推出客运十大服务承诺，其中有：车辆抛锚 30 分钟以上；或车辆空调失效；或车辆无故未准时发车，延迟 30 分钟以上都赔偿旅客票价的 50% 损失。良好的汽车安全运行技术条件是确保安全、舒适、快捷、经济的道路运输优质服务并降低营运成本的首要前提和保障。杭州长运集团修理公司是一家专门从事中、高档客车维修的企业，有一支非常精良的专业团队，其中高级工程师 2 名，高级技师 12 名，工程师和技师 40 多名。检测设备先进齐全，倡导“四心服务”（诚心、专心、用心、尽心），致力于研究客车使用、维修规律，几十年来，积累了丰富的实践经验。为此编写了《客车维修问答和经典案例分析》一书，以供中、高级修理工及运输企业机务技术管理人员阅读参考。

汽车经过长期使用，机械零件会发生磨损、变形和疲劳损坏，车辆技术状况会逐渐下降，导致车辆抛锚，甚至引发交通事故。所以只有了解、掌握汽车使用基本规律，才能预防和减少车辆抛锚和机件事故及交通事故的发生。汽车的使用寿命和抛锚损坏不仅与车辆质量有关，还与车辆的使用条件、运行环境、维修质量、驾驶员的驾驶习惯等有关。客车新技术的广泛应用，要求汽车维修技术人员一定要掌握汽车新结构、工作原理和技术标准，在汽车维修时，要全面了解故障现象和系统思考分析原因，切勿盲目蛮干或凭经验作业。遇到新车型时，要先看客车使用说明书和维修手册；组织开展技术培训，了解掌握客车使用维修要求，使用专用工具，做好维修日记，加强技术交流，对一些不安全因素要及时整改，以消除故障和隐患。

本书的第一、二、三章由金柏正、丁夏杰、朱国军编写；第四章由朱国军、金柏正、徐永江编写；第五章由金柏正、金文华编写。同时要感谢黄红军、屠焕强、赵小龙、孙晓鹏、赵国强、方建华、张铭健等同志的大力支持。由于水平有限，不妥之处请指正。

作者

2011-06-26

目　录

第一章　汽车维修管理

1. 营运车辆技术管理的原则是什么？

交通部13号令（1990年颁布实施）明确了要把“预防为主和技术与经济相结合的全过程综合管理”作为营运车辆技术管理原则。这一原则改变了过去“科学管理、合理使用、定期维护、计划修理”的老办法，对于运输车辆，应实行“择优选配、正确使用、定期检测、强制维护、视情修理、合理改选、适时更新和报废”的全过程综合管理。

目前，新的13号部令正在修订中。

2. 我国现行的汽车维修制度是什么？汽车维护与修理的区别是什么？

现行的汽车维修制度是：定期检测、强制维护、视情修理。

汽车维护与修理的区别是：

汽车维护是指为保持汽车完好技术状况或工作能力而进行的作业。车辆维护应贯彻预防为主，强制维护的原则；保持车容清洁，及时发现问题和消除隐患，防止车辆早期损坏。车辆维护作业，包括清洁、检查、补给、润滑、紧固、调整等，除主要总成发生故障必须解体外，不得对其进行解体。

汽车修理则是为恢复汽车完好技术状况或工作能力而进行的作业。通过对超过允许工作极限、失去工作能力的部件、总成进行必要的技术处理或更换，以恢复良好的技术状况。车辆修理应贯彻视情修理原则，即根据车辆检测诊断和技术鉴定的结果，视情按不同作业范围和深度进行，既要防止拖延修理造成车况恶化，又要防止提前修理造成过度消费。

汽车维修的作用：一是使车辆经常处于良好的技术性能状态，提高车辆完好率；二是在正确使用的前提下，减少车辆因机件损坏造成的途中故障而抛锚，提高运输效率；三是防止机械事故的发生，消除行车安全隐患；四是降低燃、润料和轮胎的消耗，降低综合维修材料成本；五是有效地控制车辆的噪声和废气排放等对环境的污染。

3. 汽车维护是如何分级的？其基本内容是什么？

汽车维护按汽车运行间隔期（指行程间隔或时间间隔）、维护作业内容或运行条件等划分为不同等级，包括日常维护、一级维护、二级维护。

汽车日常维护：以清洁、补给和安全检视为中心内容，由驾驶员负责执行的车辆维护作业。具体要求做到：车容整洁；工作介质（燃油、润滑液、动力传动液、冷却液、制动液及蓄电池电解液等）充足；密封良好，水、电、油、气无泄漏；附件齐全无松动；制动可靠，转向灵敏，灯光、喇叭等工作正常。

汽车一级维护：除日常维护作业外，以清洁、润滑、紧固为作业中心内容，并检查有关制动、转向等安全部件，由维修企业负责执行的车辆维护作业。

汽车一级维护是一项运行性维护作业，即在汽车日常使用过程中的一种以确保车辆正常运行状况为目的的作业，以清洁、润滑、紧固为主要内容，并检查制动、操纵等安全部件。

汽车二级维护：除完成一级维护作业外，以检查、调整转向节、转向摇臂和悬架等经过一定时间使用容易磨损或变形的安全部件为主，并拆检轮胎，进行轮胎换位，检查调整发动机工况和排气污染控制装置等，由维修企业负责执行的车辆维护作业。

汽车二级维护是一种以消除隐患为目的的性能恢复性作业，尤其是恢复达标的排放性能，恢复安全性能。因此保证汽车二级维护作业的全面性和彻底性很重要。

4. 如何确定营运客车的一、二级维护周期？

汽车一、二级维护周期的确定，应以汽车行驶里程为基本依据，对于不便于用行驶里程统计、考核的汽车，可用时间间隔确定一、二级维护周期。确定维护间隔是依据车辆使用说明书的有关规定确定，同时依据汽车使用条件的不同，由省级交通行政主管部门规定；时间间隔可依据汽车使用强度和条件的不同，参照汽车一、二级维护行驶里程周期确定（见表1-1）。

部分中、高档客车维护周期

表1-1

类别	桂林大宇 GL121	桂林大宇 GDW6900E	安凯 S215HD（HFF6120）	北方 BFC6120	青年 JNP6125	现代 HK6124	金龙 XMQ6115	宇通 ZK6122
一级维护间隔里程	（3000±500）km						（2000±500）km	
二级维护间隔里程	（27000±3000）km						（18000±2000）km	
发动机润滑油换油周期	新车第一次走合维护换油周期为2000~3000km 选用CH-4级的美孚、壳牌等机油换油周期为20000~25000km 选用CI-4级的美孚、壳牌等机油换油周期为25000~30000km						新车第一次走合维护换油周期为2000~3000km，国产专用CH-4级机油换油周期18000~20000km	
差速器、变速器齿轮油换油周期	新车第一次走合维护换油周期为2000~3000km 选用GL-5级美孚、壳牌等齿轮油换油周期为150000~180000km或行驶1年						新车第一次走合维护换油周期为2000~3000km，GL-5国产齿轮油换油周期100000~120000km或行驶1年	

5. 汽车维修质量的保质期是多少？新车的质保期是多少？

交通部7号令第37条规定：机动车维修实行竣工出厂质量保证期制度。整车修理或总成修理质量保证期为车辆行驶20000km或者100日；二级维护质量保证期为车辆行驶5000km或者30日；一级维护、小修及专项修理质量保证期为车辆行驶2000km或者10日。

质量保证期中行驶里程和日期指标，以先达到者为准。机动车维修质量保证期，从维修竣工出厂之日起计算。

交通部7号令规定的机动车维修实行竣工出厂质量保证期限要求，是各维修企业必须承诺的最低要求标准。

在质量保证期和承诺的质量保证期内，因维修质量原因造成机动车无法正常使用，且承修方在3日内不能或者无法提供因非维修原因而造成机动车无法使用的相关证据，机动车维修经营者应当及时无偿返修，不得故意拖延或者无理拒绝。在质量保证期内，机动车因同一故障或维修项目经两次修理仍不能正常使用的，机动车维修经营者应当负责联系其他机动车维修经营者，并承担相应修理费用。

《营运客车类型划分及等级评定》（JT/T325—2010）的8.1.10中对于营运客车质量保证期有以下规定：

(1)新车的质保期按新车投入营运之日起计质保里程或年限，质量保证期按表1-2的规定执行，并以先达到为准。

(2)质保项目按客车使用说明书或质量保证书的规定执行。

新车质保里程或年限　　表1-2

客车等级	质保里程（km）	质保年限（年）	客车等级	质保里程（km）	质保年限（年）
高三级	14万	2	中级	7万	1.5
高二级	14万	2	普通级	7万	1.5
高一级	12万	1.5			

6. 汽车技术档案的主要内容包括哪些？

车辆技术档案的主要内容有：

(1)车辆基本情况和主要性能：记载车辆的规格、装备、技术性能、总成改装和变动情况等。

(2)运行使用情况：记载车辆的运行线路、行驶里程、运输周转量、燃料消耗、轮胎使用、车辆机件故障等情况。

(3)检测维修情况：记载检测的内容、结果、时间及查明故障或隐患的部位、原因，解决对策和历次维修情况，以及各主要总成的技术状况。

(4)事故处理情况：主要记载车辆机件事故发生的情况、原因及解决和处理结果等。

7. 汽车修理工职业技能等级评定标准分几级？

根据原劳动和社会保障部（2005年）关于汽车修理工职业技能等级评定标准所划分的5个等级，分别为初级（国家职业资格五级）、中级（国家职业资格四级）、高级（国家职业资格三级）、技师（国家职业资格二级）、高级技师（国家职业资格一级）。

各技术等级申报条件如下：

1)初级（具备以下条件之一者）

(1)经本职业初级正规培训达规定标准学时数，并取得结业证书。

(2)在本职业连续见习工作2年以上。

(3)本职业学徒期满。

2)中级（具备以下条件之一者）

(1)取得本职业初级职业资格证书后，连续从事本职业工作3年以上，经本职业中级正规培训达规定标准学时数，并取得结业证书。

(2)取得本职业初级职业资格证书后，连续从事本职业工作4年以上。

(3)连续从事本职业工作7年以上。

(4)取得经劳动保障行政部门审核认定的、以中级技能为培养目标的中等以上职业学校本职业（专业）毕业证书。

3)高级（具备以下条件之一者）

(1)取得本职业中级职业资格证书后，连续从事本职业工作4年以上，经本职业高级正规培训达规定标准学时数，并取得结业证书。

(2)取得本职业中级职业资格证书后，连续从事本职业工作6年以上。

(3)取得高级技工学校或经劳动保障行政部门审核认定的、以高级技能为培养目标的高等职业学校本职业（专业）毕业证书。

(4)取得本职业中级职业资格证书的大专以上本专业或相关专业毕业生，连续从事本职业工作2年以上。

4)技师（具备以下条件之一者）

(1)取得本职业高级职业资格证书后，连续从事本职业工作5年以上，经本职业技师正规培训达到规定标准学时数，并取得结业证书。

(2)取得本职业高级职业资格证书后，连续从事本职业工作7年以上。

(3)高级技工学校本职业（专业）毕业生，连续从事本职业工作满2年。

5)高级技师（具备以下条件之一者）

(1)取得本职业技师职业资格证书后，连续从事本职业工作3年以上，经本职业高级技师正规培训达规定标准学时数，并取得结业证书。

(2)取得本职业技师职业资格证书后，连续从事本职业工作5年以上。

8. 什么是企业管理？企业管理的基本职能是什么？

企业管理是根据企业的特性及生产经营规律，按市场需求，对企业生产经营活动进行计划、组织、领导、控制和创新，充分合理地利用各种资源，实现企业的经营目标，满足社会的需要，不断谋求企业发展的一系列活动。

企业管理的职能是指管理者为了有效地管理所必须具备的基本职能，通俗地说是管理者在执行其任务时应该做些什么。任何企业管理都具有合理组织生产力和维护生产关系这两个基本职能。但这两个基本职能需要通过具体的管理职能来实现。

1)计划职能

计划职能是企业的首要职能，是企业按照市场需要和自身能力，确定经营思想和经营目标，制订经营计划，规定实现经营目标的策略、途径和方法的活动。计划职能最基本的特点是预见性，要求对未来一段时间企业内外环境的变化发展进行推测、估计和判断，事先对实施过程中可能遇到的问题做出正确规划和制定出行动对策。它包括预测、决策和计划的制订等工作。

2）组织职能

组织是指合理配置和利用生产要素，协调企业内部经济活动中发生的各种关系，使企业的人、财、物有机地结合起来，使企业的各种活动相互协调起来，形成一个协作系统进行整体动作，以确保企业目标实现的活动。它一般包括科学设置管理机构，选择配备管理人员，进行适度分权和正确授权，划分明晰的管理职责，建立科学的人员训练、考核、奖惩和激励制度，进行企业精神的培育和组织文化建设，为企业创造良好的组织氛围等。

3）领导职能

领导是指利用组织赋予的权力和自身能力去指挥和影响下属，为实现组织目标而努力工作的管理活动过程。企业管理人员通过建立合理的管理制度，采用适当的管理方式和手段，结合企业员工的需要和行为特点，实施一系列具体措施，努力使每个员工以高昂的士气、饱满的热情投身到工作中，从而实现企业预定的目标。

4）控制职能

控制是指在计划的执行过程中，随时将实际执行情况同原定的计划进行对比，及时发现工作偏差或新的潜力，进而采取纠正措施或调整原有计划，以保证实现预期的经营目标。控制职能是保障性职能，它有利于企业不断适应经营环境的变化。

5）创新职能

这里是指为适应科学技术的高速发展和日益激烈的市场竞争，企业需要在产品上、技术上、管理上、经营上等方面不断创新，以实现企业的健康、快速发展。

上述职能是相互联系和相互促进的。在管理中要协调好各个管理职能，充分发挥各个管理职能的作用，以实现管理的目标。

9. 什么是现代企业制度？其有何特征？

现代企业制度是适应社会化大生产和市场经济发展要求的，以产权制度为核心，以有限责任制度为保证，以现代公司制企业为主要形式的，产权清晰、权责明确、政企分开、管理科学的新型企业制度（如图 1-1 所示）。

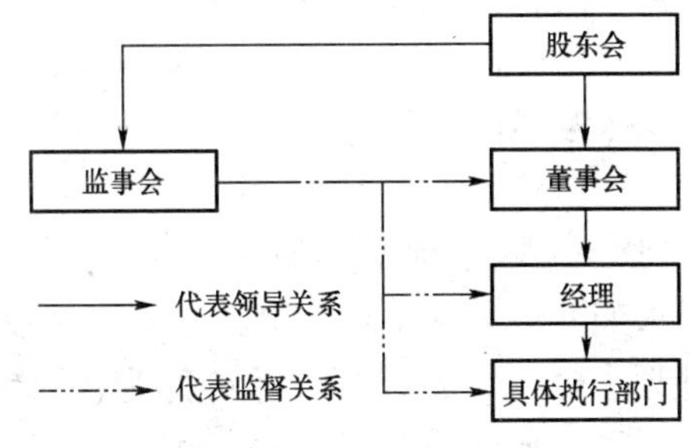

图 1-1　现代企业制度

现代企业制度的基本特征是：产权明晰、权责明确、政企分开、管理科学。

产权关系清晰：所有者产权与法人财产权清晰。

企业法人的责任和权利：企业法人应在国家法律、法规以及企业章程规定的职权范围内行使职权，履行义务，代表企业法人参加民事活动，对企业的生产经营和管理全面负责，并接受企业全体成员和有关机关的监督。法定代表人在企业法人权利能力范围内的行为后果，直接由法人承担。

出资者的有限权利和有限责任：出资者按投入企业的资本额享有所有者权益，即资产受益、重大决策和选择管理者等权利。企业破产时，出资者只以其投入企业的资本额对企业债务负有有限责任。

政企分开：政府行政管理与国资经营职能分开。企业按市场需求组织生产，以提高劳动生产率和经济效益为目的，政府不直接干预企业的生产经营活动。

管理科学：建立科学的企业领导体制和组织管理体制，使所有者、经营者和员工之间的关系，通过公司的权力机构、决策机构、执行机构、监督机构，形成各自独立、权责分明、相互制约的关系，并以法律和公司章程加以确立和实现。让所有者放心，经营者专心，生产者用心。

10. 什么是全面质量管理？全面质量管理中 PDCA 循环的含义是什么？

全面质量管理（简称 TQC）是一个组织以质量为中心，以全员参与为基础，目的在于通过让顾客满意和本组织所有成员及社会受益而达到长期成功的管理途径。

全面质量管理的特点可以概括为“三全一科学”。

(1)全员的质量管理。“全员”指该组织中所有部门和所有层次的人员。全员的质量管理就是要求企业的全体人员都参与到质量管理工作中来。

(2)全过程的质量管理。全面质量管理理论认为，产品的质量决定于设计质量、制造质量和使用质量，所以必须在市场调研、产品选型、研究试验、设计、原料采购、制造、检验、储运、销售、安装、使用和维修等各个环节中都把好质量关。

(3)全组织的质量管理。“全组织”是指要在全企业的范围内进行组织协调工作，全员参与，全过程控制，形成全企业的质量管理组织体系。

(4)科学的质量管理。科学的质量管理就是一切要靠数据或事实说话，积极采用多种管理技术、专业技术和其他一切适用的科学方法（如概率论与数理统计、科学的思想教育工作等)，强调所采用方法的多样性和运用的综合性。

全面质量管理中 PDCA 循环的含义是质量保证体系作为全面质量管理的一个工作体系，它是个动态系统，其运转的基本方式按“计划—执行—检查—处理”4 个工作阶段周而复始地进行着工作循环，也称为 PDCA 循环。

1)PDCA 循环的含义

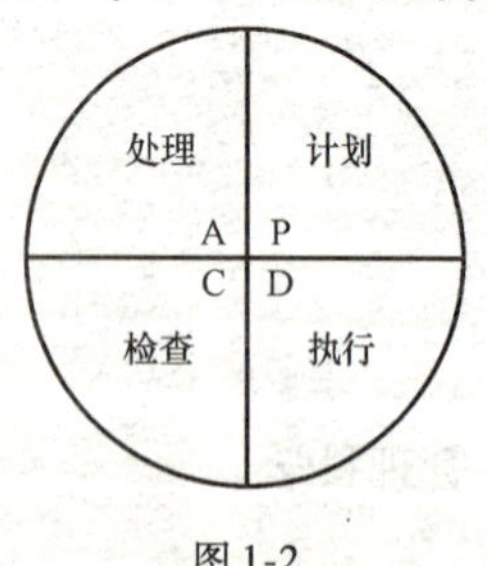

图 1-2

PDCA 循环是质量管理的工作方法，也是做任何事情的一般规律。人们开展某项工作，事先必须有个设想或打算（计划），然后按计划去做，实施计划，亦可称为执行计划；判断计划执行中哪些做对了，哪些做错了，这是核对检查。接下去根据检查结果，把成功的经验加以肯定，没有解决的问题作为新的工作继续实现。这就是处理阶段（如图 1-2 所示）。PDCA 是英文 Plan（计划）、Do（执行）、Check（检查）、Action（处理）四个单词的首字母。

2)PDCA 循环的特点

(1)大循环套小循环，互相促进（如图 1-3 所示）。PDCA 循环作为质量管理的一种科学方法，适用于质量管理的各方面。即整个企业为一个 PDCA 大循环。各个单位，每一个人又有自己的小范围的循环。上一级的PDCA循环是下一级PDCA循环的根据，下一级循环又是上一级循环的贯彻落实的具体化。通过不断地循环，把企业各项工作都有机的联系起来，彼此协调、共同工作。

(2)螺旋上升。PDCA四个阶段的循环是螺旋上升的。每循环一次，质量水平都提高一步，也有人将此特点称为爬楼梯式的循环（如图1-4所示）。

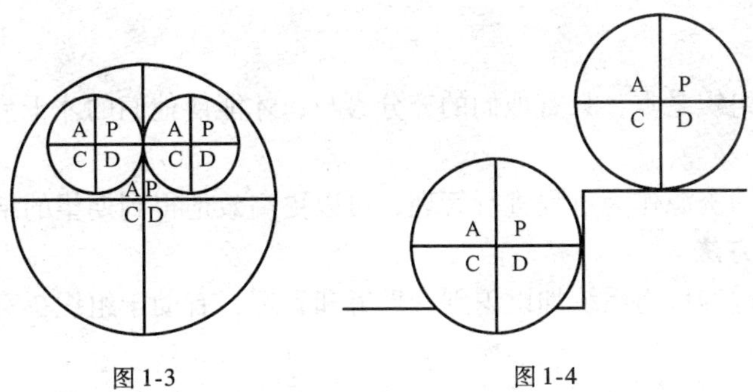

图1-3　　图1-4

(3)四个阶段一个不能少。

(4)“处理”阶段是关键，“处理”阶段就是总结经验，肯定成绩，纠正错误，将成功经验加以标准化、制度化。

(5)PDCA循环要不停地开展下去。

为了解决和改进质量问题，通常将PDCA循环具体化为八个步骤：

①计划阶段P：

- 分析现状，找出存在的质量问题（用排列图、直方图、控制图）。
- 分析产生质量问题的原因（用因果分析图）。
- 找出影响大的原因（用排列图、相关图）。
- 对质量影响大的原因，制定改进质量措施计划，要回答“5W1H”，即Why（必要性）、What（目的）、Where（时间）、Who（执行人）、How（方法）。

②执行阶段D：

- 执行制定的质量改进措施计划。

③检查阶段C：

- 调查采取措施的效果（用排列图、直方图、控制图）。

④处理阶段A：

- 总结经验，巩固成绩，工作结果标准化。
- 把提出未解决的问题（反映到下一循环的计划阶段中去）。

按PDCA循环进行质量管理，关键在处理阶段。处理就是总结经验教训，采取有效措施，把下一个循环推向一个新的高度。

11. 质量管理的八项原则是什么？

ISO9000是指质量管理体系标准，它不是指一个标准，而是一族标准的统称。ISO9000是由TC176（TC176指质量管理体系技术委员会）制定的所有国际标准。ISO9000族标准中要求的质量管理的八项原则是：

1）以顾客为关注焦点

组织依存于顾客。因此，组织应当理解顾客当前和未来的需求，满足顾客要求并争取超越顾客期望。

2）领导作用

领导者确立组织统一的宗旨及方向。他们应当创造并保持员工能充分参与实现组织目标的内部环境。

3）全员参与

各级人员都是组织之本，只有他们的充分参与，才能使他们的才干为组织带来收益。

4）过程方法

将活动和相关的资源作为过程进行管理，可以更高效地得到期望的结果。

5）系统的管理方法

将相互关联的过程作为系统加以识别、理解和管理，有助于组织提高实现目标的有效性和效率。

6）持续改进

持续改进总体业绩应当是组织的一个永恒目标。

7）基于事实的决策方法

有效决策是建立在数据和信息分析的基础上的。

8）与供方互利的关系

组织与供方是相互依存的，互利的关系可增强双方创造价值的能力。

这八项质量管理原则形成了 GB/T 19000 族质量管理体系标准的基础。

12. 什么是质量和质量认证？

质量：一组固有特性满足要求的程度（ISO9000）。

固有特性：事物本身所具有的可区分的特征。一般可从物理、感官、行为、时间、人体工效和功能等方面来区分，是产品或服务中内在拥有的，是在生产和服务过程中形成的。

要求：明示的、通常隐含的或必须履行的需求或期望。这些需求或期望往往通过不同形式直接或间接地体现出来，是外部对企业产品或服务提出的要求。

顾客满意：顾客对其要求满足程度的感受。顾客抱怨是一种满意程度低的最常见表达方式，然而没有抱怨并不一定表明顾客很满意。即使规定的顾客要求符合顾客的愿望并得到满足，也不一定确保顾客很满意。

汽车维修（服务）质量：汽车维修服务各环节中所体现出来的质量特性符合各项要求（尤其是顾客需求和期望）的程度。它包括维修质量和服务质量。

质量认证也叫合格评定，是国际上通行的管理产品质量的有效方法。质量认证按认证的对象分为产品质量认证和质量体系认证两类；按认证的作用可分为安全认证和合格认证。产品质量认证是指依据产品标准和相应技术要求，经认证机构确认并通过颁发认证证书和认证标志来证明某一产品符合相应标准和相应技术要求的活动。

质量体系认证其认证的对象是企业的质量体系，或者说是企业的质量保证能力。认证的根据或者说获准认证的条件，是企业的质量体系应符合申请的质量保证标准即 GB/

T19001—ISO9001 和必要的补充要求。获准认证的证明方式是通过颁发具有认证标记的质量体系认证证书，但证书和标志都不能在产品上使用。质量体系认证都是自愿性的。不论是产品质量认证，还是质量体系认证都是第三方从事的活动，以确保认证的公正性。

13. 安全生产管理的方针和“四不放过”原则是什么？

我国安全生产管理的方针是“安全第一、预防为主、综合治理”。

《中华人民共和国安全生产法》明确规定：企业负责人是安全管理第一责任人；从业人员超过 300 人的，应当设置安全生产管理机构或配备专职安全管理人员；从业人员在 300 人以下的，应当配备专职或兼职的安全管理人员。

安全生产管理“四不放过”原则是：

(1)事故原因不查清不放过；

(2)责任人员未处理不放过；

(3)整改措施未落实不放过；

(4)有关人员未受教育不放过 。

14. 汽车维修质量评定的主要参数有哪些？

汽车维修质量的主要衡量标志是：经维修的汽车是否符合相应的竣工出厂技术条件。其评定主要参数有：

(1)动力性。它包括车速、加速能力、底盘输出功率、发动机功率、转矩和燃料供给系、点火系状态等性能。通常用发动机功率、底盘输出功率和汽车直接加速时间来衡量。

(2)安全性。它包括制动、侧滑、转向、前照灯等性能，通常用制动距离、制动稳定性或制动力、制动力平衡、车轮阻滞力、制动系统协调时间、驻车制动力、转向轮侧滑量、转向盘操纵力、最大自由转动量以及前照灯发光强度、光束灯来衡量。

(3)燃油经济性。它通常用汽车经济车速等速百千米油耗（L/100km）来衡量。

(4)可靠性。它是指汽车各总成部件的连接状况、灯光、仪表的工作状况、各部分密封性能，以及机件工作中无故障。

(5)废气排放和噪声。汽车废气排放和噪声通常用怠速污染物排放量（汽油车）、自由加速烟度排放量（柴油车）和噪声来衡量。目前，国家对环境保护高度重视，对汽车废气排气标准有严格要求。因为废气排放和噪声危害人们身心健康，所以，车辆维修质量评定主要参数废气排放不合格的不准行驶。

15. 机动车维修企业质量信誉考核的内容是什么？

交公路发（2006）719 号关于印发《机动车维修企业质量信誉考核办法（试行）》的通知规定：机动车维修企业质量信誉考核，是指在考核周期内对机动车维修企业的从业人员素质、安全生产、维修质量、服务质量、环境保护、遵章守纪和企业管理等方面进行的综合评价。机动车维修企业质量信誉等级分为优良、合格、基本合格和不合格，分别用 AAA 级、AA 级、A 级和 B 级表示，考核内容如表 1-3 所示。

机动车维修企业质量信誉考核　　表 1-3

	考核项目	考核内容	分值	得分
1	从业人员素质指标	维修技术人员获取从业资格证件情况	100	
2	安全生产指标	安全生产制度实施情况及安全生产状况	150	
3	维修质量指标	质量保证体系建设和实施情况	200	
4	服务质量指标	服务公示情况、有责投诉次数、服务质量事件和用户满意度	200	
5	遵章守纪指标	守法经营和违章情况	150	
6	环境保护指标	环保设施设备技术状况和运用情况，废气、废水、废油以及空调制冷剂等维修废物回收处理情况	150	
7	企业管理指标	质量信誉档案建立情况	50	
8	加分	企业形象、获奖情况、连锁经营情况最多100分		
总分（1000＋加分）				

机动车维修企业质量信誉考核实行计分制，考核总分为1000分，加分最多为100分（企业形象、获奖情况、连锁经营情况为加分项目）。

16. 汽车维修工时费计算的依据是什么？

交通部7号令第26条规定：机动车维修经营者应该公布机动车维修工时定额和收费标准，合理收取费用。机动车维修工时定额可按各省机动车维修协会等行业中介组织统一制定的标准执行，也可按机动车维修经营者报所在地道路运输管理机构备案后的标准执行，还可按机动车生产厂家公布的标准执行。当上述标准不一致时，优先适用机动车维修经营者备案的标准。

机动车维修经营者应当将其执行的机动车维修工时单价标准报所在地道路运输管理机构备案。

机动车生产厂家在新车型投放市场后一个月内，有义务向社会公布其维修技术资料和工时定额。

目前汽车维修企业的收费通常有两种计算方法：一种是按作业项目直接计费；另一种是作业项目按定额工时与工时单价的乘积计费。然而，无论是采取哪一种方法都必须先报备给当地汽车维修行业管理部门，同时也要在经营场所醒目处公示收费标准，也就是说要明码标价，让客户明白消费。

17. 汽车维修合同的主要内容有哪些？

汽车维修合同是承修、托修双方当事人之间设立、变更、终止民事法律关系的协议，属于加工承揽合同。加工承揽合同是承揽方按照定作方提出的要求完成一定工作，定作方接受承揽方完成的工作成果并给予约定报酬的协议。根据汽车维修行业的特点及修理作业方式，汽车维修合同主要有以下内容：

（1）承修、托修双方名称；

（2）签订日期及地点；

（3）合同编号；

(4)送修车辆的车种车型、号牌、发动机号、车架号；
(5)维修类别及项目；
(6)预计维修费用；
(7)质量保证期；
(8)送修日期、地点、方式；
(9)交车日期、地方、方式；
(10)托修方所提供材料的规格、数量、质量及费用的结算原则；
(11)验收标准和方式；
(12)结算方式及期限；
(13)违约责任和金额；
(14)解决合同纠纷的方式；
(15)双方商定的其他条款。

例如：表 1-4 为杭州市机动车维修合同；表 1-5 为杭州市汽车维修行业车辆维修预检交接单；表 1-6 为杭州市汽车维修行业车辆维修委托书。

杭州市机动车维修合同　　表 1-4

合同编号：

杭州市机动车维修合同（示范文本）

甲方（托修方）：________________　　乙方（承修方）：________________

根据《中华人民共和国合同法》、《杭州市机动车维修业管理条例》等法律、法规的规定，甲乙双方在平等、自愿、公平、诚实信用的基础上，就机动车维修事宜达成协议如下：

一、托修车辆基本信息

车牌号码	车辆类型	厂牌型号	颜色	发动机号	VIN 代码/车架号	上牌照日期	行驶里程

二、维修类别与项目

乙方应当对承修车辆进行维修前诊断检验，提出需要维修的类别和项目，填写《杭州市汽车维修行业车辆维修预检交接单》、《杭州市汽车维修行业车辆维修委托书》；若是事故车辆，需填写《杭州市汽车维修行业事故车辆修理（拖车、拆检、委托定损、修复）委托书》。

三、维修配件材料

乙方使用的维修配件应当附有产品质量检验合格证明，并粘贴配件经销质保凭证；若甲方自备配件的，乙方应当查验配件产品质量合格证明和配件经销质保凭证。

车辆维修需更换的配件由承修方提供	原厂配件□、副厂配件□、修复配件□
车辆维修需更换的配件由托修方提供	原厂配件□、副厂配件□、修复配件□
承、托修双方混合提供配件应另附清单说明	

四、维修预算金额（概算费用）

1. 工时定额和结算收费执行标准：

经向行业管理部门备案后的机动车生产厂家公布的标准□《浙江省汽车维修行业工时定额和收费标准》□

续上表

经向行业管理部门备案后的企业自行制定的标准□

工时单价＿＿＿＿＿＿＿＿元。

2. 维修预算费用：＿＿＿＿＿＿＿＿元，其中：工时费＿＿＿＿＿＿＿＿元；材料费＿＿＿＿＿＿＿＿元。

五、接车、交车日期

接车日期	年　月　日	接车地点		交车日期	年　月　日	交车地点	

六、验收方式及验收标准

验收方式	托修方当场验收并签字确认□
验收标准	经竣工检验符合：国家标准□、地方标准□、原厂标准□

七、质量保证期

质量保证期	二级维护□、总成修理□、整车修理□ 质量保证期为：车辆行驶千米或者＿＿＿＿＿日 国家标准：整车修理或总成修理质量保证期为车辆行驶20000千米或者100日；二级维护质量保证期为车辆行驶5000千米或者30日（质量保证期中行驶里程和日期指标，以先达到者为准）

八、结算方式

人民币现金结算□　　　　转账支票结算□　　　　其他方式□

九、其他约定

维修过程中追加维修项目			
追加维修工时费和材料费		延长维修期限（天）	
		客户确认签字	

十、承、托修方在本合同履行过程中如发生争议，双方可协商解决或向辖区机动车维修行业管理部门申请调解；协商或调节解决不成的，任何一方均可向杭州仲裁委员会申请仲裁，若双方未约定仲裁机构的，可以向人民法院起诉。

十一、本合同正本一式两份，承、托修双方各执一份。本合同经承、托修双方签章后生效。

托修方（签章）： 法人代表或受委托人（签字）： 电话： 地址： 签约日期：　　年　月　日 车主	承修方（签章）： 法人代表或受委托人（签字）： 电话： 地址： 签约日期：　　年　月　日 地址：　　　　邮编：

杭州市汽车维修行业车辆维修预检交接单　　　　表 1-5

承修单位：　　　　　　　　　　　　　　　　　　编号：

车牌号	发动机号/ VIN 码	维修类型	接车日期	联系人
车型	购置日期	行驶里程	预计交车日期	电话
车辆进厂基本情况检查（正常√，不正常 ×）				

一、车身、电器部分（□部件　□线路灯光　□空调）　　△碰撞　划痕○　破损◇

二、发动机部分（□异响　□技术状况）

三、底盘部分（□前桥　□传动系　□后桥）

四、仪表（□各种故障灯　□各种仪表）

五、随车物品（前□有/无－√/ ×，后□正常/不正常－√/ ×）

□备胎□　□灭火器□　□随车工具□　□千斤顶□

□标志□　□行驶证　□随车资料　旧件交还客户（是/否）

客户陈述、维修内容与要求：

预检维修项目：（确认维修项目，请客户在□内打√，否则打 ×；并签字）	客户确认签字	
1.	□	
2.	□	
3.	□	
4.	□	
5.	□	
6.	□	

增加维修项目：

业务接待：　　　　　　　　　　　　客户：　　　　　　　　　　年　　月　　日

注：1. 预计维修费用详见维修委托书；

2. 修理工料费按实际发生额结算；

3. 随车贵重物品请车主带走，如有遗失，本企业不承担责任；

4. 客户自带配件产生的维修质量问题，本单位不负责任；

5. 如涉及维修质量纠纷，按行业有关规定处理。

杭州市汽车维修行业车辆维修委托书 表 1-6

承修单位： 编号：

<table>
<tr><td colspan="2">车主：</td><td colspan="2">地址：</td><td colspan="2">联系人：</td><td colspan="2">电话：</td></tr>
<tr><td>车牌号</td><td colspan="2">车型</td><td colspan="2">发动机号/VIN 号</td><td>购置日期</td><td colspan="2">行驶里程</td></tr>
<tr><td></td><td colspan="2"></td><td colspan="2">/</td><td></td><td colspan="2"></td></tr>
<tr><td>颜色：</td><td colspan="2">交接单号：</td><td colspan="3">交接日期：</td><td colspan="2">预计交付日期：</td></tr>
<tr><td colspan="8">维修项目：□整车大修 □总成大修 □二级维护 □一级维护 □小修 □事故车 □年审 □其他</td></tr>
<tr><td>序号</td><td colspan="3">内容</td><td>工时费</td><td>修理员</td><td colspan="2">互检备注</td></tr>
<tr><td>1</td><td colspan="3"></td><td></td><td></td><td colspan="2"></td></tr>
<tr><td>2</td><td colspan="3"></td><td></td><td></td><td colspan="2"></td></tr>
<tr><td>3</td><td colspan="3"></td><td></td><td></td><td colspan="2"></td></tr>
<tr><td>4</td><td colspan="3"></td><td></td><td></td><td colspan="2"></td></tr>
<tr><td>5</td><td colspan="3"></td><td></td><td></td><td colspan="2"></td></tr>
<tr><td>6</td><td colspan="3"></td><td></td><td></td><td colspan="2"></td></tr>
<tr><td>7</td><td colspan="3"></td><td></td><td></td><td colspan="2"></td></tr>
<tr><td>8</td><td colspan="3"></td><td></td><td></td><td colspan="2"></td></tr>
<tr><td>9</td><td colspan="3"></td><td></td><td></td><td colspan="2"></td></tr>
<tr><td>10</td><td colspan="3"></td><td></td><td></td><td colspan="2"></td></tr>
<tr><td colspan="2">预计材料费（含管理费）</td><td></td><td>预计工时费</td><td></td><td colspan="2">预计修理费总和</td><td></td></tr>
<tr><td colspan="8">维修过程发生需增加项目内容</td></tr>
<tr><td>1</td><td colspan="3"></td><td></td><td></td><td colspan="2"></td></tr>
<tr><td>2</td><td colspan="3"></td><td></td><td></td><td colspan="2"></td></tr>
<tr><td>3</td><td colspan="3"></td><td></td><td></td><td colspan="2"></td></tr>
<tr><td colspan="2">需增材料费（含管理费）</td><td></td><td>需增工时费</td><td></td><td colspan="2">需增修理费总计</td><td></td></tr>
<tr><td colspan="2">交付日期修订</td><td colspan="2"></td><td colspan="2">客户确认情况</td><td colspan="2"></td></tr>
<tr><td colspan="4">委托修理项目检验：</td><td colspan="2" rowspan="2">客户接车
确　　认</td><td colspan="2" rowspan="2"></td></tr>
<tr><td colspan="4">提示和建议：</td></tr>
</table>

注：1. 维修费用按实际发生额结算，附维修材料清单；

2. 随车贵重物品和现金客户自行保管，如有遗失，本企业不承担责任；

3. 用户因自带材料而产生的维修质量问题，本企业不承担相关责任；

4. “委托修理项目检验”系指通过仪器、设备和路试等相关办法的检验情况；

5. 涉及维修质量纠纷按维修行业有关规定解决。

客户签名： 合同评审（签章）：

18. 企业安全生产责任人的工作职责是什么？

企业经营单位的主要负责人对本单位安全生产工作负有下列职责：

(1)建立、健全本单位安全生产责任制；

(2)组织制定本单位安全生产规章制度和操作规程；

(3)保证本单位安全生产投入的有效实施；

(4)督促、检查本单位的安全生产工作，及时消除生产安全事故隐患；

(5)组织制定并实施本单位的生产安全事故应急救援预案；

(6)及时、如实报告生产安全事故。

生产经营单位的主要负责人对本单位的安全生产工作全面负责，是第一责任人。

19. “6S”管理的含义是什么?

“6S”管理是在日本丰田汽车公司提出的“5S”现场管理方法的基础上增加了“安全”而创新形成的现场管理方法。其基本理念是：通过创造和保持一种整洁、有序、安全的生产环境，振奋员工的工作精神，增强责任感、规范员工行为、提高工作质量、减少工作失误、稳定和提高产品质量、降低职业健康损害和防范安全风险，从而建立和保持良好的生产和工作现场管理，提高现场管理的有效性（如图1-5所示）。

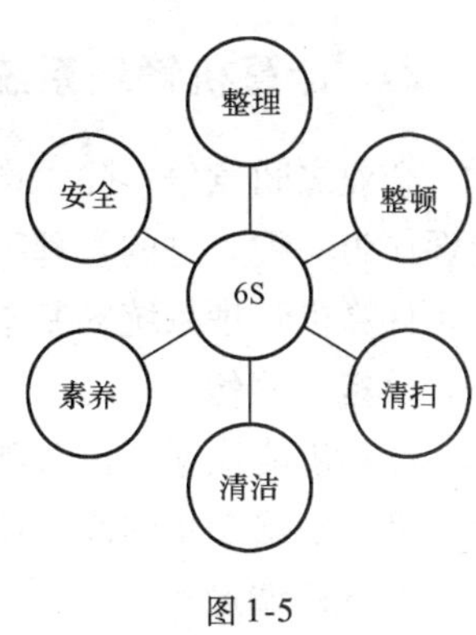

图1-5

“6S”是由6个日语词汇组成的，用罗马字母拼写时，其第一个字母都是“S”，故简称“6S”。它们分别是：整理(Seiri)、整顿（Seiton)、清扫（Seiso)、清洁（Seiketsu)、素养（Shitsuke)、安全（Safety)。

(1)整理。整理是指整理工作现场的物品，把在一定时间（如一月、一周等）内完成工作所必须用的物品和非必须用的物品经盘点分类。将必须用的物品放在现场并使数量降低到最低限度，把非必须用的物品清理撤离现场。

(2)整顿。整顿是对整理后保留下来的物品确定其位置，规定定位、定量地予以摆放，以有效标识。

(3)清扫。清扫是指对现场进行彻底的清理和扫除，清除引起现场脏、乱的根源。采用符合安全规定的方法，显示“整理”、“整顿”的效果。

(4)清洁。清洁是指经常地、反复地、持续地进行整理、整顿和清扫，保持成果。将整理、整顿、清扫的实施办法制度化、标准化，纳入管理规范贯彻执行，维持成效。

(5)素养。素养是指员工形成良好的素养、行为和礼仪，常约束，习惯成自然。自觉遵守规章制度，提升素养水准。

(6)安全。构筑一个文明安全的生产环境不仅是现代化大生产的需要，更是保障每一个员工的职业健康和安全的必要条件。在一个充满危险源的环境中，企业员工不可能有饱满的工作热情和积极性。

20. 什么是精益生产管理?

精益生产管理源于日本丰田公司，它是通过系统结构、人员组织、运行方式和市场供求等方面的变革，使生产系统能很快适应用户需求不断变化，并能使生产过程中一切无用、多余的东西被精简，最终达到包括市场供销在内的生产的各方面最好的结果。它既是一种以最大限度地减少企业生产所占用的资源和降低企业管理、运营成本为主要目标的生产方式，又是一种理念、一种文化。实施精益生产方式JIT就是决心追求完美、追求卓越，就是精益求精、尽善尽美，为实现7个零（零故障、零切换浪费、零库存、零浪费、零不良、零停滞、零事故）的终极目标而不断努力。其实质是流程管理，包括人事组织管理的优化，大力精简中间管理层，进行组织扁平化改革，减少非直接生产人员；推行生产均衡化同步化，实现零库存与柔性生产；推行全生产过程（包括整个供应链）的质量保证体系，实现零不良；减少和降低任何环节上的浪费，实现零浪费；最终实现拉动式准时化生产方式，使生产出来的产品品种能尽量满足顾客的要求，而且通过其对各个环节中采用的杜绝一切浪费的方法与手段满足顾客对价格的要求。

21. 计算机管理系统在汽车维修管理中有哪些应用？

企业之间竞争，除了产品和服务的竞争外，更深层次的竞争在于企业的管理。计算机管理作为一种先进的管理手段在维修企业中的应用前景将越来越广阔。

计算机管理系统的基本职能：

1）接待报修

计算机能快速提供各项修理费用、记录顾客及维修汽车的信息，确定车辆的维修历史，迅速根据初步的修理项目给出总价，自动记录接待员的接修车辆信息。

2）维修调度

计算机能根据具体的修理工艺及项目，给各个班组安排工作，且进行跟踪检验。在车辆进行修理过程中，计算机能跟踪记录各班组具体的维修工艺及材料、设备的使用情况。

3）竣工结算

在竣工结算时计算机能及时提供结算详细清单，提供与客户车辆有关的各项修理费用、材料领用情况，生成、记录并打印修理记录单，处理修理费用的支付。修理车辆出厂后，车辆修理记录转入历史记录，以备今后使用。计算机能跟踪车辆竣工后情况，提供车辆维护信息。

4）配件管理

计算机系统能完成订货入库、出库及库存管理，对修理车辆领用材料进行跟踪，科学分析各种材料使用量，确定最佳订货量，确定配件管理部门的应收、应付账款，保存准确的零部件存货清单等。

5）财务管理

利用计算机能对生产经营账目进行方便灵活的查询、汇总，如工资、库存总占用；查询应收、应付账目，及时处理账款；生成当日的工作业绩表等。

6）生产经营管理

通过计算机企业负责人和管理人员可以随时查询各部门工作情况，对企业内各个工作环境进行协调、检查和监控，查看经营状况；对于网络运行环境进行设置，确定各部门和环节使用权限密码，保证未经过授权的人员不能使用不属于其范围内的功能；对修理、价格及工艺流程进行监控；对竣工车辆及时进行车源分析。

7）客户管理

计算机能保证汽车维修企业内部及其汽车生产厂家、零部件供应商和客户间准确、及时地交流和远程信息交换，可以通过更好的施行维修服务和售后服务来建立稳定的客户关系。

22. 什么是马斯洛的需求层次理论？

马斯洛理论把需求分成生理需求、安全需求、社交需求、尊重需求和自我实现需求5类。这5类需求依次由较低层次到较高层次排列，如图1-6所示。各层次需要的基本含义如下：

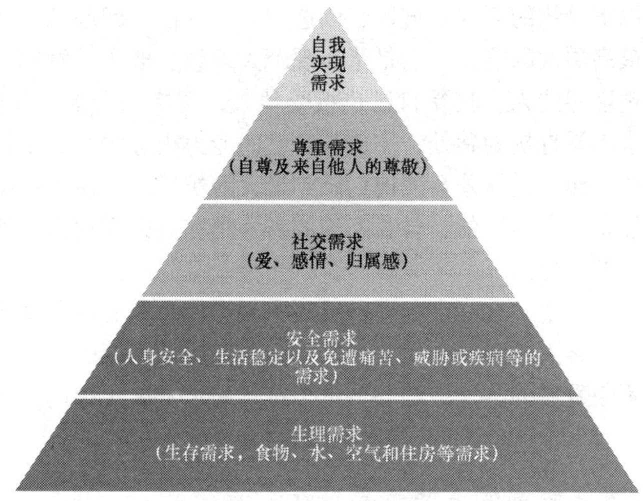

图1-6　马斯洛的需求层次理论

1）生理上的需求

这是人类维持自身生存的最基本要求，包括对以下事物的需求：呼吸、水、食物、睡眠、生理平衡、分泌、性 。如果这些需要（除性以外）任何一项得不到满足，人类个人的生理机能就无法正常运转。换而言之，人类的生命就会因此受到威胁。在这个意义上说，生理需要是推动人们行动最首要的动力。马斯洛认为，只有这些最基本的需要满足到维持生存所必需的程度后，其他的需要才能成为新的激励因素，而到了此时，这些已相对满足的需要也就不再成为激励因素了。

2）安全上的需求

这是人类要求对以下事物的需求：人身安全、健康保障、资源所有性、财产所有性、道德保障、工作职位保障、家庭安全。马斯洛认为，整个有机体是一个追求安全的机制，人的感受器官、效应器官、智能和其他能量主要是寻求安全的工具，甚至可以把科学和人生观都看成是满足安全需要的一部分。当然，当这种需要一旦相对满足后，也就不再成为激励因素了。

3）情感和归属的需求

这一层次包括对以下事物的需求：友情、爱情、性亲密。人人都希望得到相互的关系和照顾。感情上的需要比生理上的需要来得细致，它和一个人的生理特性、经历、教育、宗教信仰都有关系。

4）尊重的需求

该层次包括对以下事物的需求：自我尊重、信心、成就、对他人尊重、被他人尊重。人人都希望自己有稳定的社会地位，要求个人的能力和成就得到社会的承认。尊重的需要又可分为内部尊重和外部尊重。内部尊重是指一个人希望在各种不同情境中有实力、能胜任、充满信心、能独立自主。总之，内部尊重就是人的自尊。外部尊重是指一个人希望有地位、有威信，受到别人的尊重、信赖和高度评价。马斯洛认为，尊重需要得到满足，能使人对自己充满信心，对社会满腔热情，体验到自己活着的用处和价值。

5) 自我实现的需求

该层次包括对以下事物的需求：道德、创造力、自觉性、问题解决能力、公正度、接受现实能力。这是最高层次的需要，它是指实现个人理想、抱负，发挥个人的能力到最大限度，达到自我实现境界的人，接受自己也接受他人，解决问题能力增强，自觉性提高，善于独立处事，要求不受打扰地独处，完成与自己的能力相称的一切事情的需要。也就是说，人必须干称职的工作，这样才会使他们感到最大的快乐。马斯洛提出，为满足自我实现需要所采取的途径是因人而异的。自我实现的需要是在努力实现自己的潜力，使自己越来越成为自己所期望的人物。

马斯洛的需求层次理论，在一定程度上反映了人类行为和心理活动的共同规律。马斯洛从人的需要出发，探索人的激励和研究人的行为，抓住了问题的关键。他指出了人的需求是由低级向高级不断发展的，这一趋势基本上符合需求发展规律的。因此，需求层次理论对企业管理者如何有效地调动人的积极性有启发意义。

23. 影响汽车维修质量的五要素是什么？

汽车维修服务各环节中所体现出来的质量特性符合各项要求（尤其是顾客需求和期望）的程度。它包括维修质量和服务质量。

在生产经营中影响汽车维修质量的 5 个要素是：人（人员）、机（设备）、料（材料）、法（方法）、环（环境），如图 1-7 所示。

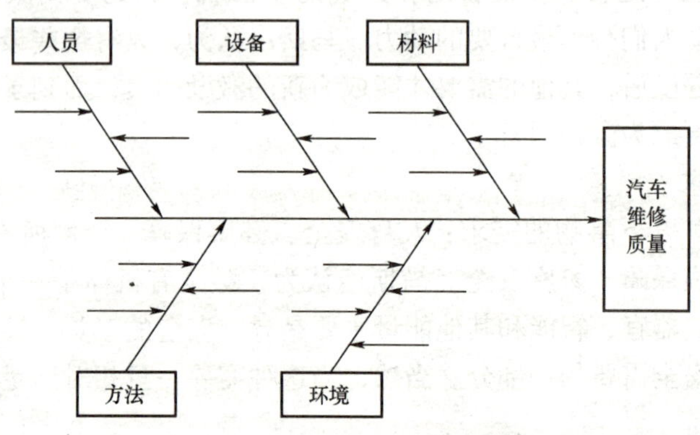

图 1-7　汽车维修质量的五要素

(1) 人的因素：员工的素质与职业技能水平是影响维修质量的最大因素，因此，人的因素要放在第一位。人员的合理配置、合理培训和有效管理是维修企业日常管理的关键环节。

(2) 设备因素：汽车维修是一个综合的多因素技术工作，涉及很多环节，需要配备大量的机械设备，而且现代汽车都拥有众多的电子控制系统，汽车内部系统之间利用总线网络进行数据传输，没有相应的检测设备，根本无法诊断故障，因此现代维修设备是维修现代汽车的必备条件，也是保证维修质量的基础。

(3)配件质量因素：维修配件市场开放后，出现大量假冒伪劣配件，加之现代维修大都以换件为主，一旦使用假冒伪劣配件，质量肯定保证不了。

(4)工艺方法因素：修理作业必须严格按照工艺规范与操作规程进行，否则不但质量保证不了，还容易引发事故。在很多车辆的维修手册中，有维修工艺、维修注意事项、拆装工程等内容，在严格遵守的基础上进行有效的工艺改进并整理出工艺记录，是日常技术管理中的一项重要工作。

(5)环境因素：维修场所环境因素会影响汽车维修质量，同时对外部环境的保护、人文环境的建设也都会影响汽车维修质量。

24. 企业文化的内涵及其作用是什么?

企业文化是指企业通过经营实践和员工行为所累积的除物质产品之外的习性或习惯，以及观念和制度等，它是企业思想价值观念、行为、制度的总称。它不是可见、可触摸的东西，而是由观念、氛围和规则来构成它的表现形式。稳定的企业都会形成有自己特色的企业文化。

企业文化是企业的灵魂，是企业的活力源泉，是企业竞争力的重要因素，因此它是一个涉及企业能否高效发展的极其重要的问题。企业文化在企业中的作用，主要有以下几点：

(1)导向作用。这是指企业文化能把员工个人目标引导到企业目标上来。在激烈的市场竞争中，企业如果没有一个自上而下的统一的目标，就不能形成强大的竞争力，也就很难在竞争中求得生存和发展。一个适合的企业文化，能使员工在潜移默化中接受共同的价值观念，形成持久的竞争力。

(2)约束作用。这是指企业文化对企业每个成员的思想和行为具有约束和规范作用。企业文化的约束功能，与传统的管理理论单纯强调制度的硬约束不同，它虽也有成文的硬制度约束，但更强调的是不成文的软约束。企业文化能使信念在员工的心里深层形成一种定势，构造出一种响应机制，只要外部诱导信号发生，即可得到积极的响应，并迅速转化为预期的行为。这种约束作用还更直观地表现在企业风气和企业道德对员工的规范作用上。

(3)凝聚作用。当一种企业文化的价值观被该企业成员认同后，它就会成为一种“黏合剂”，从各方面把其他成员团结起来，形成巨大的向心力和凝聚力，这就是企业文化的凝聚功能。

(4)激励作用。企业文化的激励功能，指的是企业文化能使企业成员从内心产生一种情绪高昂、奋发进取的效应。倡导企业文化的过程是帮助员工寻求工作意义，建立行为社会动机的过程。通过这一过程，可以在员工中形成共同的价值观，在企业中形成人人受重视、受尊重的文化氛围。这氛围一旦形成，就足以胜过任何行政命令。

(5)辐射作用。企业文化的辐射作用与其渗透性是一致的，就是说，企业文化不止在企业内部起作用，它也通过各种渠道对社会产生影响。企业文化向社会辐射的渠道很多，主要包括传播媒体、公共关系活动等。企业文化在社会活动中扮演的角色越来越重要，这正是企业文化的辐射功能所导致的。

(6)陶冶作用。优秀企业通过高尚而先进的理念培养人、教育人，这样的企业文化无疑可以陶冶员工的情操。

(7)创新作用。企业文化可以激发员工的创新精神，鼓舞员工创新进取。优秀的企业文化不是保守的，而是创新的，在变化莫测的网络时代，只有不断创新，企业才能生存，这种思想在优秀企业的企业文化中多有表现。

25. 什么是职业道德?

道德是依靠人们的内心信念、传统习惯和社会舆论来调整个人与个人之间以及个人与社会之间关系的行为准则和规范的总和。首先，它是人们的一种行为准则和规范；其次，它对人们起作用的方式与其他行为规范不同，它是通过人们的内心信念、传统习惯和社会舆论对人起作用的；另外，它作为一种特有的行为规范，还具有与其他行为规范相同的社会作用，即调整个人与个人之间以及个人与社会之间的关系职业道德。

职业道德是指从事一定职业的人们在职业活动中应遵循的职业行为道德规范，即道德观念、行为规范和风俗习惯的总和。由于社会上有很多行业，因而，职业道德也有很多种类，可以说各个行业都有自己具有行业特征的职业道德。其共同特点是：对职业充满情感、信念与责任感。职业道德使人产生爱业、敬业乃至殉业精神；职业的信念能形成求生存、谋发展、争创一流的决心与行动；职业责任感能使人刻苦钻研业务，诚实高效完成各项任务。

汽车维修从业人员职业道德规范指汽车维修从业人员从事汽车维修职业活动时必须遵循的道德标准和行为准则，可归纳为：热爱汽车维修、忠于职守、诚信经营、团结协作、接受监督、廉洁奉公。它涵盖了对汽车维修从业人员政治素质、法律素质、思想作风、外部形象的基本要求。

第二章　汽车技术使用

26. 发动机的基本术语有哪些?

1) 压缩比 ε

压缩前气体在汽缸中的最大容积与压缩后的最小容积之比为压缩比，用 ε 表示。压缩比等于汽缸总容积 V_a，与燃烧室容积 V_c 之比，即：

$$\varepsilon = \frac{V_a}{V_c}$$

式中：V_a——汽缸总容积，是汽缸工作容积加上燃烧室容积，即活塞在下止点时其顶部以上的容积；

V_c——燃烧室容积，即活塞在上止点时，其顶部和汽缸盖凹部空间（包括汽缸衬垫在汽缸相应位置上的空间在内）。

压缩比越大，在压缩终了时混合气的压力和温度越高，燃料燃烧速度也越快，因此发动机发出的动力也越大，热效率越高，经济性越好。人们把汽油机的发展史用压缩比提高史来概括，是有一定道理的。发动机设计时既要努力想方设法提高压缩比，又要充分预计到压缩比提高后，要出现爆震问题。而对使用者来说，必须正确选用燃油牌号，以适应发动机抗爆需要。

汽油机的压缩比一般为 8 ~ 11；柴油机的压缩比一般为 16 ~ 22。

2) 发动机排量 V

每一个汽缸的工作容积，理论上讲是指，排气行程时，废气完全被活塞排除所形成的容积，所以常称“活塞排量”。一台发动机各个汽缸排量总和称为总排量，或称发动机排量。如果发动机压缩比和转速相同，则它们的功率和总排量成正比例。一般情况下，发动机排量越大，所产生的功率也越大。

3) 有效转矩 T_{tq}

发动机通过飞轮对外输出的平均转矩称为有效转矩，以 T_{tq} 表示，单位为 N · m。发动机的转矩是由气体作用在活塞上的力通过连杆推动曲轴而产生的。有效转矩与外界施加于发动机曲轴上的阻力矩相平衡。

4) 有效功率 P_e

发动机通过飞轮对外输出的功率称为有效功率，以 P_e 表示。它等于有效转矩与曲轴角速度的乘积。发动机的有效功率可以用台架试验方法测定，也可用测功器测定有效转矩和曲轴角速度，然后运用下面的公式计算发动机的有效功率（kW），即

$$P_e = T_{tq}\frac{2\pi n}{60} \times 10^{-3} = \frac{T_{tq}n}{9550}$$

式中：T_{tq}——有效转矩（N · m）；

n——曲轴转速（r/min）。

发动机曲轴转速的高低，关系到单位时间内做功次数的多少或发动机有效功率的大小，即发动机的有效功率随曲轴转速的不同而改变。因此，在说明发动机有效功率的大小时，必须同时指明其相应的转速。在发动机产品标牌上规定的功率及其相应的转速分别称作标定功率（额定功率）和标定转速（额定转速）。发动机在标定功率和标定转速下的工作状况，称为标定工况。标定功率是发动机所能发出的最大功率，它是根据发动机用途而制定的有效功率最大使用限度。

最大净功率就是发动机装有实际使用条件下的全部附件，在发动机实验台上按制造厂规定的转速运转时，所测得的发动机动力输出轴输出的有效功率。

27. 什么是新车的走合期？客车走合期使用时有何要求？

新车或大修（包括大修发动机）竣工的车辆，在开始投入使用的初期阶段，称为汽车的走合期。在走合期内，尽管车辆的配合件经过了生产磨合，但零件表面仍然存在微观不平整，使用初期的磨损速率较快。在这种情况下，若汽车大负荷工作，零件摩擦表面的单位压力会很大，导致润滑油膜破坏，形成局部高温，使零件磨损加剧，进而形成早期磨损，严重的会产生发动机拉缸损坏，影响汽车的正常使用，缩短使用寿命。

因汽车走合期使用时具有零件磨损速度快、行驶故障多、燃油消耗量大、润滑油易变质等特点，为此客车走合期使用时必须遵守如下规定：

(1)走合期的行驶里程一般以1000～3000km为宜。

(2)减载。在走合期内，应选择较好的道路并适当减载，一般以载质量标准减载20%～25%为宜。

(3)限速。走合期内不允许发动机高速运转，行驶中应按客车使用说明书上的规定控制各挡位的车速，一般限制在各挡最高车速的70%～75%之内。

(4)选择优质燃润料。为了顺利起动发动机和防止发动机爆燃，并保证运动机械良好的润滑，以减少机件磨损，所以应选用优质的燃润料。

(5)正确驾驶。走合期使用时，驾驶员必须认真做好日常维护工作，严格执行驾驶操作规程，平稳起步，轻踏缓抬，及时换挡，尽量减少紧急制动，保持发动机正常工作温度。

(6)加强走合维护。按照客车使用说明书的具体要求，在走合期里程规定的范围内到指定的客车（发动机）特约维修服务站进行一次走合维护作业。如没有去特约服务站而擅自走合维护作业的，会失去质量索赔的权利，因此在质保期内必须按客车维修手册上的要求操作。

28. 车辆新度系数的含义是什么？如何计算？

车辆新度系数是综合评价运输单位车辆新旧程度，保持运输生产力的一项重要指标。车辆新度系数由下式求得：

$$F = C_g / C_y$$

式中：F——车辆新度系数；

C_g——年末单位全部运输车辆固定资产净值；

C_y——年末单位全部运输车辆固定资产原值。

一般来说，运输单位车辆新度系数，反映了运输企业的车辆新旧程度。按交通部《道路旅客运输企业等级》（JT/T 630—2005）规定要求一、二级道路客运企业的客车新度系数在0.6以上；三级道路客运企业的客车新度系数在0.55以上；四级道路客运企业的客车新度系数在0.5以上。

29. 我国客车的型号、特性的表示方法是什么？

为了便于识别车辆，我国规定客车的产品型号由企业名称代号、车辆类别代号、主要参数代号、产品序号和企业自定代号组成（如表2-1所示）。

汽 车 型 号　　表2-1

代号	企业名称	车辆识别	产品顺序	主要参数	企业自定
图示	□□	○	○	○○	△△

表中：□——汉语拼音字母；

○——阿拉伯数字；

△——汉语拼音字母或阿拉伯数字均可；

有关说明如下：

(1)企业名称代号：须经上级主管部门批准确认。

(2)车辆类别代号：客车用一位阿拉伯数字“6”表示。

(3)主要参数代号：客车代号用车辆长度米（m）来表示。当车辆长度小于10m时，应精确到小数点后一位，并以长度（m）值的十倍数值表示；当车辆长度大于10m时，用长度值表示，对含小数点数值采用四舍五入的方式。

(4)产品生产顺序序号用0~9阿拉伯数字表示，用以区别企业相同车辆更新换代或产品性能、结构上的差异。

(5)客车产品型号举例（如表2-2）。

客车产品型号举例　　表2-2

客车产品型号	代表含义
XMQ6759Y	厦门金龙联合汽车工业有限公司（XMQ）生产的客车（6），其长度7.5米（75），第十次产品序号（9），Y系列产品
ZK6122WD	郑州宇通客车股份有限公司（ZK）生产的客车（6），其长度12米（12），第三次产品序号（2），卧铺（W），D系列产品
JNP6120G	金华青年汽车制造有限公司（JNP）生产的客车（6），其长度12米（12），第一次产品序号（0），用（G）表示公交客车

30. 营运客车技术等级评定的内容有哪些？车辆平均技术等级是如何计算的？

评定营运车辆技术等级的内容是：评定营运车辆整车装备及外观检查、动力性、燃料经济性、制动性、转向操纵性、前照灯发光强度和光束照射位置、排放污染物限值、车速表示值误差等。营运车辆技术等级划分为一级、二级和三级。

车辆平均技术等级：是指所有运输车辆技术状况的平均等级。其计算公式如下：

$$车辆平均技术等级 = \frac{1 \times 一级车辆 + 2 \times 二级车辆 + 3 \times 三级车辆}{各级车辆的总和}$$

31. 客车折旧方法有几种？如何计算？

营运客车的折旧方法一般有两种：一种是以客车使用年限为依据的折旧法，称作年限折旧法；另一种是以行驶里程为依据的折旧法，称作工作量法。折旧年限或折旧里程不同，每年或每百千米提取的折旧费用也就不同，采用不同的客车折旧方法对运输企业的经济效益，具有不同程度的影响，而且还关系到企业的长远发展。

折旧费的计算方法是：

1）平均年限法

$$年折旧费 = \frac{原值 - 残值}{预计折旧年限}(元/年)$$

$$月折旧费 = 年折旧费/12(元/月)$$

2）工作量法

$$每千米折旧费 = \frac{原值 - 残值}{预计折旧行驶里程}(元/km)$$

通常残值按原值的4%计算。

车辆折旧的年限或里程定额都必须执行国家财政和税务部门的相关规定，任何企业不得擅自改变。财政部规定营运客车的折旧年限为4～15年（国家规定营运客车的最长使用年限为15年，而各省、市道路运输管理也有具体的使用年限规定），如按工作量法折旧，则行驶里程定额必须经当地财税部门审批同意。车辆折旧的年限或里程是提取车辆基本折旧基金的依据，也是车辆报废的依据之一，但不是车辆报废的标准。

32. 汽车行驶阻力有哪些？

汽车运动时需要克服运动中所遇到的各种阻力。汽车在水平道路上等速行驶时必须克服来自汽车赖以行驶的地面滚动阻力 F_f 和来自汽车周围的空气阻力 F_w。当汽车在坡道上上坡行驶时，还必须克服汽车重力沿坡道的分力，称为坡度阻力 F_i。汽车加速行驶时需要克服的惯性力，称为加速阻力 F_j。汽车行驶的总阻力 F 为：

$$F = F_f + F_w + F_i + F_j$$

滚动阻力和空气阻力在任何行驶条件下都是存在的。

1）滚动阻力

滚动阻力 F_f 是指当车轮在路面上滚动时，由于两者间的相互作用和相应变形所引起的能量损失总称。滚动阻力等于滚动阻力系数与车轮载荷的乘积：

$$F_f = T_f/r = W \cdot f$$

式中：T_f——滚动阻力偶矩；

r——滚动半径；

W——地面法向载荷；

f——滚动阻力系数。

一般来说，车轮滚动的能量损失由三部分组成，即消耗于轮胎变形和路面变形的能量损失以及轮胎与支承面间的摩擦损失。

滚动阻力系数是指包括轮胎变形、道路变形以及接触面上的摩擦等损失的系数。滚动阻力系数与路面的类型、行驶车速以及轮胎的构造、材料、气压等有关。

2) 空气阻力

汽车在空气介质中运动，空气介质本身也在运动，这均会对汽车的运动产生阻力。汽车直线行驶时受到的空气作用力在行驶方向的分力称为空气阻力。空气阻力分为摩擦阻力与压力阻力两部分。摩擦阻力是由于空气的黏性在车身表面产生的切向力在行驶方向上的分力；压力阻力是作用的在汽车外形表面上的法向压力在行驶方向上的分力。

如果汽车与空气的相对速度单位以 km/h 计，则空气阻力 F_w 为：

$$F_w = \frac{C_D A u_a^2}{21.15}$$

式中：u_a——车速（m/s）；

C_D——空气阻力系数；

A——汽车迎风面积，即汽车行驶方向的投影面积（m^2）；

空气阻力与汽车相对速度的平方成正比，相对速度越高，空气阻力越大。空气阻力与汽车迎风面积成正比。

3) 坡度阻力

汽车上坡行驶时，汽车重力沿坡道的分力称为汽车坡度阻力 F_i（如图2-1 所示），即：

$$F_i = G\sin\alpha$$

式中：F_i——坡度阻力（N）；

G——作用于汽车上的重力（N），$G = mg$，m 为汽车质量（kg），g 为重力加速度，$g = 9.8\mathrm{m/s^2}$；

α——坡道角。

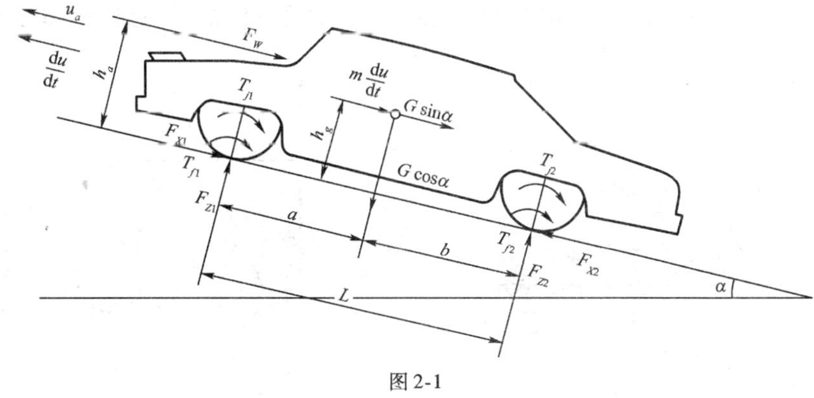

图 2-1

4) 加速阻力

汽车加速行驶时，需要克服汽车质量加速运动时的惯性力，这就是加速阻力 F_j。

$$F_j = \delta m\frac{du}{dt}$$

式中：F_j——加速阻力（N）；

δ——汽车旋转质量换算系数；

m——汽车质量（kg）；

$\frac{du}{dt}$——行驶加速度（m/s^2）。

33. 地面制动力和制动器制动力有何区别?

汽车在制动过程中，如果人为地给汽车一个与其行驶方向相反的外力，汽车在这一外力作用下车速会迅速降低以至停车，这个外力就称为汽车的制动力。一般汽车多用车轮制动器产生使汽车车轮受到与汽车行驶方向相反的切向反作用力，故这时的汽车制动力又称为地面制动力（如图 2-2 所示），且有下列关系式：

$$F_{xb} = \frac{T_u}{r}$$

式中：T_u——车轮制动器的摩擦力矩（N · m）；

r——车轮制动半径（m）。

地面制动力的大小取决于制动器内制动摩擦片与制动鼓（盘）间的摩擦力及轮胎与地面间的附着力。

制动器的制动力是指为了克服制动器摩擦力矩而在车轮周缘所需施加的切向力，以 F_u 来表示。它等于把汽车架离地面，踩住制动踏板后，在车轮周缘扳动车轮直至它能转动所施加的切向力。制动器制动力的定义为：

$$F_u = \frac{T_u}{r}$$

由此可见，制动器制动力由制动器设计参数所决定，即取决于制动器的形式、结构尺寸、摩擦材料、车轮半径、制动传动系的油压或气压等。在结构参数一定的情况下，一般它是与制动系的油压或气压成正比的。

汽车制动时，根据制动强度的不同，车轮的运动可简单地考虑为减速滚动和抱死拖滑两种状态。此时地面制动力、制动器制动力及地面附着力之间的关系如图 2-3 所示。

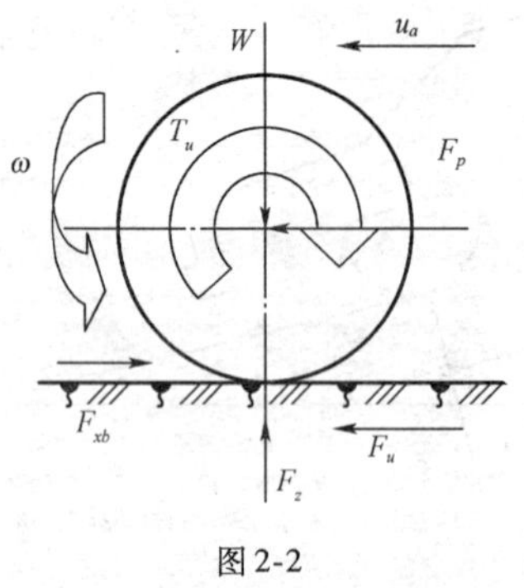

图 2-2

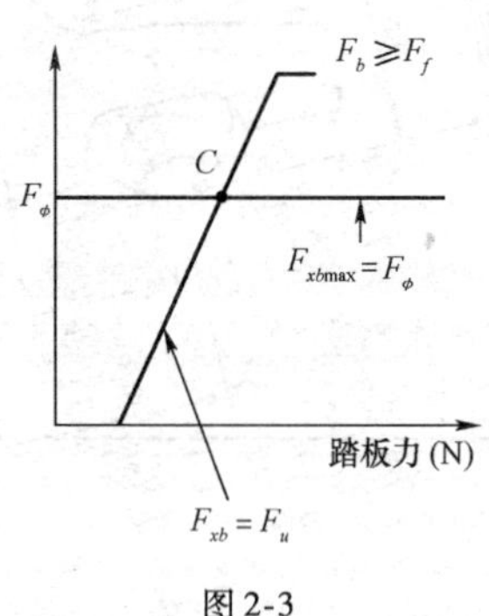

图 2-3

当制动踏板力较小时，制动器摩擦力矩不大。车轮滚动时的地面制动力与制动器制动力相等，且随着制动系油压或气压的增大而成增加。但地面制动力受到轮胎与地面附着力 F_ϕ 的限制。故有：

$$F_{xb} \leq F = F_\phi$$

此时车轮作减速滚动。

当制动踏板力或制动系压力上升到某一极限值时，地面制动力达到地面附着力时。车轮即被抱死而出现拖滑。此后，再加大制动器摩擦力矩，地面制动力也不再增加，即：

$$F_{xb} = \max F_{\phi}$$

由此可见，汽车的地面制动力首先取决于制动器制动力，同时又受地面附着条件的限制，只有在制动器制动力足够，同时地面附着力较高时，才能获得较高的地面制动力。

34. 柴油机和汽油机的特性曲线有何不同?

发动机的速度特性是指负荷一定时，发动机的功率、转矩和燃料消耗率三者随曲轴转速变化的规律。测定外特性试验时，当节气门开度达到最大时，所得到的速度特性称为发动机的外特性。发动机的外特性代表发动机所具有的最高动力性。

外特性曲线上标出的发动机最大功率和最大转矩及其相应的转速是表示发动机特性的重要指标。如图 2-4 所示为柴油机外特性曲线，图 2-5 为汽油机外特性曲线。

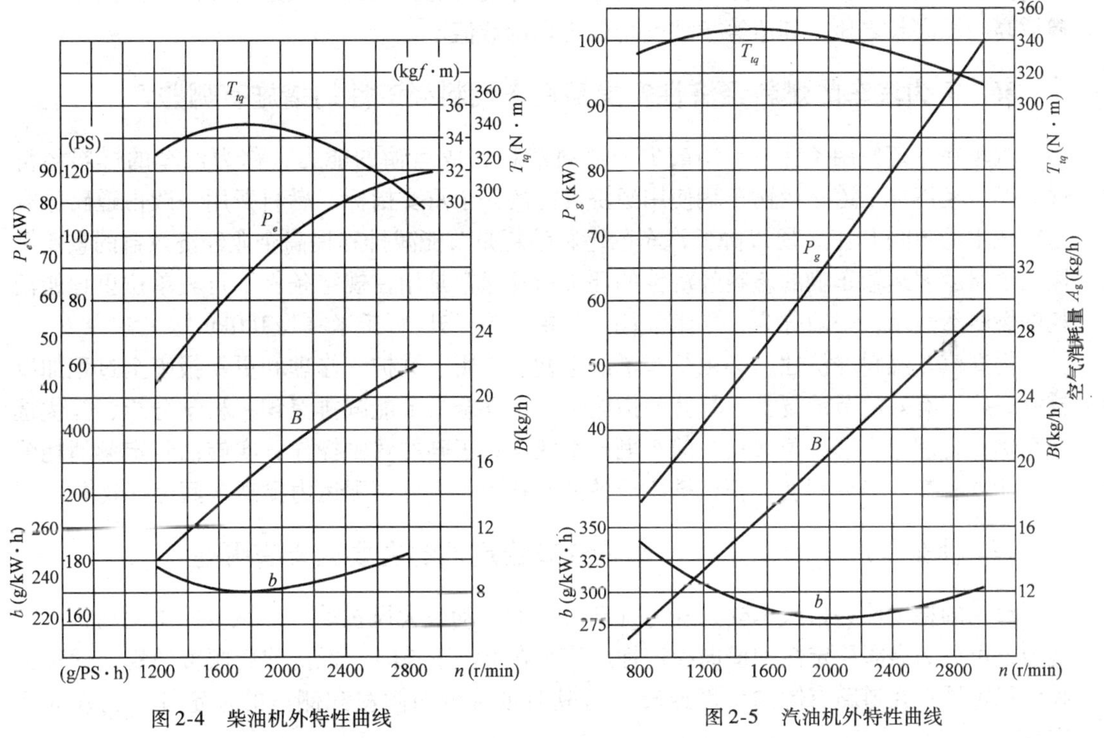

图 2-4　柴油机外特性曲线

图 2-5　汽油机外特性曲线

35. 何为汽车的动力性？其评价指标有哪些?

汽车的动力性是指汽车在良好路面上直线行驶时，由汽车受到的纵向外力决定的、所能达到的平均行驶速度。动力性能好，汽车就会具有较高的行驶速度、较好的加速能力和上坡能力，从而提高汽车的运输效率。所以动力性是汽车各种性能中最基本、最重要的性能。

从获得尽可能高的平均行驶速度的观点出发，汽车动力性主要应由汽车的最高车速、汽车的加速能力和汽车的最大爬坡度这三个方面的指标来评定。

1)汽车的最高车速

汽车的最高车速是指汽车以厂定最大总质量状态在风速≤3m/s 的条件下，在干燥、清洁、平坦的混凝土或沥青路面上，汽车能够达到的最高稳定行驶速度，用符号 V_{max} 表示，单位为 km/h。《营运客车类型划分及等级评定》(JT/T325—2010) 中规定营运客车的最高车速≥90 ~ 125km/h。

2)汽车的加速能力

汽车的加速能力是指在行驶中迅速增加行驶速度的能力，通常用汽车加速时间来评价。加速时间是指汽车以厂定最大总质量状态在风速≤3m/s 的条件下，在干燥、清洁、平坦的混凝土或沥青路面上，由某一低速加速到某一高速所需的时间，用 t 表示，单位为 s。汽车加速时间分原地起步加速时间与超车加速时间两种。

3)汽车的最大爬坡度

汽车的上坡能力是用满载时汽车在良好路面上的最大爬坡度来表示。最大爬坡度是指汽车满载时用一挡变速器在坚硬的路面上等速行驶所能克服的最大道路坡度。道路坡度是指坡高与坡底长之比，其值等于坡度角的正切函数值。

36. 何为汽车的燃料经济性？提高汽车燃料经济性的措施有哪些？

汽车在一定使用条件下，用最少的燃料消耗完成运输的能力，称为汽车的燃料经济性。燃料经济性是道路运输车辆使用经济性能的一个重要指标，燃料费用一般占道路旅客运输成本的30%以上，所以降低汽车的燃料消耗是节能减排和提高企业经济效益的重要手段。道路旅客运输车辆的燃料经济性的评价指标通常是用在规定条件下行驶单位里程所消耗的燃料量表示，一般称为百千米油耗。其单位为：升/百千米（L/100km）。

提高汽车燃料经济性，必须从车辆的选购、使用、维护、修理和更新报废全过程加以控制，应用有效的节油技术。具体的措施是：树立全员节能减排意识；科学分析，择优选购车辆；合理的维修，确保良好的车辆技术状况；正确的驾驶操作；实施油料定额消耗管理，建立有效的奖惩制度；积极推广节油的新技术；充分调配运力提高车辆运行效率。

37. 什么是汽车的稳定性？影响汽车稳定性的主要因素有哪些？

汽车的稳定性是指汽车受到外力扰动（路面扰动或大风扰动）后恢复原来运动状态的能力，可分为纵向稳定性和横向稳定性。汽车在上、下坡时，抵抗前后倾覆的稳定性称为纵向稳定性；在道路有倾向斜度或转弯行驶时抵抗侧向倾覆和侧滑的稳定性称为横向稳定性。

影响汽车稳定性的因素很多，主要有以下几个方面：

(1)重心的位置。降低汽车重心的位置可提高横向和纵向稳定性。

(2)汽车的轴距。加长轴距可提高纵向稳定性，但使汽车的转向性能变差。

(3)道路状况。道路平坦、干燥、弯道半径大、纵坡小，以及适当的弯道外侧超高均能提高行驶的稳定性。

(4)行驶情况。在崎岖的、溜滑的以及转弯道路上，控制行驶速度将提高汽车的稳定性。

(5)轮距。轮距较宽，横向稳定性好。

38. 什么叫汽车的制动性？其评价指标有哪些？

汽车的制动性能是指汽车行驶时，能在短距离内停车且维持行驶方向稳定和在下长坡时能维持较低车速的能力。制动性能是汽车的主要性能之一，它主要用下述三方面指标来衡量。

1）制动效能

制动效能是指汽车迅速减速至停车的能力。即在良好路面上，汽车以一定的初速度制动到停车的制动的距离、制动时的减速度或制动力。它是制动性能最基本的评价指标。

2）制动效能的恒定性

制动效能的恒定性是指抵抗制动效能的热衰退和水衰退的能力。即汽车在高速行驶或下长坡以及涉水连续制动时制动效能的稳定程度。汽车的制动过程实际上就是把汽车行驶的动能通过制动器吸收转换为热能的过程。

3）制动时的方向稳定性

制动时的方向稳定性是指制动时汽车按照驾驶员给定方向行驶的能力。即是否会发生制动跑偏（制动时汽车偏驶，但后轮沿前轮的轨迹运动）、侧滑（制动时汽车一轴或双轴发生横向滑动，前、后轮轨迹不重和）或失去转向能力（如前轮抱死拖滑，汽车会失去转向能力）。

39. 什么是汽车车轮的阻滞力？

汽车车轮阻滞力是指当车轮在制动试验台滚筒上，由滚筒驱动旋转而尚未实施制动时，试验台的仪表上所显示的力。

阻滞力主要是车轮和地面变形所产生的滚动阻力，还包括车轮轴承的滚动阻力和制动鼓与制动蹄间由于调整不当产生的阻力，对于驱动轮还包括主减速器和差速器的传动阻力。阻滞力过大不仅影响制动力检测的准确性，同时也会造成汽车行驶无力、制动鼓不正常发热等故障。在汽车制动性能台试检测时要求各车轮的阻滞力均不得大于该轮轮荷的5%。

40. 车辆通过性参数有哪些？

1）轴距

它是指汽车处于直线行驶位置时，同侧相邻两轴的车轮落地中心点到车辆纵向对称平面的两条垂线间的距离。轴距长，可提高汽车纵向行驶稳定性，不易发生向前倾翻现象，有利于安全行车；然而由于纵向半径和转弯半径增大，会影响通过性能。若轴距短，虽然纵向半径和转弯半径减小，有可能使前、后悬距增大，接近角和离去角变小，也会影响通过性。

2）轮距

它是指在支承平面上，同轴左右车轮两轨迹中心间的距离（轴两端为双轮时，为左右两条双轨迹的中线间的距离）。轮距对汽车行驶时横向稳定性和抗侧翻能力有直接影响。

3）前悬

它是指在直线行驶位置时，汽车前端刚性固定件的最前点到通过两前轮轴线的垂面间的距离。

4）后悬

它是指汽车后端刚性固定件的最后点到通过最后车轮轴线的垂面间的距离。

5）最小离地间隙

它是指满载时，车辆支承平面与车辆最低点之间的距离。车辆最低点一般多在前轴下缘或主减速器的下缘。最小离地间隙表征车辆越过凸起障碍物的能力。

6）最小转弯半径

它是指当转向盘转到极限位置时，车辆外转向轮轮迹与转向圆中心点的最小距离。它表征车辆通过狭窄弯曲地带或绕过障碍物的能力。

7）纵向通过角

它是指当垂直于车辆纵向对称平面并分别切于静载车轮外缘的两平面的交线触及车体下部较低部位时，车轮外缘两切面之间所夹的最小锐角（如图 2-6 所示）。该角度是车辆可跨越障碍物的最大角度。

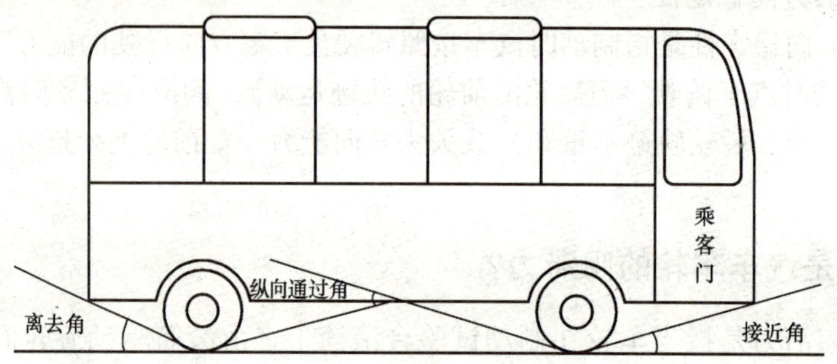

图 2-6　纵向通过角、接近角和离去角

8）接近角

它是指切于静载车轮前轮胎外缘的平面（前轮前方任何固定在车辆上的刚性部件均在此切面的上方）与车辆支承平面间的最大夹角（如图 2-6 所示）。接近角表示汽车接受障碍物（如小丘、台阶、沟洼地等）时，不致发生碰撞的可能性。

9）离去角

它是指切于静载车辆最后车轮轮胎的外缘的平面（位于最后车轴后方的任何固定在车上的刚性部件，均在此切面的上方）与车辆支承平面间的最大夹角（如图 2-6 所示）。离去角表示汽车在离开障碍物（如小丘、台阶、沟洼地等）或爬坡起点时，不致发生碰撞的可能性。

41. 车轮平衡性的含义是什么？

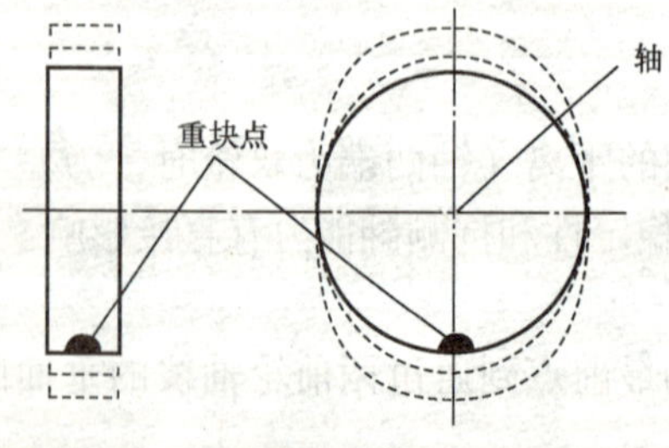

图 2-7　轮胎回转振动或车轮跳动

汽车高速行驶时，如果车轮的质量中心与旋转中心不重合，会产生离心力，这种现象叫静不平衡，如图 2-7 所示。离心力的大小与车轮转速和不平衡量大小有关，该力可分为一个水平分力和垂直分力。水平分力使车轮产生绕转向节主销摆动的力矩，垂直分力会使车轮上下跳动。由于离心力的方向随车轮旋转而改变，故静不平衡时，车轮将上下周期性弹跳并绕主销不停地摆动。汽车上的圆盘状旋转零件，如飞轮、离合器压盘等，必须符合动、静平衡的要求。

由于车轮具有一定的宽度，因此当车轮的质量分布相对于车轮的纵向中心面不对称时，会造成车轮的动不平衡，处于动不平衡状态下的车轮旋转时，在车轮的内侧、外侧产生的离心力形成了一个力偶，其结果是车轮旋转时产生左、右周期性摆动。汽车曲轴、传动轴等长轴类旋转零件亦有动平衡要求。

42. 车轮制动器的使用极限是多少?

制动鼓切削后不得有裂纹和变形，其尺寸必须符合原生产厂的要求，没有具体规定的应符合国家标准《汽车鼓式制动器修理技术条件》（GB/T 18274—2000）第 4.4.3 条的规定。鼓式制动器使用标准如表 2-3 所示。

鼓式制动器使用标准(单位：mm) 表 2-3

制动鼓标准内径 D	≤320	$320<D<420$	≥420
报废尺寸	$D+1.5$	$D+4.0$	$D+6.0$
安全修理尺寸	$D+0.7$	$D+2.8$	$D+4.2$
左、右制动鼓直径差值	0.2	0.5	0.8

客车上使用的几种常用制动盘的使用极限如表 2-4 所示。

客车上几种常见盘式制动器使用尺寸 表 2-4

制动器	新盘厚度（mm）	极限厚度（mm）	摩擦材料极限（mm）
一般盘式制动器	45	37	2
ZF 盘式制动器	45	37	2
美驰盘式制动器	45	39	3
创捷盘式制动器	45	37	2

43. 客车的主动安全性能与被动安全性能有何区别?

客车的安全性能分为主动安全性能和被动安全性能。主动安全性能是指车辆防止事故发生的能力，主要依靠车辆底盘性能和相应避免事故发生的装置。例如制动、防滑、防燃、防撞、限速、报警、照明等装置，这些装置都是为了避免或减少交通事故的发生。被动安全性能是指车辆在事故发生时，能够具有大幅度减小碰撞强度的功能，最大限度保护乘客的能力，尽可能避免重大伤亡事故。提高被动安全性能主要依靠车身的抗变形和相应的安全措施，如车身强度、吸能结构、座椅强度、内部设施强度、安全带、逃逸出口、阻燃防毒内饰、消防设施等。

主动安全是防范事故的发生，被动安全是最大限度保护乘客。随着汽车技术的飞速发展，电子控制技术、航空技术、机、电、液一体化、自动诊断调节技术等已在高档客车上广泛应用。为了提高汽车的安全性能，新技术、新结构、新材料层出不穷。在提高主动安全性能上纷纷采用 ABS、ASR、盘式制动器、自动间隙调整臂、自动润滑系统、助力转向器、电涡流或液压缓速器、电子后视镜、CAN 总线、GPS、行车记录仪和缓速器温度报警器等装置。被动安全性能重在提高车身强度，采用全承载车身结构的设计并选用锰合金钢材料，并且客车座椅、安全带、车窗、安全出口、阻燃材料、自动灭火装置等已列入强制性被动安全实施标准中。在发生客车碰撞、翻车和坠落事故中，客车被动安全性的优劣直接影响乘客的伤亡程度。因此客车的被动安全性作为保护旅客生命安全的最后防线，在交通事故频发的今天显得更加重要。

44. 制动跑偏和制动侧滑有何区别?

(1)制动跑偏：它是指制动时汽车自动向左或向右偏离行驶方向。产生制动跑偏的主要原因：一是在汽车制动过程中，左右轮地面制动力增大的快慢不一致，左右轮地面制动力不等，特别是转向轮。二是汽车轴距差过大、悬架系统和转向系拉杆的运动不协调。实验证明，前左、右轮制动力之差超过 5%，后轮制动力差超过 10% 时，将引起制动跑偏现象。为此用制动力法检测制动效能时，应提出左、右轮制动力平衡性要求。

(2)制动侧滑：它是指制动时汽车的某一轴或两轴发生横向移动。制动侧滑与制动跑偏是有联系的，严重跑偏有时会引起后轴侧滑，易于发生侧滑的车辆会有加剧跑偏的趋势。

制动时发生侧滑，特别是后轴侧滑，会引起汽车偏转，严重时可使汽车掉头。制动时若后轮比前轮先抱死，就易发生后轴侧滑；若使前、后轴同时抱死或前轴先抱死，后轴不抱死，则可防止后轴侧滑。

45. 为什么要禁止客车空挡滑行?

由于汽车燃油价格居高不下，有些驾驶员为了片面追求节油或不良驾驶操作习惯经常把汽车加速到 100km/h 以上，然后挂空挡滑行到 70～80km/h，再加速再挂空挡滑行，如此反复，虽然表面上看有少量节油，但这样的操作方法实在不可取，不仅会危及行车安全，又会造成汽车底盘部件的提前损坏，而且影响旅客的舒适性。这是因为：

(1)目前中高档大客车大都是采用气压制动（制动力大），为了减轻转向器、离合器、变速器的操纵，上述这些机构都增加了机械助力、真空助力或发动机取力装置，从而使操纵轻便，大大减轻了驾驶员的劳动强度，提高了操作方便性。当客车空挡滑行时发动机怠速运转，气泵充气缓慢，万一发动机熄火，制动气压不足、助力或动力装置失效，后果不堪设想，直接危及行车安全。

(2)虽然汽车挂空挡滑行时变速器不承载负荷，汽车受惯性作用高速滑行，变速器第二轴（输出轴）处在高速旋转状态，此时中间轴不受外力作用处于自由状态，从而中间轴上的齿轮无法把齿轮油飞溅到第一、二轴上，高速旋转的第二轴上的轴承和齿轮不能得到正常的润滑和冷却，发生干摩擦，温度快速升高极易造成变速器第二轴上的轴承和齿轮损坏。频繁地摘、挂挡位，离合器频繁地分离接合，会大大降低离合器的使用寿命。发动机转速忽高忽低，离合器和万向传动装置正反交替受力，很容易造成离合器和十字节的损坏，增加了机械损坏导致车辆抛锚的几率，维修材料成本将大大上升。节约了燃油但损坏了车辆，实在是得不偿失。

(3)经常加速滑行会严重影响车辆行驶的平稳性，旅客乘车的安全舒适要求难以保证，服务质量大打折扣。同时还影响其他车辆的正常行驶，也有违驾驶员遵守交法、文明行车、优质服务的职业道德。行车途中万一遇到紧急情况驾驶员就会措手不及，安全隐患极大。

(4)如果下坡时挂空挡滑行危害就更大，汽车下坡行驶时因重力的作用速度会越来越快，为安全行车需要经常采取制动减速，长时间使用制动使制动器发热，制动效能降低，安全隐患增加，并加剧轮胎磨损。如挂在挡位上行驶，则可充分利用发动机低速转动阻力减速，大大减少制动器的使用频率，确保制动气压和制动效能，既安全又经济。

节油必须是以确保汽车安全运行为前提的，首先是要维护好汽车，确保良好的技术状况，合理装载正确驾驶，养成良好的驾驶操作习惯，从而达到安全、舒适、经济的目的。

46. 汽车制动性能检测有哪几种方法？怎样路试检验客车的制动性能？

根据《机动车运行安全技术条件》（GB 7258—2004）规定，检测汽车制动性能的方法通常可选用制动距离法、制动减速度法和制动力法三者之一。当机动车经台架检验后对其制动性能有质疑时，可用路试检验规定的方法进行复检，并以满载路试的结果为准。

路试检验客车的制动性能方法是：客车行车制动性能和应急制动性能检验应在平坦、硬实、清洁、干燥且轮胎与地面的附着系数不小于0.7的水泥或沥青路面上进行，检验时发动机应脱开。客车在初速度为30km/h时紧急制动，其空载时的制动距离要求≤9.0m，满载时的制动距离要求≤10.0m，并且在制动时客车的任何部位不允许超出3.0m宽的试验通道的边缘线。所谓制动距离是指机动车在规定的初速度下实施紧急制动时，从脚接触制动踏板（或手接触制动手柄）时起至车辆停住时车辆驶过的距离。

车辆制动分别由以下几个步骤连接而成：

当驾驶员发现到紧急状况（制动信号）后，踏下制动踏板的脚蹬力、汽车制动减速度与制动时间的关系见图2-8。驾驶员反应时间是从看到制动信号起，到踩到制动踏板所需的时间，如图2-8中是从 a 点到 b 点。它取决于驾驶员的反应灵敏程度和技术熟练水平以及体力与疲劳状况，通常为 $t_1=0.3\sim1s$。制动器起作用时间是从踏到制动踏板开始，达到制动器摩擦力起作用时间。如图2-8中是从 b 点开始，一直到 e 点制动减速度达到最大为止。

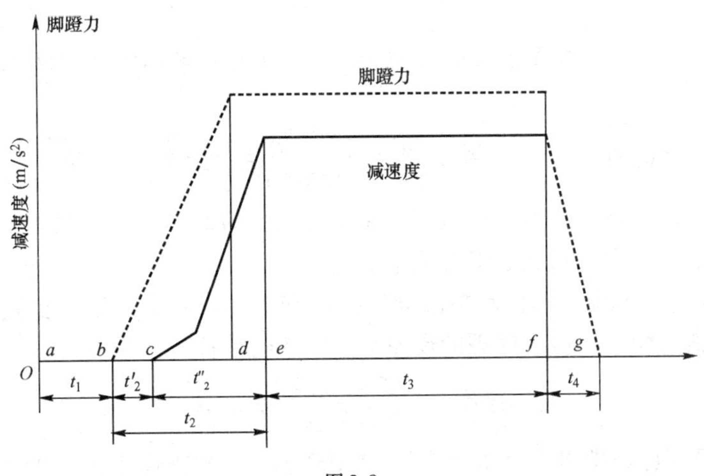

图2-8

由于制动传动的迟滞作用，要经过 t_2 秒后，路面制动力才起作用，使汽车产生减速度。因此图 2-8 中 b 点至 c 点为制动传动迟滞时间 t_2，c 点至 e 点为制动器摩擦力增长时间。制动器起作用的时间为 b、c 点与 c、e 点之和，一般液压传动为 0.2 ~ 0.25s，气压传动为 0.3 ~ 0.9s。e 到 f 点为汽车制动减速度时间 t_3，持续制动时间相当于从达到指定制动力开始，至有效制动结束的一段时间。

制动彻底解除时间相当于放松制动踏板至汽车制动力消失的一段时间，如图 2-8 中是从 f 点到 g 点。在液压传动中 $t_4 \approx 0.2$s。

从制动过程可以看出，汽车制动时的全部时间是由以上各项时间积累而成，包括驾驶员反应时间、制动器起作用时间、持续制动时间和制动彻底解除时间 4 个阶段。

$$T = t_1 + t_2 + t_3 + t_4$$

47. 客车维修企业的常用考核指标有哪些？

为全面衡量汽车维修企业的综合质量状况，需要对汽车维修质量指标进行考核，其目的是查找造成质量问题的原因，并制定改进措施，提高企业竞争力，客车维修企业应建立的技术、经济定额和质量考核指标有：客户满意率、材料消耗定额、返修率、抛锚率和维修质量保证期等。

(1)客户满意度：顾客满意程度取决于顾客对其购买产品或服务的预期（理想产品）与顾客购买和使用后对产品或服务（实际产品）的判断的吻合程度。用一个公式简单表示为：顾客满意度 = 实用价值/期望价值。“以顾客为关注焦点”是 ISO9000 族标准中八项基本原则之一，如表 2-5 所示。

客户满意度调查表

表 2-5

评价指标 \ 评价	很满意	满意	比较满意	不满意	很不满意
维修质量					
服务态度					
价格					

(2)材料消耗定额：它是指营运客车每行驶 1000km 平均所消耗的维修材料费。其计算公式为：

$$材料消耗定额 = \frac{一定周期内营运客车总的维修材料消耗量}{营运客车总行驶里程 /1000 元 /km}$$

营运客车的维修材料成本约占道路运输综合成本的 5% ~ 8%，材料消耗是一项可控成本，企业之间的竞争归根结底是综合成本的竞争。

(3)返修率：汽车维修返修是指修理厂把承修车辆修复出厂后，在质保期内，保修的故障仍未彻底消除而回厂再次修理的现象。返修率的计算是：

$$返修率 = \frac{返修车辆次}{维修车总辆次} \times 100\%$$

(4)抛锚率：它是指以营运客车每行驶 100 万 km 车辆途中抛锚的次数（抛锚次数/100 万 km）。车辆抛锚不仅造成重大的经济损失和服务投诉，更重要的是危及行车安全。

（5）维修质量保证期：交通部7号令《机动车维修管理规定》第37条规定了汽车维修竣工出厂质量保证期，7号令中规定的质保期限是最低要求，维修企业应承诺质保期不低于交通部规定的最低要求。

48. 汽车排放污染物的主要成分？影响柴油机排放污染物的因素有哪些？

汽车的公害包括汽车尾气对大气的污染；噪声对环境的危害；汽车电气设备对无线电及电视广播的电波干扰及静电对人体的危害等三个方面。排气污染对人们的生活环境影响最大，其次是噪声公害。

汽车排放的污染物主要来源于排气管排出的尾气，另外还有曲轴箱窜气及油箱的燃料蒸发。汽车发动机尾气排放的污染物，其主要成分有：一氧化碳（CO）、碳氢化合物（HC）、氮氧化物（NO_x）、微粒物（由炭烟、铅氧化物等重金属氧化物和烟灰等组成）和硫化物等。

一氧化碳（CO）：一氧化碳是烃燃料燃烧的中间产物，排气中的一氧化碳是由于烃的不完全燃烧所造成的。CO是一种无色、无刺激的气体，是汽车及内燃机排气中有害浓度最大的成分。一氧化碳与人体血液中的红蛋白亲和能力极强。人在吸入一氧化碳后，血液就失去输送氧气的能力，会阻止人体的新陈代谢，造成体内缺氧而引起窒息。

碳氢化合物（HC）：排气中的HC是由未燃烧的燃料烃、不完全氧化产物以及燃烧过程中部分被分解的产物所组成。

氮氧化合物（NO_x）：它是指一氧化氮（NO）和二氧化氮（NO_2），它们是高温状态下燃料燃烧生成的产物。高浓度的NO能引起神经中枢的障碍，并且容易氧化成剧毒的NO_2。NO_2有特殊的刺激性臭味，严重时会引起气肿。

浮游微粒：汽油机中主要微粒是铅化物、硫酸盐、低分子物质；柴油机中主要微粒为石墨形的含碳物质（炭烟是柴油机不完全燃烧的产物）和高分子量有机物（润滑油的氧化和裂解产物）。

硫氧化物：汽车内燃机尾气中硫氧化物的主要成分为二氧化硫（SO_2）。

影响柴油机排放污染物的因素有：

1）柴油的品质

柴油的性质对炭烟的产生有一定的影响。蒸发性差的燃料往往雾化也差，对排气烟度有不利的影响。着火性好的燃料容易产生炭烟。就对烟度的影响而言，燃料的着火性比蒸发性更重要。

2）过量空气系数

柴油机燃烧室内混合物是极不均匀的。缺氧则烃裂解脱氢而生成炭烟，得氧则形成的炭粒也可以被氧化消失。改进柴油机的进气系统，提高充气效率等所有增加进气量的措施，将有助于降低排气烟度。

3）柴油雾化质量

柴油机排气烟度与雾化品质关系密切，在柴油机喷油过程中，每次喷油将结束时，喷油压力下降，雾化质量变差，使液滴直径比主要喷射阶段的油滴大4～5倍，这些油滴蒸发与燃烧的时间短，周围氧的浓度低，容易产生炭烟。改进油嘴及供油系配合参数，消除滴漏及二次喷射的产生，可以降低发动机的排烟。

4)喷油时刻

在直喷式柴油机中，当其他参数不变，加大喷油提前角可以降低排气烟度。因为加大喷油提前角会使滞燃期加长，使着火前喷入汽缸的油量增加。

综上所述，合理维护与调整供油及空气供给装置是降低柴油机排放的关键。

49. 驾驶员的日常维护工作有何要求?

目前中、高档大客车上新技术、新设备、新材料、新工艺层出不穷，选装选配的部件越来越多，加强学习汽车构造、使用、维修原理非常重要，尤其是认真仔细阅读车辆使用说明书，学好理论指导实践，全面掌握日常维护工作职责和技术要求。汽车和人的身体一样都需要精心呵护，日常维护看似平淡，但要真正做好它却不容易。

车辆的日常维护是驾驶员必须完成的日常性工作。其主要内容是：坚持三检，即出车前、行车中、收车后检视车辆的安全机构及各部件连接的紧固情况。保持四清，即保持机油、空气、燃油滤清器和蓄电池清洁。防止五漏，即防止漏水、漏油、漏气、漏电和漏尘，保持车容整洁。具体要做好车辆的日常维护作业要求有：

(1)清洁要求：对汽车外观、发动机外表进行清洁，保持车容整洁。保持汽车外观和发动机外表的整洁，不仅是文明生产的需要，也是汽车各部分正常工作的需要。

(2)检视补给要求：对汽车各部润滑油（脂)、燃油、冷却液、制动液、各种工作介质、轮胎气压进行检视补给。汽车油液是各部分正常工作必不可少的工作介质，必须保证充足、清洁和性能良好，轮胎气压是否符合要求是保证汽车正常行驶的基本条件，因此对油液和轮胎气压等进行检视补给是汽车日常维护的基本作业内容。

(3)安全装置和发动机状况检查要求：对汽车制动、转向、传动、悬架、灯光、信号等安全部位和位置以及发动机运转状况进行检视、校紧，确保行车安全。检查灭火器、安全锤及各种车辆证件是否齐全有效。

随着道路条件的改善和社会文明的进步，汽车运行速度大大提高，人们对汽车安全、舒适、环保、经济性的要求越来越高，为此保证安全部件处于完好和发动机良好工作状态是日常维护检查的重点。重点车型、易损部位要重点检查防范，如传动皮带、离合器、水管、水箱、油管、电线等部位。

50. 常用发动机的主要技术参数有哪些?

客车上几种常用发动机的主要技术参数如表2-6所示。

几种常用发动机技术参数 表2-6

发动机类别	斗山（原大宇）			现代
发动机型号	DL08	DE08TIS	DV11	D6AC
发动机形式	直立六缸增压中冷电控共轨	直立六缸增压中冷	V形90°六缸增压中冷电控共轨	直立六缸增压中冷
缸径×行程（mm)	108×139	111×139	128×142	130×140
排量（L)	7.64	8.071	10.964	11.149

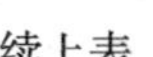

续上表

发动机类别	斗山（原大宇）			现代
发动机型号	DL08	DE08TIS	DV11	D6AC
压缩比	17:1	18.5:1	17.1:1	16.5:1
喷油次序	1-5-3-6-2-4		1-5-3-6-2-4	1-5-3-6-2-4
喷油提前角 BTDC		3°		15°
喷油压力（kN/cm²）		1840/2860		2200
机油压力（MPa）	0.1～0.3（怠速），0.3～0.55（正常）	0.08～0.14（怠速），0.3～0.48（正常）	0.1～0.3（怠速），0.3～0.55（正常）	0.145（怠速）0.295～0.49（正常）
气门间隙（冷态）（mm）	进0.3，排0.4，排气制动1.5	0.3	进0.4，排0.5，排气制动1.5	进0.4，排0.6
机油容量（L）	21～27	15.5	26～34	20
缸套与活塞间隙（mm）	0.094～0.148（极限0.3）	0.103～0.139（极限0.3）	0.233～0.271（极限0.35）	0.178～0.204
曲轴与主轴承间隙（mm）	0.052～0.122（极限0.15）	0.052～0.122（极限0.25）	0.066～0.132（极限0.166）	0.08～0.15（极限0.25）
曲轴轴向间隙（mm）	0.15～0.289（极限0.5）	0.15～0.325（极限0.5）	0.19～0.322（极限0.5）	0.09～0.23（极限0.4）
曲柄销与连杆轴承间隙（mm）	0.034～0.098（极限0.15）	0.034～0.098（极限0.25）	0.054～0.116（极限0.154）	0.07～0.13（极限0.25）
凸轮轴与凸轮轴衬套间隙（mm）	0.05～0.128（极限0.18）	0.12～0.17（极限0.24）	0.06～0.12（极限0.18）	0.03～0.08（极限0.25）
主轴承螺栓拧紧力矩（N·m）	294	294	294+90°+10°	370
连杆螺栓拧紧力矩（N·m）	176.4	176.4	98+90°	115
缸盖螺栓拧紧力矩（N·m）	60+270°	240（12.9T），60+330°（10.9T）	147+240°	175
发动机类别	潍柴	日野	曼（MAN）	安凯（奔驰）
发动机型号	WP10	P11C	D2066LF	OM457LA
发动机形式	直立六缸增压中冷电控共轨	直立六缸增压中冷电控共轨	直立六缸增压中冷电控共轨	直立六缸增压中冷
缸径×行程（mm）	126×130	122×150	120×155	128×155
排量（L）	9.726	10.52	10.518	12
压缩比			18:1	17.25:1
喷油次序	153624	142635	153624	153624
喷油提前角 BTDC				
喷油压力（kN/cm²）				180°

续上表

发动机类别	斗山（原大宇）			现代
发动机型号	DL08	DE08TIS	DV11	D6AC
机油压力（MPa）	怠速 > 0.1，正常 0.35 ~ 0.55	0.05 ~ 0.5	0.105（550r/min），0.37（1200r/min），0.5（1900r/min）	0.05（600r/min），0.25（2000r/min）
气门间隙（冷态）(mm)	进 0.3，排 0.4 EVB 系统 0.25	进 0.45，排 0.6	进 0.5，排 0.8，排气制动 0.6	进 0.4，排 0.6
机油容量（L）	25	30.5	36 – 42	27
缸套与活塞间隙(mm)	0.105 ~ 0.182		0.11 ~ 0.14	
曲轴与主轴承间隙(mm)	0.095 ~ 0.171		0.06 ~ 0.116	
曲轴轴向间隙(mm)	0.102 ~ 0.305	0.011 ~ 0.029	0.2 ~ 0.401（极限 1.25）	
曲柄销与连杆轴承间隙（mm）	0.059 ~ 0.135		0.06 ~ 0.122	
凸轮轴与凸轮衬套间隙（mm）	0.04 ~ 0.12			
主轴承螺栓拧紧力矩（N·m）	250 ~ 280	274	300 + 90° + 10°	
连杆螺栓拧紧力矩（N·m）	120 + 90° 同时达到 170 ~ 250	69 + 180°	100 + 90° + 10°	110（11） + 90°
缸盖螺栓拧紧力矩（N·m）	200 + 180° 同时达到 240 ~ 340	118 + 180°	300 + 270° + 30°	200 + 180°

第三章　机械基础、汽配材料、设备使用

51. 金属材料的力学性能有哪些？

金属材料的力学性能（也称机械性能）是指金属材料在受到外力时所表现出来的特性，主要包括强度、塑性、硬度、冲击韧性和抗疲劳性等。

1）强度

金属材料在静载荷作用下抵抗塑性变形或断裂的能力，称为强度。强度的大小通过应力（N/mm^2）的大小来表示。强度可分为抗拉强度、抗剪强度、抗压强度、抗弯强度和抗扭强度5种。其中抗拉强度为：

$$\sigma_b = \frac{F_b}{S_0} \qquad (N/mm^2)$$

式中：F_b——试样拉断前承受的最大载荷（N）；

S_0——试样原始横截面积（mm^2）。

2）塑性

金属材料的断裂前发生塑性变形的能力，称为塑性。它常用金属材料的伸长率δ和截面收缩率ψ来表示。其公式为：

$$\delta = \frac{L_1 - L_0}{L_0}$$

$$\psi = \frac{S_0 - S_1}{S_0}$$

式中：L_0——试样原始标距（mm）；

L_1——试样拉断后的标距（mm）；

S_0——试样原始横截面积（mm^2）；

S_1——试样拉断后颈缩处的最小横截面积（mm^2）。

3）硬度

金属材料表面抵抗局部变形，特别是塑性变形，压痕的能力，称为硬度。金属材料的硬度值越大，表示材料硬度越高。通常表示硬度的指标有布氏硬度和洛氏硬度。

4）冲击韧性

金属材料表面抵抗冲击载荷作用不破坏的能力，称为韧性，其大小用冲击韧度来衡量，符号为α_k。

5）疲劳强度

许多机械零件，如轴、齿轮、轴承、弹簧等，在工作过程中各点的应力随时间作周期性变化，这种随时间作周期性变化的应力称为交变应力。实验表明：试样承受的交变应力值越大，则断裂时应力循环的次数越少；反之，就越多。

52. 钢的热处理有哪几种方式？

热处理是一种改善钢的机械性能的工艺方法，包括退火、正火、淬火、回火和表面热处理等。

1）退火

退火是将钢加热到适当温度，保温一定时间，然后缓慢冷却（一般是随炉冷却）的热处理工艺。退火的目的主要是降低硬度、消除钢件中的应力等。

2）正火

正火是将钢加热到适当温度，保温一定时间，然后又静止的空气中冷却的热处理工艺。正火实质上是退火的一种特殊形式，不同之处仅在于正火是采用在空气中冷却的方法，其冷却速度比退火稍快。正火的目的是提高低碳钢和低碳合金钢的硬度、改进钢件的力学性能。

3）淬火

淬火是将零件加热到一定温度（一般在850℃以上，视钢的品种而异），经保温后放入介质中快速冷却。淬火的目的是提高钢的强度、硬度和耐磨性。淬火时常用的介质有油、水和盐溶液等。不同介质冷却速度不同，油中较慢，水中较快，盐溶液中更快。冷却速度快时淬硬度的深度大，但变形和开裂的倾向也大。

4）回火

回火是在钢件经过淬火以后，再将其加热到适当温度，保温一定时间，然后在静止的空气中冷却的热处理工艺。钢经过淬火后，强度和硬度虽然提高，但塑性和韧性降低。因此，在淬火以后常需要进行回火，以保持钢的强度和硬度，并提高材料的塑性和韧性。

根据回火时加热保温的温度不同，回火可分为低温回火、中温回火和高温回火。

5）表面热处理

有些机械零件表面有较高的硬度和强度，而要求零件中心部分有足够的塑性和韧性，这时可进行表面热处理，如表面淬火和化学热处理。

53. 金属磨损的形式有几种？

金属磨损是指金属与其他物体相互接触并作相对运动，由于机械作用或伴有化学作用所造成的金属表面位移或分离的破坏现象。

金属的磨损失效形式，一般包括黏附磨损、磨料磨损、疲劳磨损、腐蚀磨损等。

1）黏附磨损

作相对运动的两接触表面由于分子间的吸引力作用而产生固相局部焊合或黏附连接，致使材料从一个表面转移至另一个表面所造成的磨损，又称黏着磨损。

2）磨料磨损

作相对运动的两接触表面由硬质颗粒或较硬表面上的微凸起体在摩擦过程中的“微磨削”、“微切削”与“微开裂”综合作用而引起的表面擦伤与表面材料脱落或分离出磨屑来。

3）疲劳磨损

相互作滚动或滚动兼滑动的两接触表面，在交变接触应力重复作用下，由于表层材料疲劳，产生微观裂缝并分离出磨粒或碎片而剥落，形成凹坑而引起的磨损。疲劳磨损又称为点蚀。

4）腐蚀磨损

金属表面在摩擦过程中与周围介质在化学与电化学反应作用下产生的磨损过程。

减小金属磨损可采用的措施包括：

(1)改进设计，选用耐磨材料；

(2)应用防护减磨层，加强润滑；

(3)应用表面处理技术，包括化学热处理、表面淬硬、堆焊或喷焊耐磨金属等；

(4)改进工作环境，置换易损部件等。

54. 金属的防腐处理方法有哪些？

腐蚀是金属制品损坏的主要原因之一，而金属是众多机械备件的主要构成材料，因此针对金属制品易被腐蚀的特点，要采取专门的防腐措施，适当有效地防止金属的腐蚀。金属的腐蚀防护主要方法有以下几种。

1）金属防腐的结构改变法

金属防腐的常见办法之一是改变金属的结构。金属的种类很多，一些重金属的化学活性低，不易受到其他物质的腐蚀，部分金属与其他金属配合使用能有效提高防腐能力，例如在普通钢铁中加入铬、镍等材料制成不锈钢，就能获得较好的防腐效果。

2）金属防腐的保护层法

金属防腐的保护层法使用范围最为广泛，这种防腐方法是在金属的表面制造各种材质的保护层，将金属产品与外界的腐蚀介质隔离开，从而达到防止腐蚀的效果。金属防腐的保护层可以通过涂抹、喷涂、电镀、热镀、喷镀等方法形成。

金属防腐的防护层材料很多，常见的有机油、油漆等涂料和陶瓷、塑料等耐腐蚀的非金属材料。金属防腐的电镀和热镀一般是使用不易腐蚀的金属，如锌、锡、铬和镍等。金属防腐的另一种材料是钢铁在表面形成的氧化膜，也就是黑色四氧化三铁薄膜，同样能起到防腐作用。

3）金属防腐的电化学保护法

金属防护的电化学保护法是以原电池理论为原理对金属进行防腐保护的方法。根据原电池理论，只要能够消除引起化学腐蚀的原电池反应，就可以实现金属的防腐。金属防腐的电化学保护法分为阳极保护和阴极保护两种，其中阴极保护应用较多。

4）金属防腐的腐蚀介质处理法

金属防腐可以通过对腐蚀介质的处理来完成，这种方法着重消除腐蚀介质的存在，也就是保持金属机械的干燥，例如经常擦干机械上的水分、在精密仪器中防止干燥机、在腐蚀介质中添加缓蚀剂等都是属于这种防腐方法。

55. 汽车使用与维修中常用的计量单位有哪些？汽车维修常用计量器具法定的检验周期是多少？

汽车使用与维修中常用的计量单位见表 3-1。

常用计量单位　　表3-1

计量单位	表示和换算
长度	1千米（km）=1000米（m） 1米（m）=10分米（dm）=100厘米（cm）=1000毫米（mm）
质量	1吨（t）=1000千克（kg） 1千克（kg）=1000克（g）
体积	1立方米（m^3）=1000立方分米（dm^3） 1立方分米（dm^3）=1升（L）=1000立方毫米（mm^3）=1000毫升（mL） 1美加仑（gal）=3.785升（L） 1英加仑（gal）=4.546升（L）
面积	1平方米（m^2）=100平方分米（dm^2）， 1平方分米（dm^2）=100平方厘米（cm^2）， 1平方厘米（cm^2）=100平方毫米（mm^2）
时间	1小时（h）=60分钟（min）=3600秒（s）
速度	1米/秒（m/s）=3.6千米/小时（km/h）
转速	转/分（r/min）
温度	摄氏度（℃），1°F=5/9℃（温度差）
频率	赫兹（Hz）
平面角度	度（°）
密度	1千克/立方米（kg/m^3）=0.001克/立方厘米（g/cm^3）
力	1牛顿（N）=0.225磅力 1磅力=0.102千克力
力矩（扭矩）	牛顿·米（N·m）
功率	1千瓦（kW）=1000瓦（W） 1马力=745.699872瓦
电压 电流 电阻	电压：伏（V）； 电流：安培（A）； 电阻：欧姆（Ω）
压力	1千克力/平方米（kgf/m^3）= 9.80665千帕（Pa） 1兆帕（MPa）=10巴（bar）=1000千帕（KPa）=10^6帕（Pa）
声音	分贝（dB）
发光强度	坎德拉

汽车维修常用计量器具法定的检验周期是：

(1)长度类、重量类计量器具的法定检验周期为一年一次。

(2)压力表类计量器具的法定检验周期为半年一次。

(3)汽车检测线的法定检验周期为一年一次。

56. 三视图之间存在怎样的对应关系？

物体有长、宽、高三个方向的尺寸。物体的左右面之间的距离为长度，前后面之间的距离为宽度，上下间的距离为高度，如图 3-1 所示。主视图和俯视图都能反映物体的长度，主视图和左视图都能反映物体的高，俯视图和左视图都能反映物体的宽度。三个视图之间的度量对应关系可归纳为：主视图、俯视图长对正；主视图、左视图高齐平；俯视图、左视图宽相等，即“长对正，高齐平，宽相等”，这是三视图的重要性，也是画图和看图的主要依据。

如图 3-1 所示，主视图是反映物体的左右和上下关系，左视图是反映物体的上下和前后关系，俯视图是反映物体的左右和前后关系。

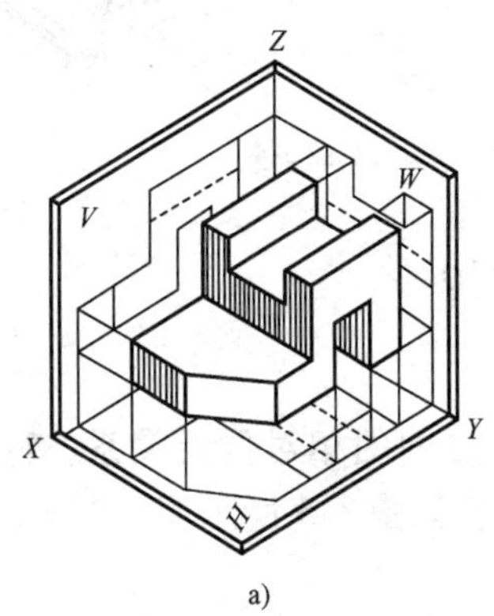

a)

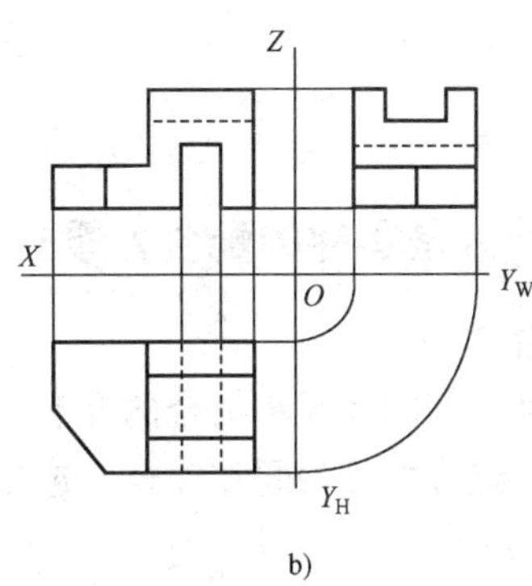

b)

图 3-1

57. 什么是表面粗糙度、圆度和圆柱度？

1) 表面粗糙度

表面粗糙度是指加工表面具有的较小间距和微小峰谷不平度。其两波峰或两波谷之间的距离（波距）很小（在 1mm 以下），用肉眼是难以区别的，因此它属于微观几何形状误差。表面粗糙度越小，则表面越光滑。表面粗糙度的大小，对机械零件的使用性能有很大的影响，加工表面上具有的较小间距和峰谷所组成的微观几何形状特性。它是互换性研究的问题之一。表面粗糙度一般是由所采用的加工方法和其他因素所形成的，如图 3-2 所示。

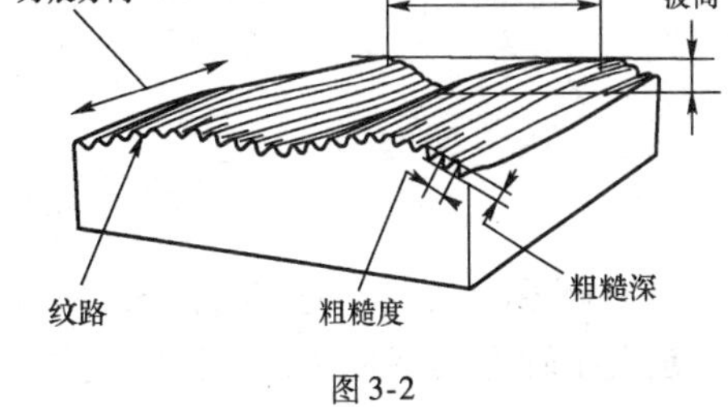

图 3-2

2) 圆度

圆度是指工件的横截面接近理论圆的程度。测量工具为圆度仪。

图 3-3 所示的标注，表示在垂直于轴线的任一正截面上，该圆必须位于半径差为公差值 0. 02mm 的两同心圆之间。

3) 圆柱度

圆柱度是指任一垂直截面最大尺寸与最小尺寸差为圆柱度。圆柱度误差包含了轴剖面和横剖面两个方面的误差。圆柱度的公差带是两同轴圆柱面间的区域，该两同轴圆柱面间的径向距离即为公差值。图 3-4 所示的标注，表示圆柱面必须位于半径差为公差值 0. 05mm 的两同轴圆柱面之间。

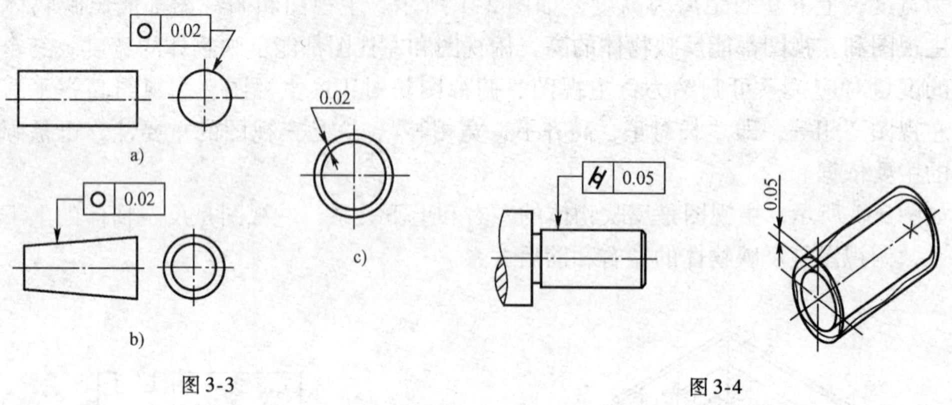

图 3-3　　图 3-4

58. 什么是零件的配合？零件配合有几种形式？

1) 配合

基本尺寸相同并互相结合的孔和轴，两者的公差带之间的相对位置关系，称为配合。根据情况，配合可分为间隙配合、过盈配合和过渡配合，如图 3-5 所示：

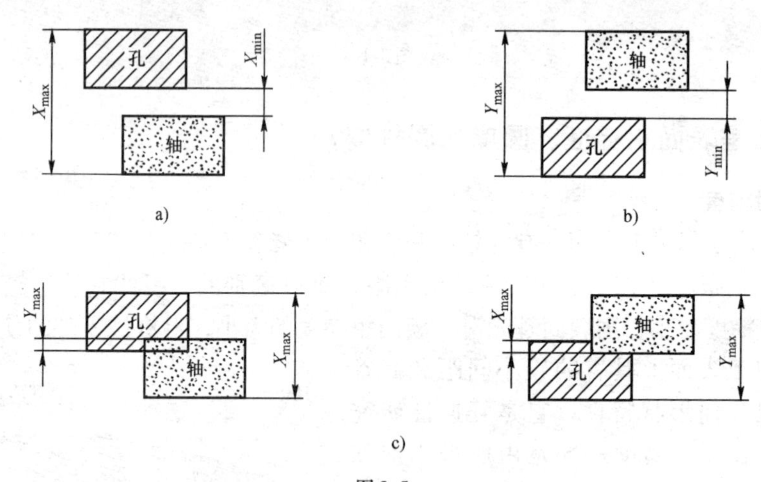

图 3-5

a) 间隙配合；b) 过盈配合；c) 过渡配合

(1) 间隙配合：当一批零件中，任取一对基本尺寸相同的轴和孔配合时，孔的实际尺寸总是大于轴的实际尺寸，这样，轴与孔之间必然具有间隙，故称为间隙配合。此时，孔的公差带总是在轴的公差带上方。

(2) 过盈配合：当一批零件中，任取一对基本尺寸相同轴的孔配合时，孔的实际尺寸总是小于轴的实际尺寸，轴大于孔的部分称为过盈量。这种存在过盈量的配合称为过盈配合。此时，孔的公差带总是在轴的公差带的下方。

(3)过渡配合：既可能出现间隙，也可能出现过盈的配合，称为过渡配合。此时，孔的公差带与轴的公差带之间相互交叠。

2)配合制

国家标准规定了两种配合制：基孔制和基轴制。

(1)基孔制是基本偏差为一定的孔的公差带，与不同基本偏差的轴的公差带形成各种配合的一种制度。

(2)基轴制是基本偏差为一定的轴的公差带，与不同基本偏差的孔的公差带形成各种配合的一种制度。

59. 什么是形位公差？它们用什么符号来表示？

形状误差是指实际表面和理想表面的差异；位置误差是指相关联的两个几何要素的实际位置相对于理想位置的差异。形状误差和位置误差的允许变动量分别称为形状公差和位置公差（统称为形位公差）。

形位公差代号由形位公差符号、框格、公差值、指引线、基准符号和其他有关符号组成。形状和位置公差的分类、名称、符号和标注示例见表3-2和表3-3。

形状和位置公差的分类表　　表3-2

分类	名　称	符号	分类		名　称	符号
形状公差	直线度	—	位置公差	定向	平行度	//
	平面度	▱			垂直度	⊥
	圆度	○			倾斜度	∠
	圆柱度	⌭		定位	同轴度	◎
形状或位置	线轮廓度	⌒			对称度	⌯
	面轮廓度	⌓			位置度	⌖
				跳动	圆跳动	↗
					全跳动	⌰

形状公差示例表　　表3-3

示　例	说　明	示　例	说　明
1. 直线度 — 0.02 φd	实际圆柱表面上任意素线必须位于轴向平面内，距离为公差值0.02mm的两平行直线之间	3. 圆度 ○ 0.02	在垂直于轴心线的任一正截面上，实际圆必须位于半径差为公差值0.02mm的两同心圆之间的区域
2. 平面度 ▱ 0.1	实际表面必须位于距离为公差值0.1mm的两平行平面内	4. 圆柱度 ⌭ 0.05	实际圆柱面必须位于半径差为公差值0.05mm的两同轴圆柱面之间的区域内

续上表

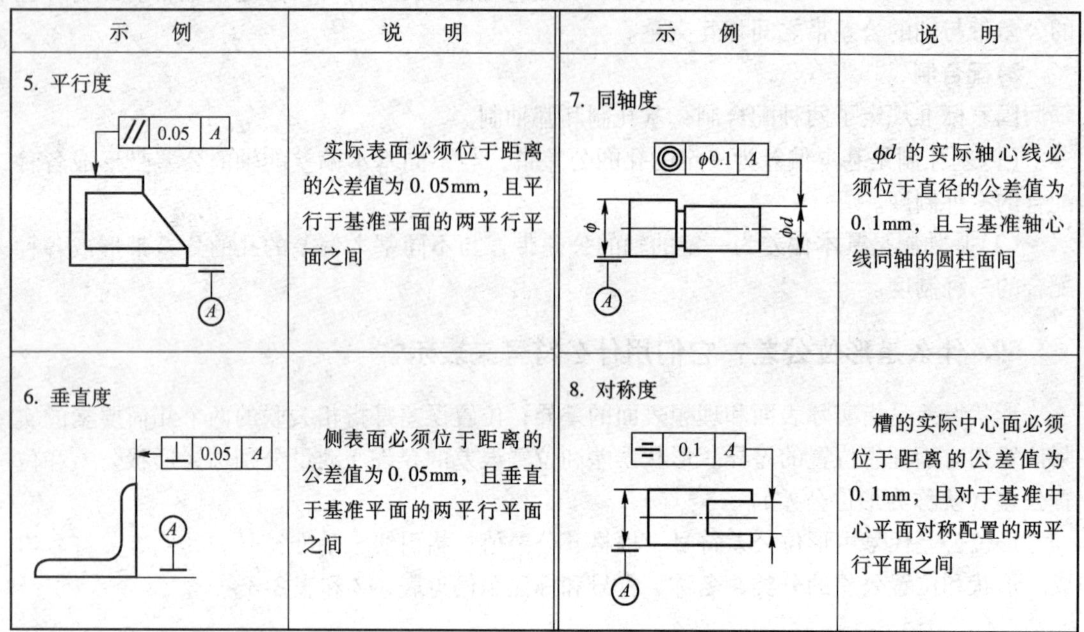

示　例	说　明	示　例	说　明
5. 平行度	实际表面必须位于距离的公差值为0.05mm，且平行于基准平面的两平行平面之间	7. 同轴度	ϕd 的实际轴心线必须位于直径的公差值为0.1mm，且与基准轴心线同轴的圆柱面间
6. 垂直度	侧表面必须位于距离的公差值为0.05mm，且垂直于基准平面的两平行平面之间	8. 对称度	槽的实际中心面必须位于距离的公差值为0.1mm，且对于基准中心平面对称配置的两平行平面之间

形位公差框格是由两格或多格组成的矩形框格。在零件图上，形位公差框格按水平方向放置，必要时也可垂直放置。框格从左到右（垂直放置时则从上到下）依次填写以下内容：

第一格——形位公差项目特征符号；

第二格——形位公差值及附加符号：

第三格及以后各格——表示基准要素的字母。

60. 螺纹的基本要素有哪些?

螺纹的基本要素：牙型、螺纹的直径、线数、导程和螺距、旋向。

1）牙型

在通过螺纹轴线的剖面上，螺纹的轮廓形状称螺纹牙型。常见的牙型有三角形、梯形、锯齿形等。图 3-6 所示的是三角形牙型。

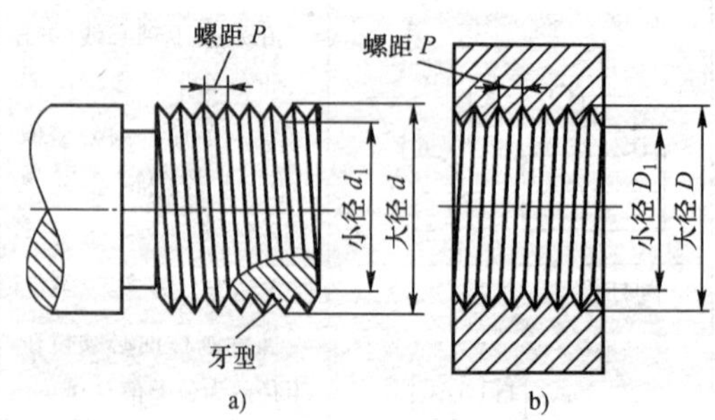

图 3-6　螺纹的牙型、大径、小径和螺距
a）外螺纹；b）内螺纹

2）螺纹的直径

大径 d（D）：与外螺纹牙顶或内螺纹牙底相重合的假想圆柱体直径，是螺纹的最大直径。

小径 d_1（D_1）：与外螺纹牙底或内螺纹牙顶相重合的假想圆柱体直径，是螺纹的最小直径。

中径：一个假想圆柱的直径，其圆柱母线通过牙型上沟槽和凸起宽度相等的地方。

公称直径：代表螺纹规格的直径，一般

指螺纹大径尺寸。但管螺纹的公称直径不是指螺纹大径，而是指管子的公称直径。

3）线数

螺纹有单线和多线之分，沿一条螺旋线形成的螺纹称单线螺纹，沿两条或两条以上在轴向等距分布的螺旋线形成的螺纹，称多线螺纹（如图3-7所示）。

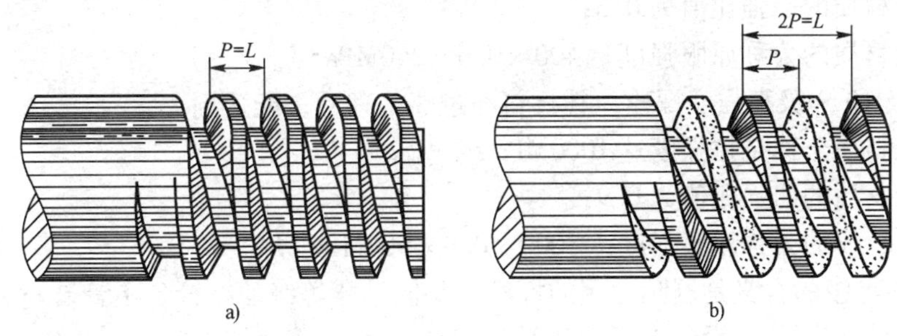

图3-7
a）单线；b）双线

4）导程和螺距

导程（L）：沿同一条螺旋线形成的螺纹上相邻两牙在中径线上对应两点间的轴向距离。

螺距（P）：螺纹上相邻两牙在中径线上对应两点间的轴向距离。

由此可见，导程与螺距有如下关系：

$$导程=螺距\times线数$$

$$双线螺纹的导程\ L=P\times2=2P$$

同一公称直径可以有多种螺距的螺纹，其中螺距最大的称为粗牙螺纹（根据机械设计手册上规定区分），其余都称为细牙螺纹，粗牙螺纹应用最广。细牙螺纹的小径大、升角小，因而自锁性能好、强度高，但不耐磨、易滑扣，适用于薄壁零件、受动载荷的连接和微调机构的调整。

5）旋向

螺纹有右旋和左旋之分。当螺纹旋进时为顺时针方向旋转的，称为右旋螺纹；逆时针方向旋转的，称为左旋螺纹。右旋螺纹由于应用较多，故图纸上不必注明；而左旋螺纹则必须在图纸上注明左旋（如图3-8所示）。

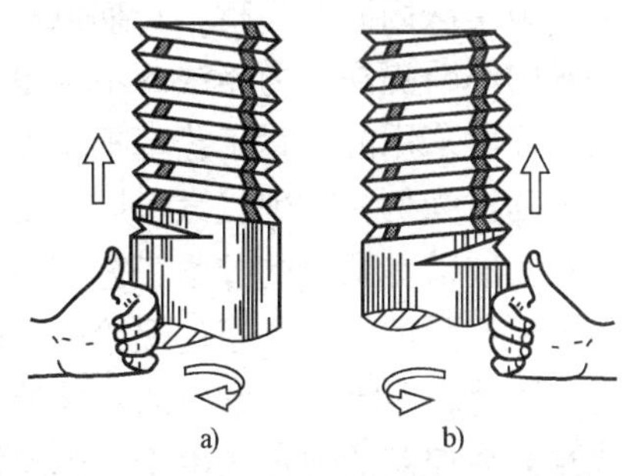

图3-8　螺纹的旋向
a）左旋；b）右旋

上述5项是螺纹的基本要素，改变其中任何一项，就会使螺纹规格不同。为了便于设计、制造与选用，国家标准对螺纹的牙型、大径、螺距都做了规定，凡这三项符合标准的，称为标准螺纹；牙型符合标准规定，大径或螺距不符合标准的称特殊螺纹；牙型不符合标准的称非标准螺纹。要使内外螺纹旋合，五要素应分别相同。

钢结构连接用螺栓性能等级有3.6、4.6、4.8、5.6、6.8、8.8、9.8、10.9、12.9等10余个等级，其中8.8级及以上螺栓材质为低碳合金钢或中碳钢并经热处理（淬火、回火），通称为高强度螺栓，其余通称为普通螺栓。螺栓性能等级标号由两部分数字组成，分别表示螺栓材料的公称抗拉强度值和屈强比值。

例如，性能等级4.6级的螺栓，其含义是：

(1)螺栓材质公称抗拉强度达400MPa级；

(2)螺栓材质的屈强比值为0.6；

(3)螺栓材质的公称屈服强度达400×0.6=240MPa级。

性能等级10.9级高强度螺栓，其材料经过热处理后，能达到：

(1)螺栓材质公称抗拉强度达1000MPa级；

(2)螺栓材质的屈强比值为0.9；

(3)螺栓材质的公称屈服强度达1000×0.9=900MPa级。

螺栓性能等级的含义是国际通用的标准，相同性能等级的螺栓，不管其材料和产地的区别，其性能是相同的，设计上只选用性能等级即可。强度等级所谓8.8级和10.9级是指螺栓的抗剪切应力等级为8.8GPa和10.9GPa。8.8公称抗拉强度800N/mm^2，公称屈服强度640N/mm^2。

一般的螺栓是用“X.Y”表示强度的，X×100为此螺栓的抗拉强度，X×100×（Y/10）为此螺栓的屈服强度（因为按标识规定：屈服强度/抗拉强度=Y/10）。

如4.8级，则此螺栓的 抗拉强度为400MPa，屈服强度为400×8/10=320MPa。

61. 转角法拧紧螺栓有何特点？

汽车发动机的汽缸盖螺栓、曲轴螺栓及连杆螺栓均采用塑性紧固螺栓。按照操作手册规定将这些螺栓拧至规定力矩后，则螺栓处于塑性变形区域。若拧紧力矩过大，则螺栓会迅速切断，从而可有效地保护曲轴和轴承。在发动机解体后重新使用这些螺栓时，必须要测量螺栓长度，如果超过允许值则必须更换。一般拆卸两至三次以后就必须更换此类螺栓。

螺纹副连接是汽车、内燃机、压缩机等众多机械行业装配作业所广泛采用的一种方法，为确保装配的质量，必须对螺纹副的拧紧状态予以控制。如今用于控制螺纹拧紧的方法主要有力矩法、力矩—转角法、屈服点法、螺栓伸长法等4种。其中，螺栓伸长法虽然最为准确、可靠，然而，由于难以在实际的装配机械上实现，故至今尚未用于生产。相比之下，力矩法因简单易行，长期以来一直是螺纹副装配中最常用的方法。但随着对装配质量要求的不断提高，力矩法的不足也越来越多地暴露出来。因此，近十年来，重要场合下螺栓连接所采用的拧紧工艺基本由力矩—转角法所取代，大大提高了产品的装配质量。以汽车发动机为例，在现代汽车厂的发动机装配线上，关键螺栓连接，如主轴承盖、连杆轴承盖和汽缸盖等螺栓的拧紧工艺都采用力矩—转角法。

装配拧紧的实质是通过螺栓的轴向预紧力将两个工件（如缸盖与缸体）可靠地连接在一起，因此，对轴向预紧力的准确控制是保证装配质量的基础。通过控制拧紧力矩间接地实施预紧力控制的力矩法由于受到摩擦系数等多种不确定因素的影响，导致对轴向预紧力控制精度低。此外，出于安全考虑，最大轴向力在设计时一般设在其屈服强度的70%以下，实际值往往只有30%~50%。轴向预紧力小而分散，必然造成材料利用率低、结构笨拙和可靠性差。而力矩—转角法的实质是控制螺栓的伸长量，在螺栓贴合以后的整个拧紧范围，伸长量始终与转角成正比。在弹性范围内，轴向预紧力与伸长量成正比，控制伸长量就是控制轴向力，螺栓开始塑性变形后，虽然两者已不再成正比关系，但杆件受拉伸时的力学性能表明，只要保持在一定范围以内，轴向预紧力就能稳定在屈服载荷附近。事实上，力矩—转角法主要通过将螺栓拉长到超弹性极限，达到屈服点，以实现既充分利用材料强度，又达到了高精度拧紧控制的目的（如图3-9所示）。

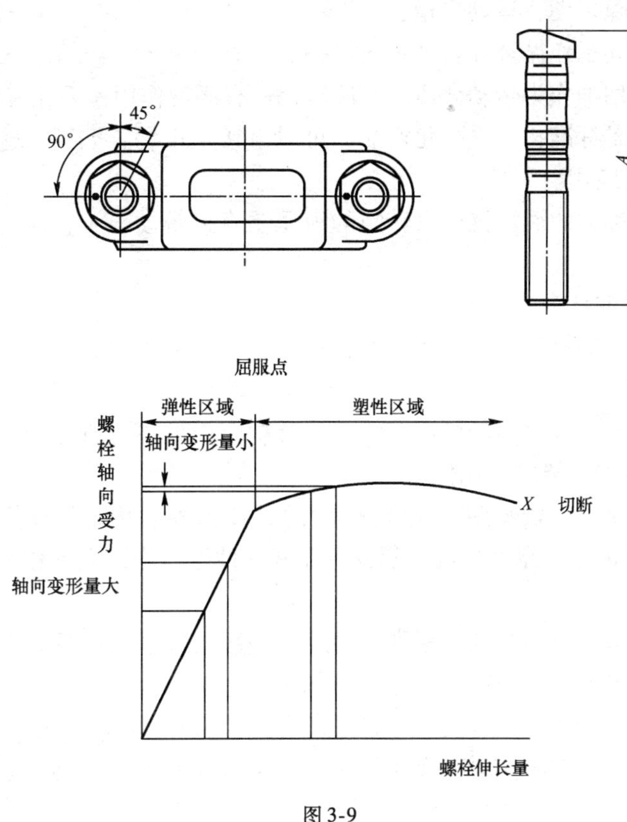

图3-9

62. 液压传动的工作原理及其优缺点是什么？

1）液压传动的基本原理

液压系统利用液压泵将原动机的机械能转换为液体的压力能，通过液体压力能的变化来传递能量，经过各种控制阀和管路的传递，借助于液压执行元件（液压缸或液压马达）把液体压力能转换为机械能，从而驱动工作机构，实现直线往复运动和旋转运动。其中的液体称为工作介质，一般为矿物油，它的作用和机械传动中的皮带、链条和齿轮等传动元件相类似。

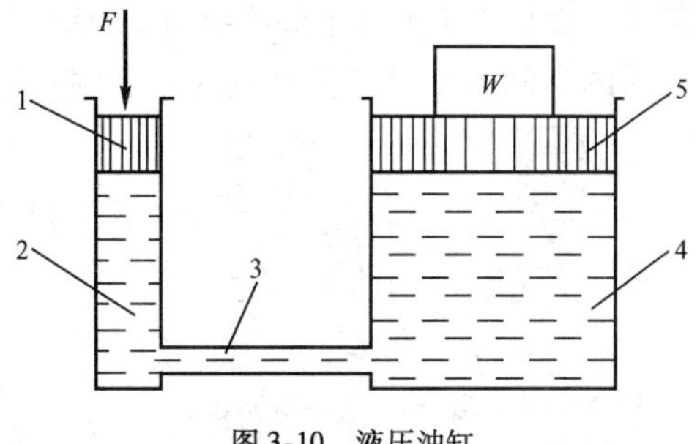

图3-10　液压油缸

1、5-活塞；2、4-液压缸；3-管道

在液压传动中，液压油缸就是一个最简单而又比较完整的液压传动系统，分析它的工作过程，可以清楚地了解液压传动的基本原理，如图3-10所示。

2) 液压传动的优缺点

与机械、电子传动相比，液压传动具有以下优点：

(1) 可以在运行过程中实现大范围的无级调速。

(2) 在同等输出功率下，液压传动装置体积小、重量轻、反应速度快。

(3) 可实现无间隙传动，运动平稳。

(4) 便于实现自动工作循环和自动过载保护。

(5) 由于一般采用油作为传动介质，对液压元件有润滑作用，因此有较长的使用寿命。

(6) 液压原件都是标准化、系列化产品，可以直接从市场上购买，这有利于液压系统的设计、制造和推广应用。

(7) 可以采用大推力的液压缸或大转矩的液压泵直接带动负载，从而省去中间减速装置，使传动简化。

液压传动的主要缺点为：

(1) 液压传动中，能量需经过二次变换，特别是在节流调速系统中，其压力和流量损失较大，故系统效率较低。

(2) 液体具有较钢铁大得多的可压缩性，另外配合面处不可避免地有油液泄漏，因此一般液压传动不能得到严格的定比传动。

(3) 液体性能对温度比较敏感（主要是黏性），使得液压传动的性能随着温度的改变而发生变化，不易保证在高温和低温下都具有良好的性能；当采用油作为传动介质时，还要注意防火问题。

(4) 液压元件要求有较高的加工精度，另外，一般情况下液压系统要求有独立的能源（电动机、泵等组成的泵站），从而会使产品成本提高。

(5) 液压系统的故障比较难寻找，对维修人员技术水平有较高的要求。

综上所述，液压传动的优点多于缺点，并且随着技术水平的提高，某些缺点已在不同程度上得到克服。

63. 滚动轴承的结构与代号的含义是什么？

轴承是机器、仪器和仪表中的重要支承零件，其主要作用是支承转动（或摆动）的运动部件，保证轴和轴上传动件的回转精度，减少摩擦和磨损，并承受载荷。根据工作时摩擦性质的不同，轴承分为滑动轴承和滚动轴承两大类。

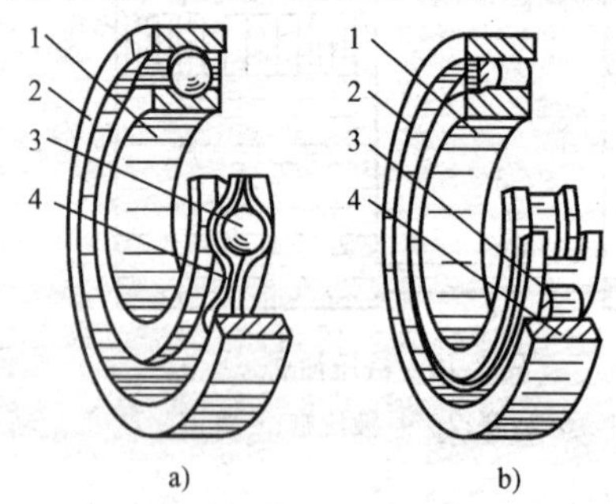

图 3-11

1-内圈；2-外圈；3-滚动体；4-保持架

滚动轴承是标准件，应用广泛。滚动轴承的基本结构包括内圈 1、外圈 2、滚动体 3 和保持架 4 四部分，如图 3-11 所示。内圈装在轴颈上，外圈装在轴承孔内，通常是内圈随轴转动，外圈固定。但也有的轴承是外圈转动，内圈不动，如汽车前轮上的轴承。还可以是内、外圈同时按不同转速转动，如行星轮轴上的轴承。滚动体是滚动轴承的核心元件，当内、外圈相对转动时，滚动体在内、外圈的滚道间运动。常用滚动体的形状有：球、圆柱滚子、滚针、圆锥滚子、球面滚子、非对称球面滚子等。内、外圈上的滚道多为凹槽形，它起着降低接触应力和限制滚动体轴向移动的作用。保持架将滚动体均匀地隔开，以避免滚动体之间直接接触，减少发热和磨损。保持架有冲压的（图3-11a）和实体的（图3-11b）两种。

滚动轴承的代号一般印在轴承的端面，由基本代号、前置代号和后置代号三部分组成。基本代号由轴承类型、尺寸系列代号和内径代号三部分自左向右顺序排列组成。基本代号通常由4位数字表示：分别是轴承类型代号、尺寸系列代号和内径代号。

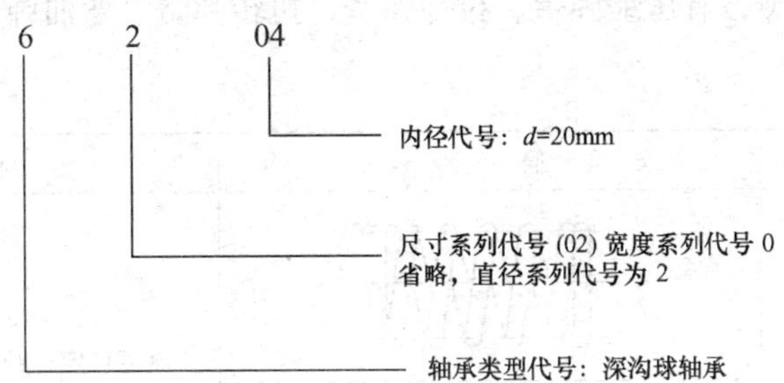

前置、后置代号是在其基本代号左右添加的代号。前置代号用字母表示，后置代号用字母或数字表示。

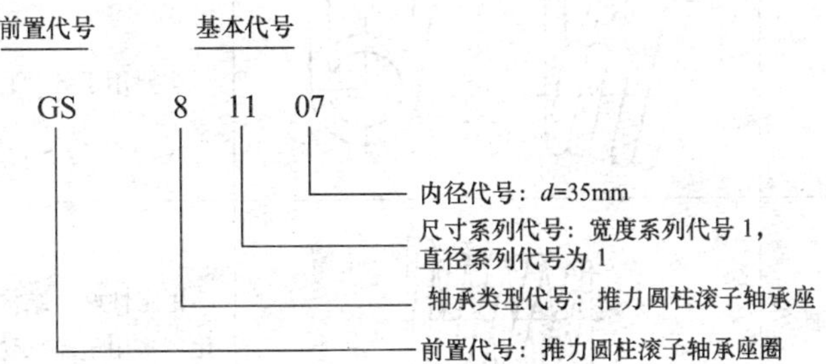

轴承类型代号所代表的意义分别为：

6——深沟球轴承；

5——推力球轴承；

3——圆锥滚子轴承；

7——角接触轴承。

64. 弹簧的功用是什么？种类有哪些？

弹簧是汽车等机械设备广泛应用的一种弹性零件。在受到外载荷作用后，弹簧能产生较大的弹性变形；外载荷卸除时，变形消失恢复原形。弹簧的这种性质，使它在很多机构和机器中起着各种不同的作用。另外，弹簧还能把机械功和动能转变为变形能，或把变形能转变为动能或机械功，所以弹簧又是转换能量的零件。

弹簧在机械中作为弹性原件，主要功用有：

(1)控制机构的运动或零件的位置，如凸轮机构、离合器、阀门以及各种调速器中的弹簧。

(2)缓冲及吸振，如汽车上的钢板弹簧、各种缓冲器及弹性联轴器中的弹簧。

(3)储存能量作为动力源，如钟表、仪器中使用的弹簧发条。

(4)测量载荷的大小，如弹簧秤中的弹簧。

弹簧的种类很多，根据外形分类，有螺旋弹簧、板弹簧、环形弹簧和平面涡卷弹簧等，如表 3-4 所示。螺旋弹簧按其形状又可分为圆柱形螺旋弹簧和圆锥形螺旋弹簧等。根据其受载荷的性质分类，有压缩弹簧、拉伸弹簧、扭转弹簧、弯曲弹簧等。

表 3-4

类型		承载形式	简　图	特点及应用
螺旋弹簧	圆柱体	压缩	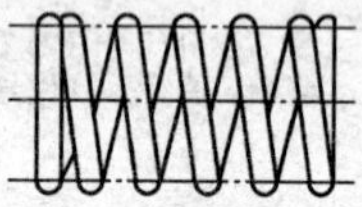	刚度稳定，结构简单，制造方便，应用范围最广，适用于各种机械
		拉伸	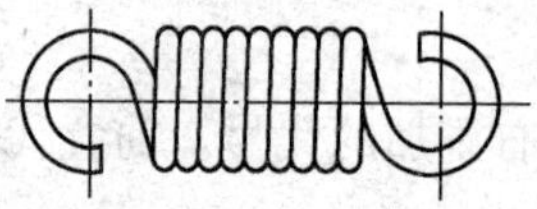	
		扭转	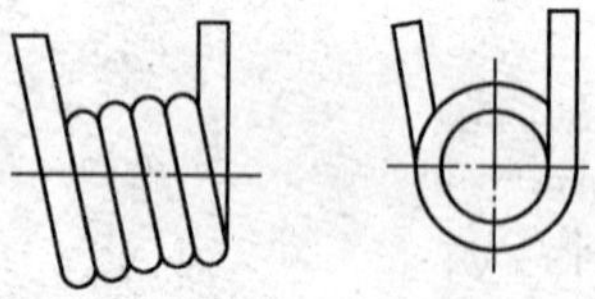	主要用于各种装置中的压紧和储能
	圆锥形	压缩	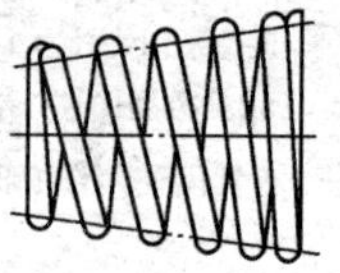	稳定性好，结构紧凑，刚度随载荷而变化，多用于需承受较大载荷和减振的场合
碟形弹簧		压缩	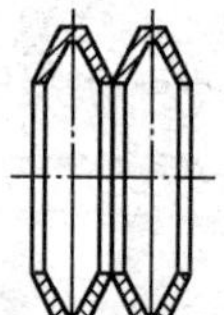	刚度大，缓冲吸振能力强，适用于载荷很大而弹簧轴向尺寸受限制的地方。具有变刚度的特性
环形弹簧		压缩	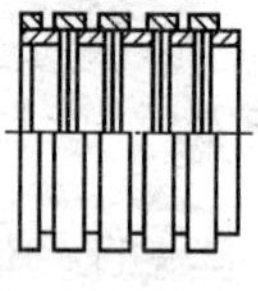	能吸收较多能量，有很高的缓冲和吸振能力，用于重型设备的缓冲装置
平面涡卷弹簧		扭转	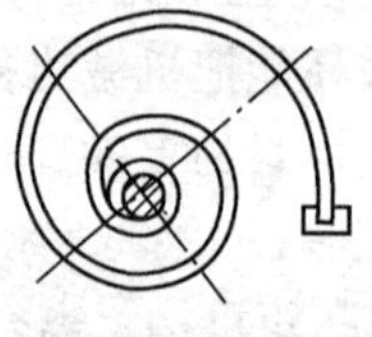	变形角大，能储存的能量大，轴向尺寸很小，多用作仪器、钟表中的储能弹簧

65. 试述齿轮传动的特点，其类型和齿轮传动失效的形式有哪些？

齿轮传动是利用两齿轮的轮齿相互啮合传递动力和运动的机械传动。按照齿轮轴线的相对位置分类有平行轴圆柱齿轮传动、相交轴圆锥齿轮传动和交错轴螺旋齿轮传动。齿轮传动具有结构紧凑、效率高、寿命长等特点。

齿轮传动是指用主、从动轮轮齿直接、传递运动和动力的装置。

在所有的机械传动中，齿轮传动应用最广，可用来传递相对位置不远的两轴之间的运动和动力。

1) 齿轮传动的特点

齿轮传动依靠主动齿轮与从动齿轮的啮和，传递运动和动力。它是目前机械中应用最为广泛的一种机械传动，与其他传动相比，具有以下特点：

(1) 齿轮传动的优点：

①适应性广。其传递功率范围从0.1W到10kW以上；传递圆周速度可达到300m/s以上；直径可达25m左右。

②传动比恒定。齿轮传动能保证两轮瞬时传动比恒等于常数。

③效率较高。齿轮机构传动效率一般在95%以上。

④工作可靠，寿命较长。

⑤可以传递空间任意两轴间的运动。

(2) 齿轮传动的缺点：

①制造和安装精度要求高，成本高。

②不适于距离较大的两轴间的传动。

2) 齿轮传动的类型

根据两轴的相对位置和轮齿的方向，可分为以下类型（如图3-12所示）：

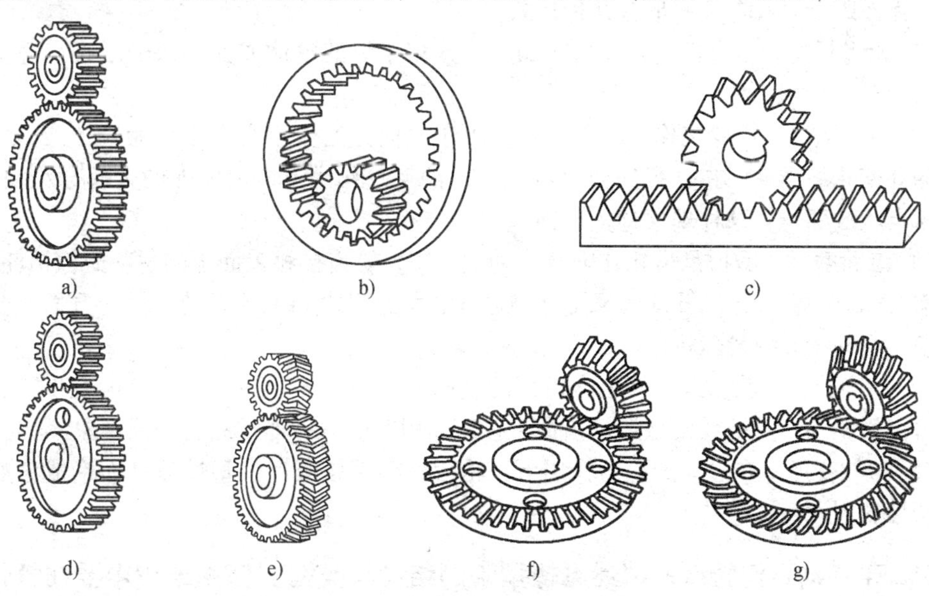

图3-12

h)

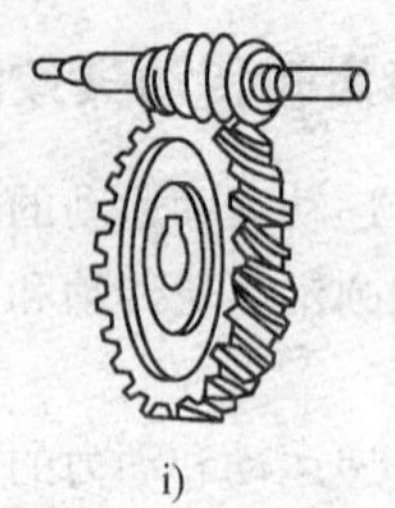
i)

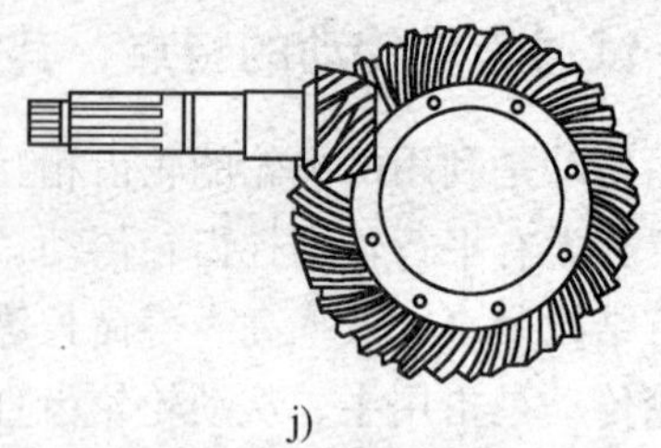
j)

图 3-12（续）

a)外啮合直齿圆柱齿轮传动；b)内啮合直齿圆柱齿轮传动；c)齿轮齿条传动；d)平行轴斜齿圆柱齿轮传动；e)人字齿轮传动；f)直齿圆锥齿轮传动；g)圆弧齿圆锥齿轮传动；h)交错轴斜齿圆柱齿轮传动；i)蜗杆蜗轮传动；j)准双曲面齿轮传动

(1)圆柱齿轮传动；

(2)锥齿轮传动；

(3)交错轴斜齿轮传动。

根据齿轮的工作条件，可分为：

(1)开式齿轮传动：齿轮暴露在外，不能保证良好的润滑；

(2)半开式齿轮传动：齿轮浸入油池，有护罩，但不封闭；

(3)闭式齿轮传动：齿轮、轴和轴承等都装在封闭箱体内，润滑条件良好，灰尘不易进入，安装精确，齿轮传动有良好的工作条件，是应用最广泛的齿轮传动。

按齿面的硬度分：

(1)软齿面齿轮：轮齿工作面的硬度小于或等于350HBS或38HRC；

(2)硬齿面齿轮：轮齿工作面的硬度大于350HBS或38HRC。

3)齿轮传动失效的形式

齿轮传动的失效一般是指轮齿的失效。常见的失效形式有轮齿折断、齿面点蚀、齿面磨损、齿面胶合以及塑性变形等几种形式。

(1)轮齿折断。轮齿折断是指齿轮的一个或多个齿的整体或其局部的断裂。通常有疲劳折断和过载折断两种。

(2)齿面点蚀。齿轮工作时，轮齿齿面由于法向力的作用会产生接触应力，其大小按脉动循环变化。当齿面在过高的交变接触应力的反复作用下，齿面上的金属会小块脱落，形成麻点状的凹坑，这种现象称为点蚀。

(3)齿面磨损。磨损是齿轮在啮合传动过程中，轮齿接触表面上的材料摩擦损耗现象。齿面磨损一方面会导致渐开线齿廓形状被破坏，引起噪声和系统振动；另一方面也会使轮齿变薄，可间接导致轮齿折断。

(4)齿面胶合。胶合是相互啮合齿面的金属，在一定的压力下直接接触发生黏着，同时随着齿面间的相对运动使金属从齿面上撕落而引起的一种严重黏着磨损现象。

(5)塑性变形。在过大的应力作用下，轮齿材料因屈服产生塑性流动而形成齿面或齿体的塑性变形。

66. 带传动有何特点？试述摩擦型带的结构与类型。使用维护中要注意什么？

带传动是利用张紧在带轮上的柔性带进行运动或动力传递的一种机械传动。根据传动原理的不同，有靠带与带轮间的摩擦力传动的摩擦型带传动，也有靠带与带轮上的齿相互啮合传动的同步带传动。

1）带传动的特点

（1）优点：

①具有良好的弹性，能起吸振缓冲作用，因而传动平稳，噪声小，无需润滑；

②过载时，带与带轮会出现打滑，可防止其他零件损坏；

③结构简单，成本低，加工和维护方便；

④适用于两轴中心距较大的传动。

（2）缺点：

①外廓尺寸较大，结构不够紧凑；

②由于带的弹性滑动，不能保证准确的传动比；

③带的使用寿命较短，一般为2000～3000h；

④摩擦损失较大，传动效率较低。

带传动根据其传动原理分为摩擦型和啮合型两大类，在汽车上被广泛应用。

图3-13a）所示为摩擦型带传动。其工作原理是：传动带紧套在两个带轮上，带与带轮之间存在正压力，当主动轮旋转时，靠摩擦力使带运行，从动轮也受到带的摩擦力的作用。该摩擦力使从动轮绕轮心转动。

图3-13b）所示为啮合型带传动，其工作原理是：通过齿形传动带将主动轮的转动传递给从动轮，具有传动比准确的优点，故也称为同步齿形带，常用于轿车发动机正时传动机构。

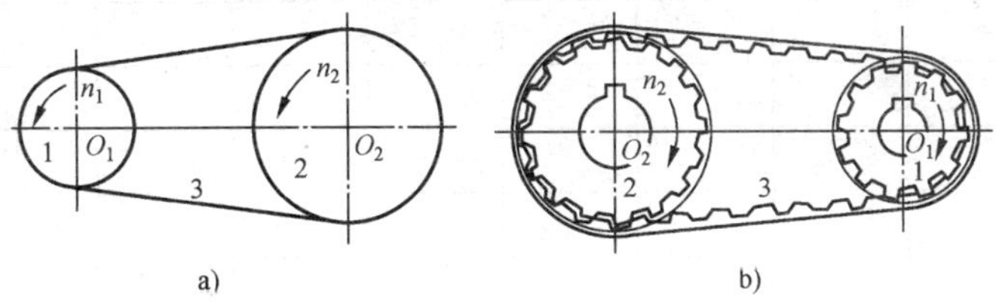

图3-13

a）摩擦型；b）啮合型

1-主动齿形轮；2-被动齿形轮；3-齿形带；

2）摩擦型带的结构与类型

摩擦型传动带的横截面形式有多种，常用的有平带和V带。

（1）平带：平带的横截面为扁平矩形。平带的结构简单，带轮制造方便，平带重量轻且挠曲性能好，多用于高速和中心距较远的场合。

（2）V带：V带的横截面为等腰梯形，两侧面为工作面。根据楔面摩擦原理，在初拉力相同时，V带传动所产生的摩擦力比平带的更大，大约70%。所以，V带的传动力大、结构紧凑，故广泛应用于各类机械中。

V带有多种类型：普通V带、窄V带、宽V带、联组V带、接头V带、汽车V带等十余种，使用时要注意区分。

普通V带的尺寸已经标准化，根据国家标准规定，按V带横截面尺寸由小到大，分为7种Y、Z、A、B、C、D、E型号，见表3-5。

V带横截面规格(尺寸单位：mm)　　表3-5

型号	节宽$_{bp}$	顶宽 b	高度 h	楔角 q（°）
普通V带Y	5.3	6	4	40
普通V带Z	8.5	10	6	40
普通V带A	11	13	8	40
普通V带B	14	17	11	40
普通V带C	19	22	14	40
普通V带D	27	32	19	40
普通V带E	32	38	25	40
窄V带SPZ	8.5	10	8	40
窄V带SPA	11	13	10	40
窄V带SPB	14	17	14	40
窄V带SPC	19	22	18	40

V带是无接头的环形带，它的周长称为基准长度；每种型号的V带都被制成几种不同的长度规格，称为基准长度系列（见表3-6），使用时应根据需要进行选定。

V带长度规格(尺寸单位：mm)　　表3-6

编号	Y型	Z型	A型	B型	C型	D型	E型	SPC型	SPB型	SPA型	SPZ型
1	200										
2	224										
3	250										
4	280										
5	315										
6	355										
7	400	400									
8	450	450									
9	500	500									
10		560									
11		630	630								630
12		710	710								710
13		800	800							800	800
14		900	900	900						900	900
15		1000	1000	1000						1000	1000
16		1120	1120	1120						1120	1120
17		1250	1250	1250					1250	1250	1250
18		1400	1400	1400					1400	1400	1400

续上表

编号	Y 型	Z 型	A 型	B 型	C 型	D 型	E 型	SPC 型	SPB 型	SPA 型	SPZ 型
19		1600	1600	1600					1600	1600	1600
20			1800	1800	1800				1800	1800	1800
21			2000	2000	2000			2000	2000	2000	2000
22			2240	2240	2240			2240	2240	2240	2240
23			2500	2500	2500			2500	2500	2500	2500
24			2800	2800	2800	2800		2800	2800	2800	2800
25				3150	3150	3150		3150	3150	3150	3150
26				3550	3550	3550		3550	3550	3550	3550
27				4000	4000	4000		4000	4000	4000	
28				4500	4500	4500	4500	4500	4500	4500	
29				5000	5000	5000	5000	5000	5000		
30				5600	5600	5600	5600	5600	5600		
31					6300	6300	6300	6300	6300		
32					7100	7100	7100	7100	7100		
33					8000	8000	8000	8000	8000		
34					9000	9000	9000	9000			
35					10000	10000	10000	10000			
36						11200	11200	11200			
37						12500	12500	12500			
38						14000	14000				
39							16000				

普通 V 带的标记由型号、基准长度、标准号三大部分组成，例如：B2000 GB11544—89 表示的是 B 型普通 V 带，基准长度为 2000mm。V 带的标记、制造时间、生产厂名等，通常印在带的顶面上。

3）使用维护中的注意事项

为了延长带的使用寿命，确保带传动的正常运行，必须正确使用和维护。

（1）传动带的使用温度范围为 -40 ~ 120℃。

（2）安装时两带轮轴必须平行，轮 X 应对正，否则将加剧带的磨损，甚至使带脱落。安装时先缩小中心距（平带可直接套上，转动皮带轮装正），然后套上 V 带，再作调整，不得硬撬。带的松紧要适当，一般以大拇指能按下 10 ~ 15mm 为适合。

（3）严禁带与矿物油、酸、碱等介质接触，保持清洁，也不宜在太阳下曝晒。

（4）多根带的传动，坏了少数几根，不要用新带补上，以免新旧带并用，长短不一，受载不均匀而加速新带损坏。这时可用未损坏的旧带补全或全部换新。

（5）为确保安全，传动装置须设防护罩。

（6）带工作一段时间后，带的工作面会磨损损坏，为此要加强定期检查带的质量。同时带会发生变形伸长，导致张紧力逐渐下降，严重时会出现打滑，因此，要重新调整带的张紧力。

67. 汽车上常用的金属材料和非金属材料有哪些？并有何主要特性？

1) 金属材料

金属材料通常分为黑色金属和有色金属。

(1) 黑色金属

黑色金属是指钢和铁，其密度为7.8。

碳钢与铸铁：对于铁碳合金来说，若含碳量小于2.11%，并含有少量硅（Si）、锰（Mn）、磷（P）、硫（S）等杂质的铁碳合金称为碳素钢，简称碳钢。钢的分类方法很多，常用按钢的用途分类，可分为结构钢、工具钢和特殊性能钢。钢在汽车上广泛应用，如客车车身骨架、齿轮、弹簧、轴承等。若含碳量大于2.11%，称为铸铁。铸铁具良好的铸造性、耐磨性、切削加工性优点，而且成本低廉。铸铁的强度一般比钢低，特别是塑性和韧性较差。但随着球墨铸铁的出现，大大提高了铸铁的强度和韧性。如汽车上的汽缸体、汽缸套、活塞环、后桥壳等都由铸铁来制造。

(2) 有色金属

有色金属是指钢铁以外的其他金属。

铝及铝合金：纯铝呈银白色，具有良好的导电和导热性，密度为2.7，在空气中表面会生成 AL_2O_3 薄膜，具有很好的耐蚀性，并且具有良好的塑性，但强度很低。纯铝的强度低，但在纯铝中加入Si、Cu、Mg、Zn、Mn等元素后就形成铝合金。铝合金的特点是熔点低，密度小，但具有足够的强度、塑性和良好的耐热能力。铝合金可以用来制造汽车的汽缸体、汽缸盖、轮胎钢圈等零件，特别是广泛用来制造发动机的活塞，具有强度高、质量小、惯性小等优点。

铜及铜合金：纯铜呈紫红色，具有良好的导电性、导热性、塑性和耐腐蚀性，但强度较低，密度为8.9。广泛用于制造电线、电缆、铜管等。铜合金，工业上常用的铜合金有黄铜和青铜。黄铜是铜和锌的合金。在铜中加入少量锌后，机械性能变化很大，塑性和强度增加。黄铜具有良好的性能，可用压力加工方法制成各种型材。汽车发动机中的散热器材料，要求导热性能、焊接性能和耐腐蚀性能都高，常用黄铜制造。

黄铜的牌号用字母H及铜的含量表示。如H68表示含铜量约为68%、含锌量约为32%的黄铜。

青铜是铜与锌、镍以外的元素组成的铜合金。青铜又分为锡青铜和无锡青铜两种。锡青铜是由铜和锡构成的合金，它与黄铜相比有较高的耐磨性和减磨性，而且铸造性能和切削加工性能良好，常用铸造方法制造耐磨零件，如轴承、蜗轮等。

2) 非金属材料

非金属材料包括塑料、橡胶、玻璃、胶黏剂、摩擦材料、涂装材料等各种材料。

(1) 塑料

塑料是一种以有机合成树脂为主要组成的高分子材料，它通常可在加热、加压条件下被注塑或固化成形，故称为塑料。汽车用工程塑料，主要用于制造某些机器零件或构件，具有强度、韧性和耐磨性较好，价廉、耐腐蚀、降噪声、美观、轻质等特点。

大多数塑料都是以各种合成树脂为基础，再加入一些用来改善使用性能和工艺性能的添加剂而制成。

(2)橡胶

所谓橡胶，是指在使用温度范围内处于高弹性状态的高分子材料。橡胶广泛地应用于弹性材料、密封材料、减振防振材料和传动材料。

橡胶最显著的特点是具有高的弹性和回弹性。在 -50 ~ 150℃的温度范围内，橡胶能保持较好的弹性，而且它受外力作用发生的变形是可逆的高弹性变形，伸长率可达100% ~1000%。同时，橡胶还有一定的强度，优异的抗疲劳性，以及良好的耐磨、绝缘、隔声、防水、缓冲、吸振等性能。橡胶的主要缺点是易老化和耐油性较差。

生产上常用的橡胶材料有天然橡胶、合成橡胶和再生胶。

(3)玻璃

玻璃是一种非晶态固体，它是以石英砂、纯碱、长石、石灰石等为主要原料，并加入某些金属氧化物等辅料，在高温窑中煅烧至熔融后，经成形、冷却所获得的非金属材料。玻璃具有优良的光学性能、力学性能、绝缘性和化学稳定性等，是现代工业和建筑业中不可缺少的材料。汽车上常用的有平板玻璃、钢化玻璃和夹层玻璃。

平板玻璃：平板玻璃就是普通的平板型玻璃。这种玻璃碎裂时会形成锋利的“刀口”，很容易伤人，使用时一定要谨慎。

钢化玻璃：钢化玻璃是普通玻璃经过高温淬火处理的特种玻璃，即将普通玻璃加热到一定温度后迅速冷却进行特殊钢化处理。其性能特点是具有很高的温度急变抵抗能力，强度也较高。

夹层玻璃：夹层玻璃又称安全玻璃。它是将两片以上的平板类玻璃用聚乙烯醇缩丁醛塑料衬片黏合而成，具有较高的强度。在夹层玻璃受到破坏时，会产生辐射状或同心圆形裂纹，碎片不易脱落，而且不影响玻璃的透明度，不产生折光现象。夹层玻璃常用于汽车的前风窗玻璃和客车的侧窗玻璃。

在制造汽车用玻璃时，经常会加入一些微量元素，形成有颜色的玻璃。汽车玻璃常用的颜色有蓝色、茶色、褐色等。这种玻璃不仅降低了玻璃的透明度，吸收了阳光中的部分紫外线和红外线，还可防止外界对车内的窥视。当然，在玻璃上采取贴膜或镀膜，也可以达到同样的效果。

68. 汽油和柴油的使用特性是什么?

1)汽油

汽油发动机使用的燃料称为车用汽油，简称为汽油。汽油是从石油中提炼出来的，由碳、氢组成的烃类化合物。在石油蒸馏过程中，温度在40 ~50℃至175 ~210℃之间的温度范围内蒸发出来的轻馏分蒸气冷凝后即成为直馏汽油。而目前的汽油主要是利用催化裂化法生产。它是一种密度小且易于挥发的液体燃料，密度一般在0.71 ~0.75之间，自燃点为415 ~530℃。

汽油的使用性能指标主要是蒸发性、热值和抗爆性，它对发动机的性能有很大的影响。

(1)蒸发性（也称挥发性）

汽油由液体状态转化为气体状态的性能叫做汽油的蒸发性。

汽油蒸发性好就易汽化，与空气混合均匀，燃烧速度快，燃烧完全，发动机易起动，加速及时，各工况间转换灵敏柔和。但蒸发性太好则可能会在油管中形成气泡，产生“气阻”。蒸发性不好的汽油气化不完全，造成燃烧不完全，增加油耗及排放污染。

(2)燃料的热值

燃料的热值是指1kg燃料完全燃烧后所产生的热量。汽油的热值约为44000kJ/kg。

(3)抗爆性

汽油的抗爆性表示汽油在发动机燃烧室内燃烧时防止爆燃的能力。汽油的抗爆性的好坏程度一般用辛烷值来表示。辛烷值越高，抗爆性越好。

汽油的辛烷值常用对比试验的方法来测定。异辛烷是一种抗爆性很强的碳氢化合物，规定异辛烷的辛烷值为100，正庚烷是一种抗爆性很弱的碳氢化合物，规定其辛烷值为0，将异辛烷和正庚烷按一定的体积比例混合与待测定汽油作对比试验的方法测得辛烷值。汽车的标号就代表辛烷值的高低。

爆燃是汽油机的一种不正常燃烧。它是在特定的情况下当混合气已燃烧了2/3～3/4时，由于受到汽缸温度、压力上升的影响，在未燃部分的混合气中产生大量不稳定的过氧化物，在正常火焰前锋未到达前，由于剧烈氧化而自燃，产生许多火焰中心，火焰传播极快，形成压力脉冲，使汽缸内产生清脆的金属敲击声。爆燃使机件过快磨损，热负荷增加，噪声增大，功率下降，油耗上升。影响爆燃的因素很多，如发动机结构与工作条件等，其中最重要的是压缩比，高压缩比发动机易产生爆燃。

过去曾采用在汽油中添加四乙基铅以提高抗爆性的含铅汽油，后因会对环境造成严重污染，并会造成三元催化系统失效，现在不再使用含铅汽油了。目前汽车广泛使用无铅汽油，提高汽车辛烷值的主要措施是采用先进的炼制工艺和使用高辛烷值的调和剂，以获得较高辛烷值而无其他不利于环保的副作用。

2)柴油

柴油和汽油一样，也是从石油中提炼出来的，是由碳、氢元素组成的烃类化合物。在石油蒸馏过程中，温度在200～350℃之间的馏分即为柴油。柴油可分为轻柴油和重柴油。轻柴油用于高速柴油机，重柴油用于中、低速柴油机。汽车柴油机属于高速柴油机，所以使用轻柴油。柴油的自燃点为350℃。

(1)轻柴油的牌号

轻柴油按其凝点分为10、5、0、－10、－20、－35、－50等7个牌号。

(2)轻柴油的使用性能

为了确保高速柴油机正常、高效地工作，轻柴油应具有良好的发火性、低温流动性、蒸发性、化学安全性、防腐性和适当的黏度等使用根不能。

①发火性（也称燃烧性）

柴油的燃烧性是指其自燃能力，用十六烷值评定。柴油的十六烷值大，发火性好，容易自燃。国家标准规定轻柴油的十六烷值不小于45。如果柴油发火性差，会造成柴油机工作粗暴。当柴油喷入燃烧室后到出现火焰中心的一段时间叫做着火延迟期。如果柴油发火性差，着火延迟期就长，喷入燃烧室的柴油积聚量多，一开始着火，就有过量的柴油参加燃烧反应，使汽缸压力上升过急，产生强烈的发动机振动现象，使功率下降，油耗增大，磨损加剧，造成柴油机工作粗暴现象。

②蒸发性

蒸发性是指柴油蒸发气化的能力，用柴油馏出某一百分比的温度范围，即馏程和闪点表示。例如，50%馏出温度即柴油蒸馏出50%的温度，此温度越低，柴油的蒸发性越好。为了控制柴油的蒸发性，国家标准中规定了闪点的最低数值。柴油的闪点是指在一定的试验条件下，当柴油蒸气与周围空气形成的混合气接近火焰时，开始出现闪点的温度。闪点越低，蒸发性越好。

柴油的蒸发性对柴油机工作有重要的影响，蒸发性越好，柴油机起动性能就越好，燃烧越完全，越不易稀释润滑油，油耗越低，积炭越少，排烟越少。如果蒸发性过高，会影响储运及使用安全性，发动机工作容易粗暴。

③低温流动性

柴油的低温流动性是指在低温条件下柴油具有一定的流动状态的性能。评价柴油低温流动性的指标有：凝点和冷滤点。凝点是指柴油失去流动性开始凝固时的温度；而冷滤点则是指在特定试验条件下，在1min内柴油开始不能流过过滤器20mL时的最高温度。一般柴油的冷滤点比其凝点高4～6℃。

④黏度

黏度是指液体在外力作用下发生移动时，在液体分子之间所呈现的内部摩擦力。黏度是评价柴油稀稠度的一项指标，与柴油的流动性有关。黏度随温度的变化而变化，当温度升高时，黏度越小，流动性增强；反之，当温度降低时，黏度越大，流动性减弱，这称为油的黏温性能。

GB 252—2000中规定的10%蒸余物残炭、氧化安定性等指标，是柴油安定性的评价指标。柴油的防腐性可用硫的质量分数、酸度、铜片腐蚀等指标来评价。柴油中的灰分、水分和机械杂质是评定柴油清洁性的指标。

69. 发动机机油的作用是什么？如何分类和选用？

汽车发动机机油的作用是：润滑、冷却、密封、清洗、防锈和减振。

汽车发动机机油的分类标准有两种，分别是：

1）美国石油协会标准

美国石油协会（API）标准，按质量等级分为汽油机机油和柴油机机油，汽油机机油质量级别以S开头，柴油机机油质量级别以C开头。其质量级别的高低依照英文字母的顺序，字母越往后，其级别越高。

汽油机机油级别：SA、SB、SC、SD、SE、SF、SG、SH、SI、SL

柴油机机油级别：CA、CB、CC、CD、CE、CF-4、CG-4、CH-4、CI-4

目前客车发动机通常选用的柴油机机油是CF-4、CG-4、CH-4和CI-4等级。

2）美国工程师协会标准

美国工程师协会（SAE）标准，按黏度标准分类，还有单级黏度和多级黏度（稠化机油）之分，目前柴油机上广泛应用的是5W/30、5W/40、10W/40、15W/40、20W/50等多级机油。只能满足低温或高温一种黏度级要求的发动机机油称为单级机油，既能满足低温时的黏度级要求的，又同时能满足高温时黏度级要求的机油称为多级黏度机油。W前面的数字越小代表低温时运动黏度越低，W后面的数字越大高温时运动黏度越高。

近年来，国、内外还成功研制出汽油机和柴油机均可使用的发动机润滑油，称为汽、柴油通用机油，质量等级同时包含了汽油机和柴油机的质量等级，如美孚速霸（15W/50）API SL/SJ/CF 和壳牌红喜力（10W/40）API SJ/CF 均为汽、柴油机通用机油。

汽车发动机机油的选用原则：

(1)严格按照发动机维修手册要求选用适当的 API 级别；

(2)适用地域的环境温度。

常用发动机机油适用范围见表 3-7。

常用发动机机油适用范围 表 3-7

API 级别	CF-4、CG-4、CH-4、CI-4		
SAE 级别	10W/30	15W/40	20W/50
适用环境温度（℃）	-20 ~ 30	-15 ~ 50	-10 ~ 50
我国适用地区	华东、华北、内蒙古、东北三省冬季使用	华南、华北、华中、华东、西南地区冬夏季通用	全国地区夏季通用。湖南、西南、两广、海南冬夏季通用

70. 车辆齿轮油是如何分类和选用的？

车辆齿轮润滑油分类标准有两种，一种是按美国石油协会（API）标准，是按质量等级分为 GL-1、GL-2、GL-3、GL-4、GL-5 和 GL-6 等 6 个齿轮润滑油等级。另一种为美国工程师协会（SAE）黏度标准，齿轮油按 100℃时的运动黏度和低温黏度达 150000mPa·s 时的最高温度，分类为 70W、75W、80W、85W、90、140、250 等 7 个牌号的单级齿轮润滑油。而目前常用的是 80W/90、85W/90 和 85W/140 等多级齿轮润滑油。

在选用车辆齿轮润滑油的过程中，要从以下两个方面考虑：

(1)确定齿轮油的质量等级是否能等于或高于在用油部位所需要的质量等级；

(2)确定齿轮油的黏度等级所对应的使用温度范围是否能够覆盖车辆使用地区的气温变化范围，各黏度牌号的车辆齿轮油对应使用的温度范围见表 3-8。

车辆齿轮油使用温度范围表 表 3-8

黏度等级	使用地区的温度条件	黏度等级	使用地区的温度条件
75W	-40 ~ +10℃地区使用	85W/90	-15℃以上地区四季通用
75W/90	-40℃以上地区四季通用	85W/140	-15℃以上地区四季通用
80W/90	-30℃以上地区四季通用	90	-10℃以上地区四季通用

目前客车上通常使用的是 GL-4、GL-5 和 GL-6 等级，黏度为 80W/90 的齿轮润滑油。

71. 发动机冷却液的性能有何要求？使用时要注意什么？

目前常用的发动机冷却液（也称防冻液）为乙二醇—水基型，它由乙二醇、添加剂和适量的软水混合而成。冷却液的应具有防冻、防腐蚀、防沸腾和防水垢等性能，具体表现在：

(1)防冻作用：降低冷却液的冻结温度，适应使用的环境温度。

(2)防腐蚀作用：对金属和橡胶制品的腐蚀要小。冷却液都具有一定的碱性储备值，pH 值为 7.5 ~ 11.0 之间。金属在酸性溶液中受腐蚀损坏较快，冷却液在高温和不断的搅动下会加速氧化，生成酸性物质。为了抵消酸性的副作用，防止这种腐蚀的发生，冷却液中的添加剂都是碱性物质，以保证冷却液的 pH 值保持在 7.5 ~ 11.0 之间。

(3)防止沸腾作用：传热效果好，循环冷却液能在较高温度下不沸腾开锅（高于 100℃），以保证发动机正常运转。

(4)防水垢作用：防止水垢形成，有利于冷却系统正常导热；防止过热，有利于发动机正常工作，延长使用寿命。

我国目前的冷却液按冰点分为 -25℃、-30℃、-35℃、-40℃、-45℃和 -50℃等 6 个等级。根据车辆运行地区的环境温度情况而选择相应等级的冷却液。

使用冷却液时要注意的是：

(1)冷却液有一定的毒性，对人体的皮肤和内脏有刺激作用，使用中严禁用嘴吮吸，手接触后要及时清洗，溅入眼内要及时用清水冲洗处理。

(2)由水换成冷却液时，要彻底清洗冷却系统。不同厂家的冷却液不要混用。稀释浓缩液要用蒸馏水或离子水；浓缩液稀释时要控制乙二醇的浓度（体积比）的下限值。

(3)加强对发动机冷却系统密封性的检查，避免冷却液渗漏和损坏电器。

(4)过了冬季，不要将冷却液换成普通水，这样既浪费冷却液，又不利于保护发动机。使用普通水冷却容易产生水垢和锈蚀，反而会加速冷却系统的损坏。

(5)冷却液使用一般 2 ~4 年或运行客车 20 万 ~40 万 km 更换一次。随着使用时间的延长，冷却液的 pH 值会下降，酸性物质会逐渐腐蚀金属部件。可用 pH 试纸测定冷却液的酸碱性，pH 值低于 7.0 的冷却液要及时更换。失效的冷却液不要随意抛洒，防止污染水源。

72. 制动液的特性及使用时的注意事项是什么？

汽车制动液是汽车液压制动系统中所采用的传递压力以制止车轮转动的工作介质。为保证汽车实现正常的制动效果，汽车制动液必须具有以下的使用性能。

1)优良的高温抗气阻性

汽车在平坦的道路上行驶时，制动液的温度一般在 100 ~ 130℃，最高可达 150℃。而行驶于多坡道山间道路的汽车，由于其制动频繁，制动液温度更高。如使用沸点低的制动液，在高温时会由于制动液的蒸发而产生气阻，即使踩下制动踏板也不能使液压上升，引起制动失灵。因此，高温抗气阻性是对制动液使用性能的主要要求之一。为保证行车安全，要求制动液具有优良的高温抗气阻性，即具有高沸点、低挥发性，高温时不易产生气阻。

2)适当的运动黏度

汽车制动液在使用温度范围内应具有良好的流动性，使系统内压力能随制动踏板的动作迅速上升和下降，橡胶皮碗能在制动主缸中顺利地滑动。因此，要求汽车制动液在很宽的温度范围内保持适当的黏度。在制动液规格中都规定了 -40℃最大运动黏度和 100℃最小运动黏度。

3)良好的抗腐蚀性

汽车液压制动系统的主缸、轮缸、活塞、复位弹簧、导管和阀门等主要采用铸铁、铝、铜及其他合金制成，因此要求制动液不应引起金属腐蚀。

4)良好的与橡胶配伍性

汽车液压制动系统中有橡胶皮碗等橡胶件，这些橡胶件长期浸泡在制动液中，为了保证它们正常工作，要求制动液对橡胶件不会造成显著的溶胀、软化和硬化等不良影响，否则将不能形成液压而导致制动失效。

5)良好的稳定性

汽车制动液要求其具有良好的高温稳定性和化学稳定性，即制动液在高温和相容液体混合后平衡回流沸点（平衡回流沸点是指冷凝回流系统内与大气平衡条件下制动液式样沸腾的温度）的变化要小，保证制动液在储存和使用过程中不应有分层、变质等现象，不形成沉淀物，并且不引起制动系统金属零件的生锈、腐蚀等。

6)良好的溶水性

要求制动液吸水后能与水互溶，不产生分离和沉淀，以免在高温时形成水蒸气产生汽阻，在低温时形成冰栓，堵塞制动管路。

7)良好的抗氧化性

零件腐蚀一般是因制动液氧化而引起的，为防止零件腐蚀，要求制动液应具有良好的抗老化性。

在使用制动液时应注意以下几个方面：

(1)不同规格的制动液不能混用。

(2)防止水分和矿物油混入制动液中。

(3)制动主缸、轮缸橡胶皮碗不可敞开放置。

(4)汽车制动液多以有机溶剂制成，易挥发易燃，因此管理和使用中要注意防火。

(5)制动液产品一般有一定的毒性，因此在更换时不能用嘴去吸吮制动液。

(6)制动液对车身涂层有一定的破坏作用，会产生喷胶现象，因此在使用过程中要防止制动液与车身涂层接触。

(7)经常检查制动液数量和质量。数量不足，制动系统会进气，导致制动不良或失效，应及时补充制动液；制动液质量异常，应及时更换。

73. 液压油的特性及使用时要注意什么？

液压油用于液压传动系统中作中间介质，起传递和转换能量的作用，同时还起着液压系统内各部间件的润滑、防腐蚀、冷却、冲洗等作用。客车上的转向助力器和自动变速器都采用液压油，根据其特性，使用时要注意：

1)合适的黏度，良好的黏温特性

黏度是选择液压油时首先考虑的因素，在相同的工作压力下，黏度过高，液压部件运动阻力增加，升温加快液压泵的自吸能力下降，管道压力降和功率损失增大；若黏度过低，会增加液压泵的容积损失，元件内泄漏增大，并使滑动部件油膜变薄，支承能力下降。

2) 良好的润滑性（抗磨性）

液压系统有大量的运动部件需要润滑以防止相对运动表面的磨损，特别是压力较高的系统，对液压油的抗磨性要求要高得多。

3) 良好的抗氧化性

液压油在使用过程中也会发生氧化，液压油氧化后产生的酸性物质会增加对金属的腐蚀性，产生的油泥沉淀物会堵塞过滤器和细小缝隙，使液压系统工作不正常，因此要求具有良好的抗氧化性。

4) 良好的抗剪切安定性

由于液压油经过泵、阀节流口和缝隙时，要经受剧烈的剪切作用，导致油中的一些大分子聚合物如增黏剂的分子断裂，变成小分子，使黏度降低，当黏度降低到一定的程度液压油就不能用了，所以要求具有良好的抗剪切性能。

5) 良好的防锈和防腐蚀性

液压油在使用过程中不可避免地要接触水分和空气以及氧化后产生的酸性物质都会对金属生锈和腐蚀，影响液压系统的正常工作。

6) 良好的抗泡沫性和空气开释性

在液压油箱里，由于混进油中的气泡会随油循环，从而不仅会使系统的压力降低，润滑条件变坏，还会产生异常的噪声、振动；此外气泡还会增加油与空气接触的面积，加速液压油的氧化，因此要求液压油具有良好的抗泡沫性和空气开释性。

7) 对密封材料的适应性

由于液压油与密封材料的适应性不好，会使密封材料膨胀、软化或变硬，失去密封性，所以要求液压油与密封材料能相互适应。

74. R134a 制冷剂有何特点？使用时要注意什么？

汽车空调是利用蒸汽压缩机制冷装置来制冷的，是靠制冷剂循环流动实现的。液体制冷剂在蒸发器中低温下吸取被冷却对象的热量而气化，使被冷却对象等到降温。然后，又在高温下把热量传给周围介质而冷凝成液体。如此不断循环，借助于制冷剂的状态变化，达到制冷的目的。

长期以来含氯氟利昂的 R12 一直是汽车空调使用的制冷剂，但 R12 会因泄漏而进入大气破坏地球的臭氧保护层，危害人类的健康和生存环境，引起地球的温室效应。为此 1987 年国际上制定了控制破坏大气层的蒙特利尔协议。我国规定从 2000 年起生产的新车上不再使用 R12，全部使用 R134a 制冷剂。

1) R134a 制冷剂的主要特点

(1) R134a 不含氟原子，对大气臭氧层没有破坏作用；

(2) R134a 具有良好的安全性，不易燃、不爆炸，无毒，无刺激性；

(3) R134a 的传热性能比较接近，所以制冷系统的改进比较容易；

(4) R134a 的传热性能比 R12 好，因此制冷剂的容量可大大减少。

2) R134a 制冷剂使用注意事项

(1) 用于 R134a 的仪器、设备和量具不能与用于 R12 的互换，若在 R134a 中混有 R12 会使压缩机等损坏。

(2)R134a 与 R12 的制冷剂的冷冻机油不能混用，因为 R134a 与 R12 的制冷系统的冷冻机油不相容。

(3)R134a 制冷系统具有较高的压力和温度，需要较大的冷却风扇。

(4)检修制冷系统时应戴好安全防护眼镜和手套，切忌让液态制冷剂接触皮肤，特别是手和眼睛，以免被冻伤。

(5)如果要对原 R12 系统更换为 R134a 制冷剂，则要换用新的冷冻机油、密封圈、密封垫和软管，彻底清洗管路，改进冷却系统、安全阀、压力开关等，使系统与 R134a 制冷剂使用要求相匹配。

(6)在加注 R134a 制冷剂时，应使盛放 R134a 的容器保持直立状态，确保 R134a 以气态方式进入系统，否则，R134a 可能会以液态方式进入压缩机，造成压缩机损坏。制冷剂钢瓶应储存在气温较低的室内，直立放置。

75. 润滑脂的使用性能有何要求？使用时要注意什么？

1)润滑脂的使用性能要求

根据汽车用润滑脂部位的工作条件，对其性能的基本要求是：应具有良好的高、低温性能，能在 -30 ~ 150℃温度范围内工作；良好的抗水性、防锈性、防腐性；良好的机械安全性、胶体安全性、氧化安全性和润滑性，在高速运转下油脂不流失、不变质，确保润滑。

所以汽车上不宜用润滑油的部位，如轮毂轴承、各拉杆球节、发电机轴承、水泵轴承、离合器分离轴承和传动轴花键等，均使用润滑脂润滑。润滑脂对轴承的润滑可减少摩擦磨损，驱散热量，并保持运转表面没有脏物和不受腐蚀。如免维护的离合器轴承，在制造过程中已经注好适量的润滑脂，不要清洗密封的免维护轴承，也不要再次将润滑脂注入免维护轴承。

2)润滑脂使用注意事项

(1)推荐使用锂基润滑脂。锂基脂外观是发亮的奶油状油膏，外观均匀光滑、滴点亮、使用温度范围广，并有良好的低温性、抗磨性、抗水性、抗腐蚀性和热氧化安全性，是目前最常用的一种多性能的润滑脂。

(2)保持清洁。加注润滑脂时应特别注意，涂脂前零部件必须经溶剂油清洗干净并吹干，然后重新加注润滑脂。在更换润滑脂时，要注意不同种类的润滑脂不能混用。新润滑脂和旧润滑脂也不能混合，即便是同类的润滑脂也不可新旧混合使用，因为旧润滑脂含有大量的有机酸和杂质，会加速新润滑脂氧化，所以在换润滑脂时，一定要把旧润滑脂清洗干净，才能加入新润滑脂。

(3)用量适当（轮毂润滑采用空毂）。轮毂轴承的润滑是汽车上最为重要，而且润滑脂用量也是最多的。更换轮毂轴承润滑脂时，只要在轴承的滚珠（或滚柱）之间塞满润滑脂，轮毂内腔应采用“空毂润滑”，即在轮毂内腔仅薄薄地涂上一层润滑脂，起防锈作用即可。这样既易于散热可降低润滑脂的工作温度，又可节约润滑脂用量。不应采用“满毂润滑”，即把润滑脂装满轮毂内腔，这样做既不科学，又浪费，甚至在汽车制动频繁和制动时间过长的情况下，可能会因轮毂过热而使润滑脂流到制动摩擦片表面，造成制动失灵，影响行车安全。

76. 汽车配件的原厂件、副厂件、修复件和假冒产品的区别是什么？

原厂汽车配件一般是指经过汽车生产厂家认证并授权的，用于汽车制造装配的或是由汽车生产厂家提供给特约维修站用于售后服务的配件。

副厂汽车配件也是正规厂家生产的合格产品，但没有经过汽车厂家的认证或授权，是由一些通用的汽车零件制造厂制造的，通过国家相关部门检验合格证的，达到相关技术要求和参数的配件。

假冒伪劣配件，一般由一些没有相关生产许可证的企业生产的，假冒其他配件品牌的配件，或技术质量指标不合格的配件，主要是在汽配市场偷偷销售。

修复汽车配件是指相关企业将损坏的配件进行修理，使修复后达到相关技术要求和参数的配件。如翻新轮胎、修复的水箱等部件。

在这里还要纠正一个错误观念：原厂件就是最好的。比如润滑油料、火花塞、轮胎等，市场上是可以找到性价比更高的产品的，汽车生产厂家选配的一般只是满足品质最低要求的。当然，汽车零配件质量的好坏最终还是要经过实际使用来验证的。这其中，一些著名的专业配件生产商生产的配件，会被一些汽车生产商采购并打上汽车厂家的标志成为正厂件。但是如果这样的配件不是为某个款车提供装车配件（即使是同时为汽车生产厂提供“正厂配件”的），而只是在市场以自己的品牌销售，这也是副厂配件。

77. 汽配料的 ABC 管理特点是什么？

ABC 重点控制模式是把物资按品种和占用资金大小分类，再按各类重要程度的不同分别控制，抓住重点和主要矛盾，进行重点控制（如图 3-14 所示）。

1) A 类货物的库存管理

对于 A 类物资要重点、严格控制。A 类货物库存品种不多，占用资金大，必须对其实行精确的定期订货控制。对于 A 类库存品，需要有详细的进出库记录，经常检查库存情况，随时提供准确的库存信息，尽量缩短供应间隔时间，选择最优的订购批量，在满足企业内部需要和客户需要的前提下维持尽可能低的经常库存量和安全库存量。在库存配置上，应把 A 类货物储存在靠近客户的配送中心，客户一订货就能马上送到客户手中，便于提供及时、优质的服务。

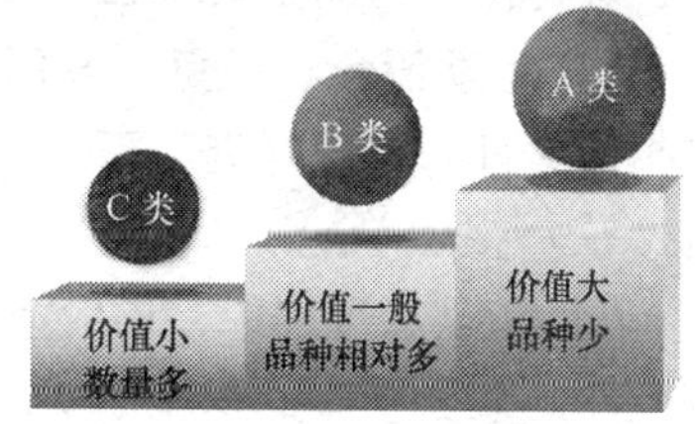

图 3-14　ABC 控制法

2) B 类货物的库存管理

对于 B 类物资也应引起重视，进行适当控制。在采购中，既可用定期订货法也可用定量订货法，视具体情况而定，可适当照顾到供应企业确定的生产批量以及选择的运输方式。在库存配置上，可以把这类货物分别在工厂仓库和配送中心保管，库存的数量可以按照各种具体情况来决定。

3) C 类货物的库存管理

对于 C 类物资可以放宽控制或一般控制。C 类货物库存品种多，但占用资金少，用比较简单的订货点法进行控制即可。在库存配置上，可以经常性地放置在工厂仓库中加以保管。

78. 汽配材料入库前需验收的内容包括哪些？汽配材料保管有何要求？

验收人员应依据入库通知单进行资料核对，核对供货单位提供的发货明细表、运单（送货单）、总成件必须要有质量证明书。对上述各种资料核对无误后，方可进行实物验收和办理入库手续。

(1)实物验收：核对所到配件的品名、规格、型号、件数、厂家、价格等是否与入库通知单、运单（送货单）、发货明细表一致，并对配件的外观质量进行检验。对于需进行技术检验来确定其质量的，应由专业技术人员检验。

(2)验收无误后即应办理入库手续，进行配件采购登记，即登账、立卡、建档，并按规定保存能够证明进货来源的原始凭证。

①登账：仓管人员对新购配件进行入库登记，记录配件的进货日期、供应商名称及地址、产品名称、品牌、规格型号、适用车型等内容，并建立收、发、存明细账。

②立卡：料卡是一种活动的实物标签，需注明库存配件的名称、规格、型号、储备定额和实存数量，挂于货位上。

③建档：仓管人员应对仓库里的所有配件进行统一编号，建立一物一档，以便查找。每年年底还要对一年来的技术资料及出入库有关资料进行归档，以利查阅，积累零配件保管经验。

严格履行上述进货检验手续，所有采购回来的配件，入库时必须核对数量、价格、质量，特别要防止假货入库，副厂的配件须在立卡时注明。

汽配材料的保管要求是：

(1)配件存放应科学合理、整齐、有条不紊，便于收发查点、检查和验收，易燃、易爆、易腐化等物品分类单独存放，并做到防潮、防腐、防火和保持库容的文明整洁。

(2)定期清仓、盘点，及时掌握配件变动情况，避免积压浪费和丢失，确保账、卡、物相符。月底要做好进、存、销核算表。每年至少要全面盘存一次，并填报《库存物质盘盈（亏）报告单》。

(3)在盘点过程中，还应清查有无本企业多余或暂时不需用的配件，以便及时处理这些配件，减少仓库的积压浪费。

(4)对于盘点后出现的盈亏、损耗、规格串混、丢失等情况，应组织复查落实，分析产生的原因，及时处理。凡因人为原因造成物资丢失或损坏，应追究当事人的责任，赔偿经济损失。

(5)对于维修过程中产生的一些边角料、废配件、废料、报废的设备、工具等，凡还具有残余价值的，都应积极组织回收，在经济合理、不影响产品质量的前提下，加以修复改制和利用。修旧利废应做到经常化、制度化。

(6)仓库严禁闲杂人员入内，并做好防盗工作。

79. 如何识别伪劣汽车零配件？

鉴别配件的质量一般都需要专业人员和专业设备，普通人难以鉴别。普通消费者最简单的识别方法是：

(1)别贪便宜。在汽配行业，假货的价格通常要比真货便宜得多，当然这是以品质的差别为代价的，所以最好留意一下常用汽车配件的价格，若发现产品的价格与印象中的价格相差过大，就要提高警惕了。同时，一定要弄清低价产品是商品正常折价、降价，还是假货浑水摸鱼。

(2)以貌取货。一般来说，正宗产品的外包装盒上字迹清晰、套印准确、色彩鲜明，标有产品名称、规格型号、数量、注册商标、厂名、厂址以及电话号码等，有合格证和检验员章，一些重要部件如发电机、喷油泵等，还配有使用说明书。

(3)细观内里。先看配件的颜色——某些原厂配件表面指定为某种颜色，若遇其他颜色，则为假冒伪劣产品；再看油漆，防止被一些重新上了漆的废旧配件蒙蔽；然后细观配件护层——大多数汽车零部件都在出厂时涂有防护层，如活塞销、轴瓦用石蜡保护，活塞环、缸套表面涂防锈油并用包装纸包裹气门、活塞等后用塑料袋封装。如果密封套破损、包装纸丢失，防锈油或石蜡流失，即便不是假冒产品也是损坏产品。

(4)与拆卸的旧件做一对比，如新、旧件的结构上有改进的一定要搞清原因。购买配件时还必须要开具发票，以便索赔。

(5)鉴定配件的材质和工艺，如发现新零件就有锈蚀斑点或橡胶件出现龟裂、老化现象，抑或是一些细小的结合处有脱焊、脱胶现象，这样的配件多半有问题。

市场经济条件下，诚信是企业的生命。维修企业必须要选择诚信的合格供方，建立互助、双赢的伙伴关系，每年定期进行合格供方的评审。配件供应商更要树立“巩固老客户，发展新客户，培育终身客户”的理念。

80. 轮胎的基本术语和规格的表示方法是什么？

轮胎的基本术语主要有轮胎的主要尺寸，轮胎的高度比和轮胎系列，轮胎的层级，轮胎最高速度和速度级别符号和轮胎复合指数。

1)轮胎的基本尺寸

轮胎的主要尺寸是轮胎的断面 B、轮辋名义直径 d、轮胎断面高度 H、轮胎外直径 D、负荷下静半径和轮胎滚动半径 r 等，如图 3-15 所示。

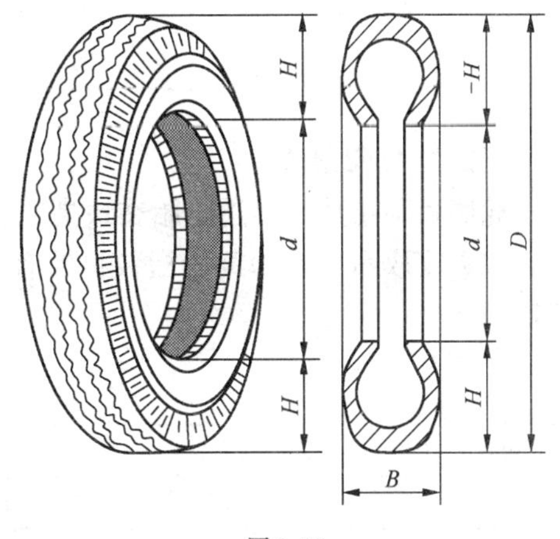

图 3-15

(1)轮胎断面宽度 B：指轮胎按规定气压充气后，轮胎外侧面间的距离。

(2)轮辋名义直径 d：指轮辋规格中直径大小的代号，与轮胎规格中相对应的轮胎内直径一致。

(3)轮胎断面高度 H：指轮胎按规定气压充气后，轮胎外直径与轮辋名义直径之差的一半。

(4)轮胎外直径 D：指轮胎按规定气压充气后，在无负荷状态下胎面最外表的直径。

(5)负荷下静半径：指轮胎在静止状态下只承受法向负荷作用时，由轮轴中心到支承平面的垂直距离。

(6)轮胎滚动半径 r：指车轮旋转运动与平移运动的折算半径。滚动半径 r 按下式计算：

$$r = \frac{s}{2\pi n_{\omega}}$$

2）轮胎的高宽比和轮胎系列

轮胎的高宽比是指轮胎的断面高度 H 与轮胎断面宽度 B 的百分比，表示为 H/B（%）。轮胎的高宽比又称扁平率。

轮胎通常根据扁平率划分系列。目前汽车轮胎常见扁平率为 80、75、70、65、60、55、50 等，相对应的轮胎系列分别为 80 系列、75 系列、70 系列、65 系列、60 系列、55 系列、50 系列等。

3）轮胎的层级

轮胎的层级是表示轮胎承载能力的相对指数，用 PR 表示，主要用于区别尺寸相同但结构和承载能力不同的轮胎。轮胎的层级数并不代表轮胎帘布层的实际层数，而是表示承载质量与棉帘线相当的棉帘线的层数。

4）轮胎最高速度和速度级别符号

轮胎最高速度是指在规定条件（路面级别、轮辋名义直径）下，在规定的持续行驶时间（持续性是最长时间为 1h），允许使用的最高速度。

有关轮胎速度级别的表示符号和允许的最高行驶速度见表 3-9。

轮胎最高速度和速度级别符号表 表 3-9

轮胎速度级别符号	最高行驶速度（km/h）	轮胎速度级别符号	最高行驶速度（km/h）
J	100	Q	160
K	110	R	170
L	120	S	180
M	130	T	190
N	140	U	200
P	150		

5）轮胎负荷指数

轮胎负荷指数是描述轮胎在最高速度、最大充气压力等规定使用条件下负荷能力的参数，以数字表示。轮胎负荷指数目前有 0，1，2，3，…，279，共 280 个，有关情况见表 3-10。

轮胎负荷指数 表 3-10

指数	…	113	114	115	116	117	118	119	…
负荷（kg）		1150	1180	1215	1250	1285	1320	1360	

6）轮胎规格表示方法

我国载重汽车轮胎现执行的标准为《载重汽车轮胎》（GB 9744—2007）、《载重汽车轮胎系列》（GB/T2977—2008）。标准规定了载重汽车轮胎规格表示方法。

米其林客车轮胎表示方法示例：

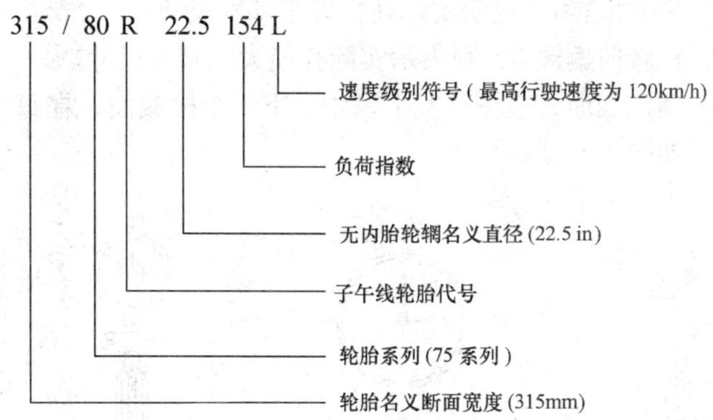

81. 设备操作人员要做到的“四懂”、“三好”、“四会”分别指的是什么？

汽车维修设备分为通用设备、专用设备和检测设备。正确使用设备是确保安全文明生产和提高汽车维修质量的前提和保障。现代客车新技术、新设备、新工艺、新材料的广泛应用，在日常的汽车维修中越来越离不开设备，如果没有检测设备就无法判断汽车故障。因此设备操作人员要做到“四懂”、“三好”、“四会”，其含义是：

四懂：懂设备原理、懂设备构造、懂设备性能、懂设备用途。

三好：管好设备、用好设备、维护好设备。

四会：会正确使用设备、会维护设备、会检修一般设备、会排除设备故障。

82. 如何正确测量汽缸磨损量？

汽缸磨损的检测，通常是用量缸表（也称内径百分表）来进行的。测量前，应做好下列准备：

(1)选可换测量头。根据汽缸直径（可用游标卡尺测量），选择合适的可换测量头，连同固定螺母一起旋入量缸表的下端。

(2)装表。将百分表装入测量杆的上端（应使表的大指针有半圈左右的压缩量），并固定好。

(3)校零。将千分尺调整到所测量汽缸的基本尺寸，并以此千分尺校对量缸表，其要求是：使测量杆与接杆之间的距离等于所量汽缸的基本尺寸，且测量杆的压缩量约为 1 ~ 2mm（最多为百分表量程的一半），并在此条件下，转动百分表的表盘使大指针对准刻度“0”，此时还应记下百分表上小指针的刻度值。若测量杆的压缩量不合适，则通过调节接杆的位置进行调整。

测量时，握住绝热套，将测量杆放入被测孔中，一方面使测量杆在孔的圆周方向略作转动，找出孔在圆周方向的最大值；另一方面适当摆动测量杆，使测量杆与孔轴线相垂直，此时百分表大指针偏转指示出某个最小数值（即找出孔的轴向最小值）。该读数值就是孔的实际尺寸与基本尺寸的实际偏差（若小指针的偏转量超过一个单位，则应结合小指针的指示值），而偏差方向的判断方法是：

(1)如果大指针顺时针转向偏离0，则表示实际孔径小于基本尺寸；

(2)如果大指针正好指在0，说明实际孔径等于基本尺寸；

如果大指针逆时针转向偏离0，则表示实际孔径大于基本尺寸。

实际上汽缸是一圆柱表面，应测量其上、中、下3个横截面，在每个横截面上还应测量相互垂直的两个，如图3-16所示。

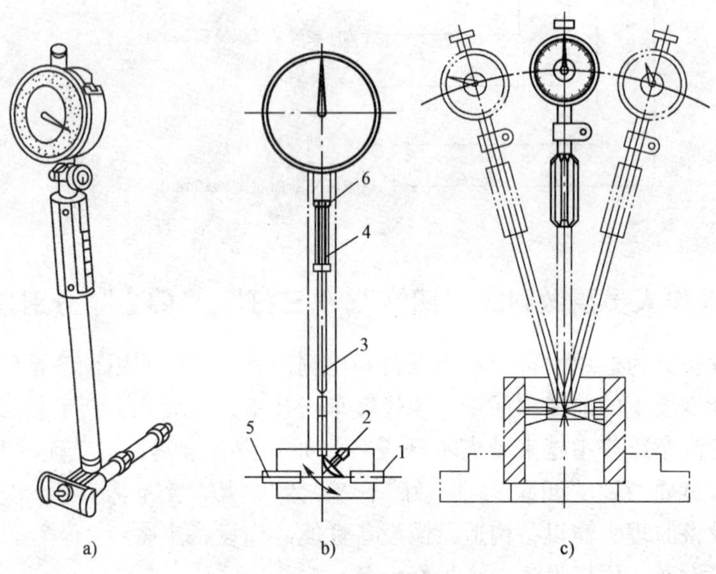

图3-16　内径百分比的测量方法

a)外形；b)工作原理；c)测量方法

1、5-测量杆；2-摆块；3-活动杆；4-弹簧；6-可换测头

83. 移动式举升机使用注意事项是什么?

图3-17　移动式举升机

高档大型客车的装备质量达10000～15000kg，为了提高客车的维修质量和检修的便利性，必须使用移动式举升机设备。移动式举升机采用一个立柱为一个举升单元，可根据需要组合成双柱、四柱和六柱等组合举升机。它具有结构新颖、移动灵活、适用范围大、同步性好、操作方便、安全可靠等特点（如图3-17所示）。

目前移动式举升机有机械和液压两种结构，机械式的是通过减速齿轮箱和丝杆、螺母配合实现举升作业；液压式的是通过液压传动原理实现举升作业。

举升作业事关安全，所以使用移动

式举升机时应特别注意：

(1)不得超负荷举升或轮胎直径与叉脚不匹配的汽车。使用前应检查举升机各部件是否可靠，起重及承重装置是否正常，电源连接良好，地面要平整、硬实。

(2)举升机必须正确对准推入，使叉脚插入车轮下，立柱尽量靠向车轮，使车轮与叉脚有最大接触面，叉脚与车轮需基本对中，以保证叉脚的两个斜面与车轮同时接触。举升机在举升负载前，必须将立柱的前后轮收起，立柱底部必须没有异物，使立柱平稳着地。严禁立柱在行走的状态下举升负载，以免压坏走轮。

(3)先将副举升机的电缆与主电器箱连接，然后将副机电缆插头插入主机的插座，连接紧固可靠，再将主机的电源进线接入电网。电器控制箱上设有功能转换开关，二挡位置分别是“调整”和“同步”。在“调整”位置时，举升机只能单台自身动作，要使举升机同步上升或下降，将全部举升机的转换开关拨至“同步”挡即可。

(4)立柱叉脚插入车轮，彻底放松行走轮，立柱着地稳定后，将转换开关拨至“同步”挡，按“上升”钮，使叉脚托起车轮，且立柱有明显负载，检查各举升机是否同步动作。举升作业完成后要关闭电源开关，以起到更好的安全保护作用。

(5)举升机的电缆线必须经常检查，如有破损，应及时维修、更换。举升机具有相序保护功能，当在未明电源相序情况下插入供电电网插座，此时主要电器箱上的指示灯明亮；按下中间红色按钮指示灯变暗，表明举升机相序与电网相序一致，举升机能正常工作；若在按下中间红色按钮后，指示灯仍很亮，表明相序不符，且各按钮不能工作，只有调整供电电源的插座相序后，才能正常工作。

(6)举升机在上升或下降时如发现按钮失灵不受控制时，应立即切断电源总开关。停电请电工检查，不得自行盲目再起动。负载上升或下降时，任何人不得进入车下。使用多柱举升机时应有两个人分别观察在车辆两侧立柱的同步性，直至车辆上升或下降停止。

(7)在举升机处于高位工作状态时，应使用附加保险装置（三脚托架）做好安全防护工作。在车辆处于高位状态时，除主修工外，其他人员严禁入内。

(8)在通电状态下，不允许接入或卸下电缆，确保安全。主电器箱左上角装有电源总闸，机器使用完毕后，将举升机叉脚降到最低位置，切断电源，卸下电缆。

(9)文明作业，爱护设备。电缆线不要被车辆、重物、自身立柱压坏，航空插头要轻放，避免与地面碰撞而碎裂。作业完工后或下班停工时必须给举升机卸载，以保护设备。

(10)定期检查维护举升机，观察丝杆上油脂是否干燥，如果丝杆呈缺油状态，需在丝杆全行程加涂 Mobil Hp 美孚高温油脂（蓝色）。液压式举升机的要检查液压系统的密封性和液压油油平面高度。

84. 轮胎扒胎机和动平衡机的使用注意事项有哪些?

随着轮胎的技术进步，轮胎与轮辋的配合要求更高，无内胎子午线轮胎的广泛应用，传统的人工拆装轮胎不仅费时费力，而且还会损坏轮胎的胎圈和轮辋，所以必须使用轮胎扒胎机（图 3-18）拆装。

车轮不平衡会造成振动和噪声，使汽车附着力减小，方向摇摆，车轮跳动加速机件损坏，严重影响客车的安全性、经济性和舒适性。因此必须用轮胎动平衡机来检测、调整高速行驶的客车轮胎的平衡性，从而确保良好的工作状态。《中华人民共和国道路交通安全法》规定高速公路上行驶的大客车最高限速是100km/h，根据实际使用经验，大客车轮胎的动平衡要求是：不平衡量≤25g即可。

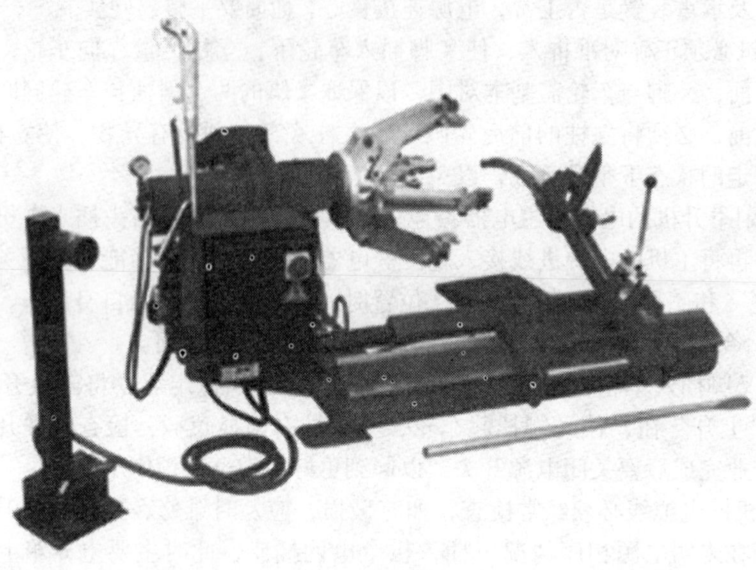

图3-18 轮胎扒胎机

轮胎扒胎机使用注意事项：

(1)首先对轮胎要放气处理，清除车轮上的杂物和平衡块。

(2)拆卸轮胎时，确保轮胎夹紧锁定。当轮胎与轮辋配合过紧时，不能盲目蛮干，要先用装配圆盘慢慢使轮胎胎圈与轮辋松脱，在轮胎胎圈上涂抹润滑剂后再拆卸轮胎，操作时要防止夹具和压盘刮破轮胎胎圈或胎体。

(3)安装轮胎前先清洁轮辋，使轮辋边缘光滑圆润；检查轮辋是否受过伤（变形或轮辋外缘的表面受伤；轮辋轴向或径向的跳动过大；腐蚀或整体磨损）。在轮辋边缘和轮胎胎圈上涂抹润滑剂后再安装轮胎。所安装的轮胎尺寸与轮辋尺寸相一致。

当轮胎处于举升臂的夹具上时，严禁给轮胎充气。在给轮胎充气时要使轮胎内的压力均匀增加，并注意胎圈与轮辋的接合状况。

(4)轮胎扒胎机在运行过程中，若出现操作失灵、异响、电器开关断路、线路发热及其他故障时，应立即停机，查明原因。

(5)轮胎扒胎机停机后，降下举升臂和放松液压夹具，并切断电源，整理好线束和气管。

(6)操作人员平时应做好设备的日常维护工作，定期检查、润滑各滑动部件，检查、调整皮带的松紧度，夹具松动，电气绝缘、线路是否破损和接地是否完好。

轮胎动平衡机使用注意事项：

(1)安装轮胎平衡机（图3-19）时要做好地面的减振处理，调整好机器的水平位置。

(2)检测轮胎平衡性前先要清洁轮胎总成，清除表面附着物，取下轮辋上旧的平衡块，轮胎气压保持正常。

(3)清除轮辋锈蚀物，检查轮辋内孔的圆度，必要时先进行修正。安装轮胎时要选择与轮辋相匹配的锥度盘，确保中心定位正确。

(4)起动平衡机时，先用手推动车轮转动，减少起动时的惯性阻力，以保护设备。检测轮胎动平衡时高速旋转，操作人员要注意安全。

(5)选装平衡块，固定要牢固。对严重磨损的轮胎或动不平衡量大于400g的轮胎不宜安装在前轮轮位上。轮胎安装到车轴上后要使平衡块不与制动器或其他部件相碰撞，同时要调整好气门嘴的安装位置。

(6)加强设备的日常维护工作，尤其是要保护好主轴和电脑控制面板，防止主轴弯曲变形，做好电脑控制面板的防水、防尘的保护工作。

图3-19 轮胎平衡机

85. 火灾的三要素是什么？客车维修企业如何防范火灾事故？

俗话说：贼偷一半，火烧全光，由此可见火灾事故的危害是极其严重的。火灾的三要素是可燃物、助燃物和火源，如图3-20所示。

(1)可燃物：凡是能与空气中的氧或氧化剂发生燃烧的物质，如可燃固体、气体、液体。

(2)助燃物：凡能帮助支持和导致燃烧的物质，如空气、氧气、氧化剂。

(3)火源：凡是引起可燃物质燃烧的热能源，如明火、灼热物体、金属撞击火花、电火花、静电放电、雷电、聚光、化学品自燃。

客车维修企业引发火灾事故的因素较多，例如：易燃易爆物料多，危险物品有汽、柴油、润滑油、轮胎、油漆、稀料、清洗剂、制冷剂、乙炔气、塑料、棉织物等；移动用电设备多易导致电线短路；车辆维修时要使用电焊、气焊和清洗汽油及喷涂油漆；客车修理工和驾驶员大多是男性员工，吸烟人员多；客车上的内饰、座椅、轮胎都是易燃物，油、电路故障或机械故障易引发火灾；修理厂区一般为敞开式工间，管理难度大。

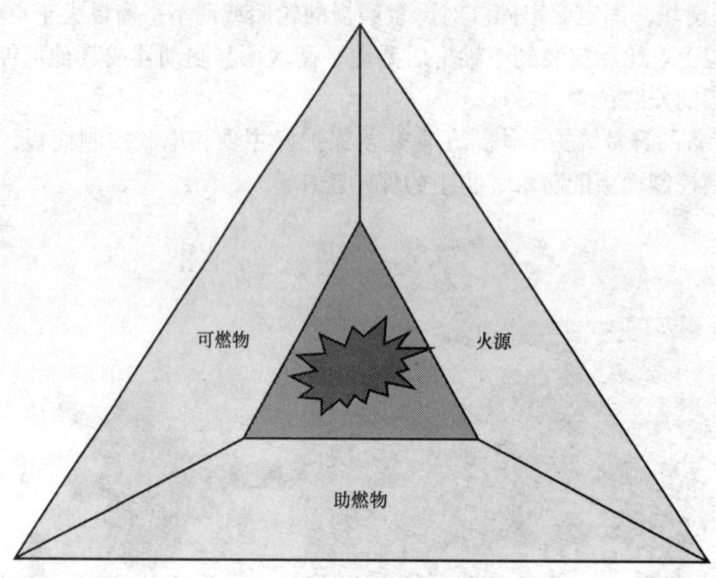

图 3-20　火灾三要素

客车维修企业应如何防范火灾事故？

(1)首先必须强化消防安全管理，坚决贯彻“安全第一、预防为主、综合治理”的工作方针，安全责任重于泰山。抓生产必须抓安全，提高全员安全意识，全员参与，重抓事前预防，事中控制，防患于未然。

(2)因地制宜制定本单位的安全管理制度和各工种、各机电设备的安全操作规程，全面落实安全目标责任制，责任、风险与奖惩相结合。积极推进安全生产监管体系建设，以大检查为手段，明查与暗查、自查与互查、重点检查与全面排查相结合，检查考核重在落到实处。找出薄弱环节，有的放矢，一抓到底。安全生产上的问题一定要小题大做，举一反三，不厌其烦。

(3)加强易燃易爆物料的采购、储存、使用及废料处理的全过程管理。危险物品必须落实专人管理和使用。

(4)提高客车维修质量，不得擅自改装、加装用电设备，重点检查油、电路系统的漏油、漏电现象，确保机械性能良好。维修完工车辆一定要关闭电源开关和电门钥匙，锁上门窗。

(5)加强生产现场管理，合理组织生产流程。不得乱接电源，严禁使用电炉。电线及插座易损，应加强检查，凡有电线、插座破损、绝缘老化的应及时更换，改用橡胶插头不易损坏。

加强目视管理，安全操作规程要明示在相应的工位或设备处，严格执行生产流程、操作规范和维修技术要求和安全操作规程。作业区要合理布局，钣金、油漆车间要单独分开，客车内和维修作业区要禁烟。使用氧气与乙炔时气瓶间距要适当，检查表、阀是否正常，气管有否漏气，防止火灾。

(6)加强全员安全教育，同时做好预防与预案工作，制订安全生产管理应急预案，开展预案演练。发生事故必须要做好“四不放过”工作，并做好基础台账管理。

(7)运用 ISO 质量管理原理，开展 PDCA 循环管理，组织多种形式的安全劳动竞赛。

安全就是效益，创建和谐企业安全是首要前提。通过抓源头、抓制度、攻难点、求突破，不断加大火灾事故隐患治理力度，探索建立安全生产长效管理机制，实现安全生产目标。

第四章　现代客车新技术

86. 共轨电喷柴油机

柴油机共轨式电控燃油喷射系统，是集计算机控制技术、现代传感检测技术以及先进的喷油结构于一身的一种全新的系统。该系统通过共轨直接或间接地形成恒定的高压燃油，分送到每个喷油器，并借助于集成在每个喷油器上的高速电磁开关阀的开启与闭合，定时、定量地控制喷油器喷射至柴油机燃烧室的油量，从而保证柴油机达到最佳的燃烧比和良好的雾化，以及最少的污染排放。

1）柴油机共轨式电控燃油喷射技术的主要优点

（1）共轨系统中的喷油压力柔性可调，对不同工况可确定所需的最佳喷射压力，以利于优化柴油机综合性能；同时由于喷油压力的产生过程与喷油过程相互独立，喷油始点和燃油喷射量的控制各自独立，从而可实现精确控制燃油喷射量。最小稳定燃油喷射量极小，可以达到1mL/次。

（2）可独立地柔性控制喷油正时，配合高的喷射压力（120～200MPa），改善进气和燃油的混合及燃烧过程；可同时控制 NO_x 和微粒（PM）在较小的数值内，以满足排放要求。

（3）柔性控制喷油速率变化，实现理想喷油规律，容易实现预喷射和多次喷射，既可降低柴油机 NO_x 排放，又能保证优良的动力性和经济性。

（4）由电磁阀控制喷油，其控制精度较高，高压油路中不会出现气泡和残压为零的现象，因此在柴油机运转范围内，循环喷油量变动小，使各缸供油不均匀得到改善，从而减轻柴油机的振动和降低排放。

（5）高压泵的驱动转矩峰值小，机械噪声小。

由于高压共轨系统具有以上的优点，现在国内外柴油机的研究机构均投入了很大的精力对其进行研究。比较成熟的系统有：德国博世（BOSCH）公司的CR系统、日本电装公司的ECD-U2系统、意大利菲亚特集团的Unijet系统、英国DELPHI DIESEL SYSTEMS公司的LDCR系统等。

目前，国内企业国Ⅲ柴油机大多采用德国博世公司的电控共轨系统（如图4-1所示）。

2）BOSCH电控高压共轨系统工作原理

在共轨蓄压器喷射系统中，压力的产生和燃油的喷射完全分离，喷射压力的产生与发动机转速和喷油量毫不相干。燃油以一定的压力储存在高压蓄压器（即所谓的共轨）内，时刻准备进行喷射。喷油量由驾车人确定，喷射起点、喷射持续时间和喷射压力由ECU（电子控制单元）计算出来，然后，ECU触发电磁阀，使每一个汽缸的喷油器（喷油单元）相应地进行喷射。

3）BOSCH高压共轨燃油系统主要原件

图4-2所示为BOSCH电控高压共轨燃油喷射系统的基本组成图。它主要由输油泵、电控单元、高压油泵、共轨管、电控喷油器以及各种传感器等组成。低压燃油泵将燃油输

入高压油泵，高压油泵将燃油加压送入高压油轨，高压油轨中的压力由电控单元根据共轨压力传感器测得的油轨压力以及发动机工况进行调节，高压油轨内的燃油经过高压油管，根据发动机的运行状态，由电控单元确定合适的喷油定时、喷油持续期等，然后由电脑控制的电子喷油器将燃油喷入汽缸。

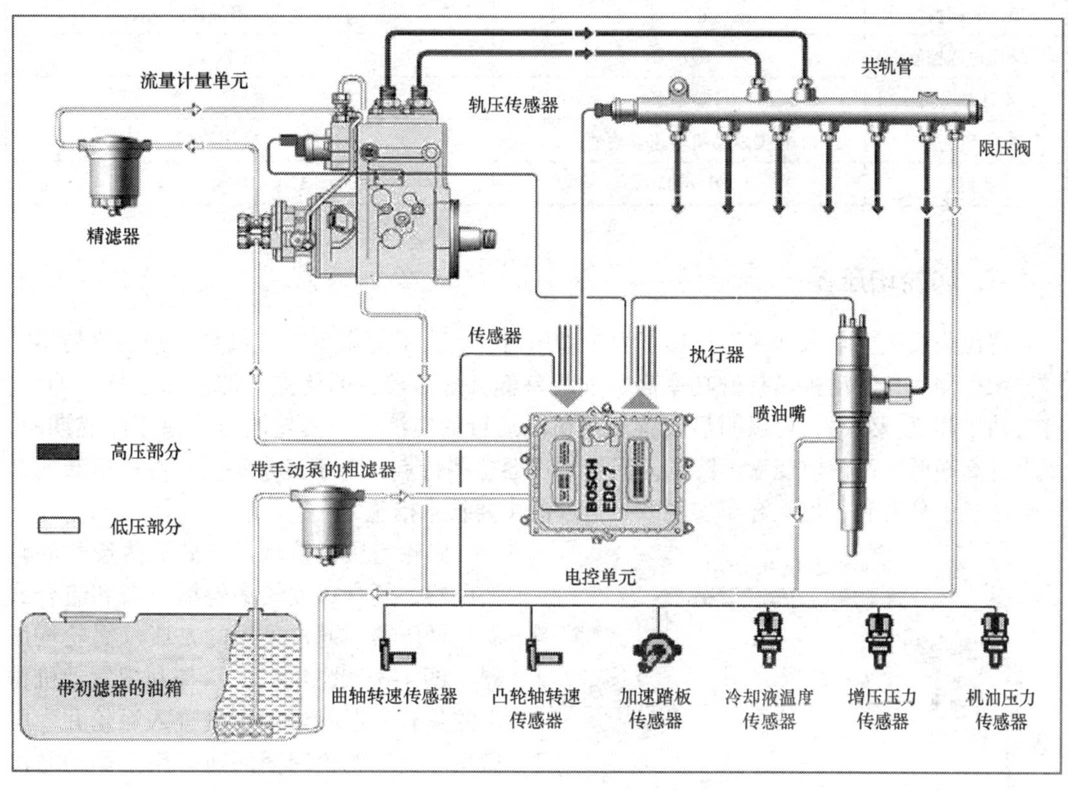

图 4-1　BOSCH 电控高压共轨结构示意图

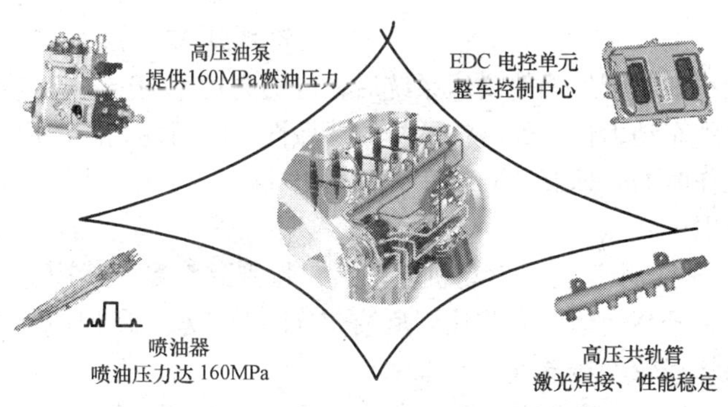

图 4-2　BOSCH 电控高压共轨系统主要元件

4）共轨系统与传统供油系统比较

共轨系统与传统供油系统的比较见表 4-1。

共轭系统与传统供油系统比较 表4-1

	直列泵	共轨系统
系统组成	正时器+喷油泵+调速器+喷油器	喷油泵+共轨+ECU+喷油器+喷油控制电磁阀
喷油量控制	调速器	电子控制单元+喷油控制电磁阀
喷油时间控制	正时器	电子控制单元+喷油控制电磁阀
增压过程控制	喷油泵	喷油泵
高压油分配	喷油泵	共轨管
喷油压力控制	根据发动机转速及喷油量	喷油泵及油压控制阀
喷油压力	60~70MPa	120~200MPa

87. 涡轮增压器

现代柴油机上越来越多地使用了涡轮增压器，大大地提高了充气系数。柴油机使用了涡轮增压器后，发动机具有升功率高、油耗率低、排污较少的优点。即提高了指示功率、有效功率和机械效率，可以明显改善高负荷区运行的经济性。涡轮增压器由于滞燃期短，压力升高率低，可使燃烧噪声降低。涡轮增压器这些特点，对于经常满负荷高速运转的客车柴油机十分有利，也是客车实现欧Ⅲ排放的主要技术措施之一。

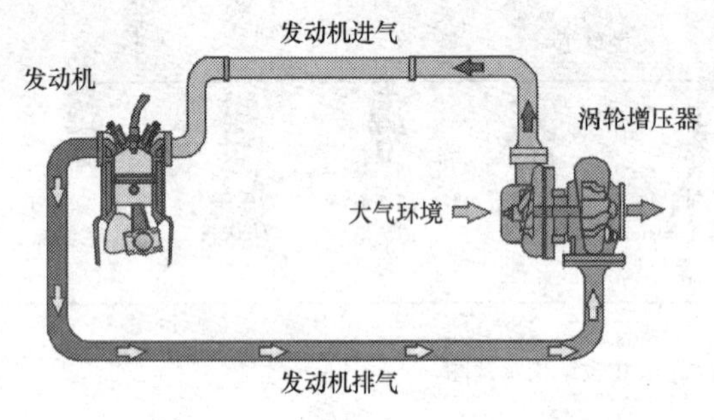

图4-3 涡轮增压柴油机系统示意图

涡轮增压器按增压方式分为废气涡轮增压器、复合式废气涡轮增压器和组合式涡轮增压器。通常采用的是废气涡轮增压器（图4-3、图4-4），它是利用发动机排出的具有一定能量的废气进入涡轮并膨胀做功。废气涡轮的全部功率用于驱动与涡轮机同轴旋转的压气机工作叶轮，在压气机中将新鲜空气压缩后再送入汽缸。废气涡轮与压气机通常装成一体，便称为废气涡轮增压器。由于其结构简单，工作可靠，一般客车柴油机加装废气涡轮增压系统后，可提高功率30%~50%，降低比油耗5%左右，有利于改善整车动力性、经济性及排放环保性，因而得到广泛应用。

涡轮增压器工作时的转速高达60000~120000r/min，因此，为了保证增压器的正常工作，使用中应注意以下几点：

(1)不能起动后就起步运行。发动机起动后，特别是在冬季，应让其怠速运转一段时间，以便在增压器转子高速运转之前让润滑油充分润滑轴承。所以刚起动后千万不能猛踏加速踏板，以防损坏涡轮增压器油封和轴承。

(2)不能立即熄火。发动机长时间高速运转后，不能立即熄火。发动机工作时，有一部分机油供给涡轮增压器转子轴承润滑和用于冷却的。所以发动机大负荷、长时间运行后，在熄火前应怠速运转2~3min，让增压器转子的转速降下来以后再熄火。特别要防止猛踏几下加速踏板后突然熄火。

(3)维修时要确保零部件的清洁，确保涡轮增压器良好的润滑。

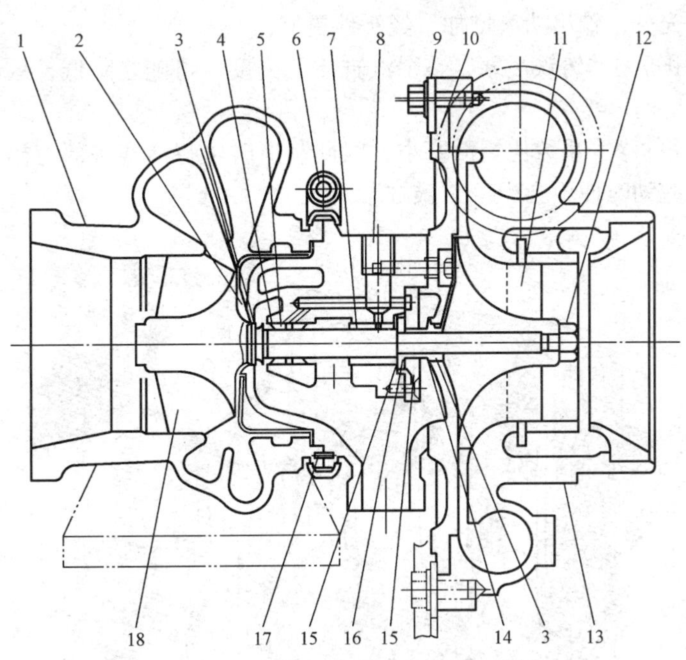

图 4-4 涡轮增压器剖视图

1-涡轮壳体;2-隔热板;3-密封圈;4-挡圈;5-径向轴承;6-连接件;7-垫圈;8-轴承座;9-压气机壳压板;10-密封板;11-压气机叶轮;12-锁止螺栓;13-压气机壳;14-抛油环;15-止推轴承;16-止推轴环;17-弹簧销;18-涡轮叶片及轴

88. 活塞冷却喷嘴

为了更好地实现柴油机内活塞的冷却效果，现代柴油机厂家越来越多地采用在汽缸体的每一缸内都装配一活塞冷却喷嘴。冷却喷嘴将润滑油喷入活塞上的进油孔，在活塞内循环后从出油孔流回到油底壳，从而吸收活塞上的热量，并通过油底壳和机油散热器散热，确保活塞处于正常的工作状态。

在拆装活塞冷却喷嘴时必须使用专用工具，并检查冷却喷嘴是否在规定位置（图 4-5），如不符合，则重新选择一新的冷却喷嘴。由于每一缸的冷却喷嘴均经过校正，因此，把旧冷却喷嘴装回机体时，应装回原缸，相互间不可互换。拆装活塞连杆组时，务必注意不要碰到活塞冷却喷嘴，否则活塞不能得到良好润滑和冷却，甚至会产生严重后果。

89. 球墨铸铁活塞

目前，柴油机活塞材料大都以铸铝为主，日野公司是较早开发使用球墨铸铁活塞的发动机公司。铸铁活塞与传统活塞相比（图 4-6），有如下优点：

(1)铸铁活塞的强度大，因此可在活塞头部开润滑油槽，通过汽缸体上的活塞冷却喷嘴给其喷射冷却机油，降低活塞温度，改善活塞的工作环境。

(2)第一道汽缸的位置向上提升，使不能参与燃烧的气体减至最小，从而提高发动机动力，降低排放。

(3)由于铸铁的强度较高，所以活塞的长度可缩小，与传统发动机相比，行程加长，燃烧气体膨胀更充分，输出功率增加，经济性更好。

(4)因为采用短型的铸铁活塞，整个汽缸体的高度也可随之降低，从而使发动机的结构更加紧凑。

(5)由于铸铁的膨胀系数比铝活塞小，因此制造时可将活塞头部与裙部的直径差做得更小，这样在冷起动时便不会产生“敲缸”现象。

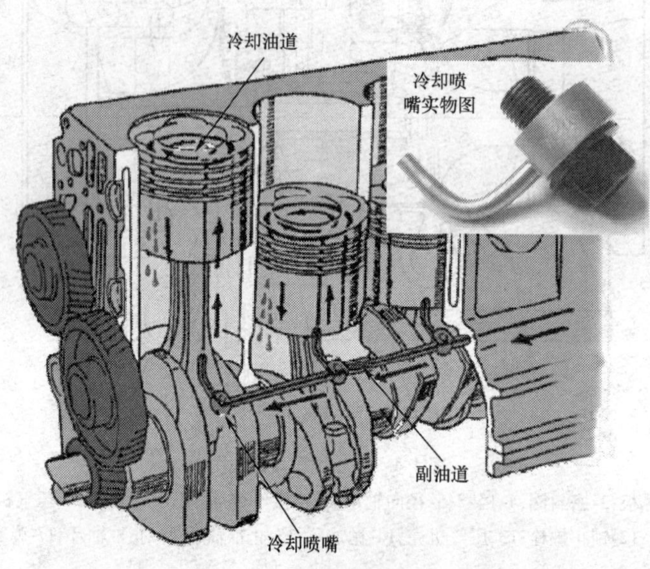

图4-5　活塞冷却喷嘴安装位置示意图

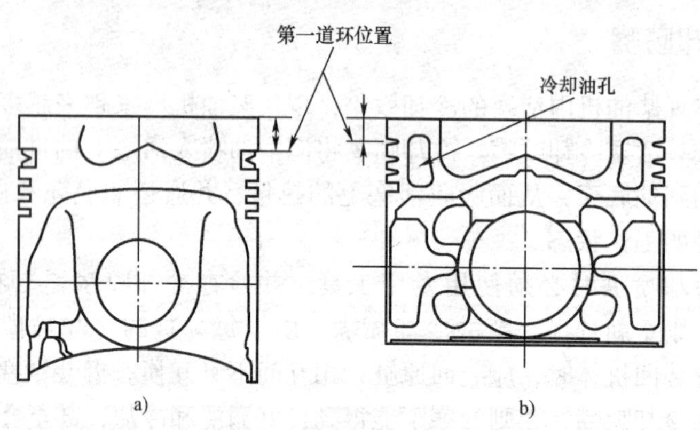

图4-6　传统型活塞与铸铁活塞比较图

a)传统型活塞；b)铸铁活塞

90. 四气门机构

传统的柴油机都采用二气门机构，为了提高进气量，目前各发动机厂家纷纷设计开发了四气门（两排两进）结构，如日野 P11C（图4-7）、斗山大宇 DL08、潍柴 WP10、玉柴 YC6J 等厂家的发动机。

与两气门结构发动机相比，虽然每一气门的直径小了，但总的流通截面却可以增加30%。喷油嘴布置在汽缸的中心线上，多孔喷嘴喷出的油束处于沿任何方向流量均等的理想状态，从而改善了进气涡流和油雾分布的均匀性，达到了最佳的空气利用率和降低颗粒排放的效果。不仅混合气形成和燃烧较好，而且使汽缸盖的结构布局也比较合理。由于气门直径小，气门的冷却条件也就更好。采用四气门还可适当减小气门升程，改善配气机构的动力性。同时由于采用四气门，每个气门所受的交变热负荷都比两个气门有所降低，这对改善热负荷带来了好处。

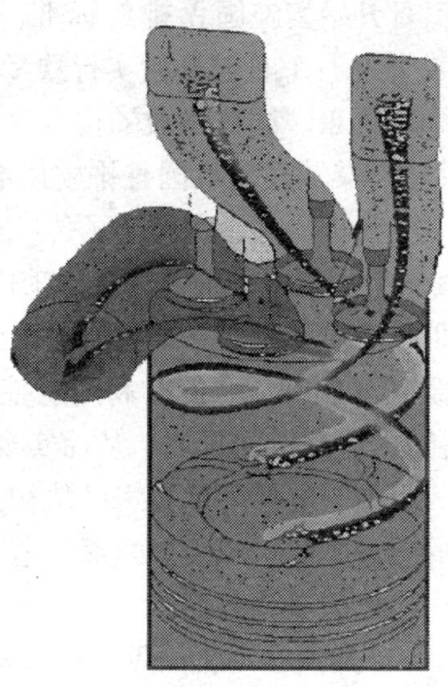

图 4-7　日野 P11C 发动机四气门结构示意图

91. 柴油机国Ⅲ、国Ⅳ排放标准及实现国Ⅲ、国Ⅳ排放的技术

1）柴油发动机尾气排放的国Ⅲ、国Ⅳ标准

中国汽车工业协会 2010 年年底公布了国家环保部《关于国家机动车排放标准第四阶段限值实施日期的复函》（以下称《复函》）。《复函》决定对国Ⅳ排放标准实施日期适当调整：从 2012 年 1 月 1 日起，凡不满足国Ⅳ标准要求的压燃式新车，不得销售和注册登记。轻型柴油汽车推迟 2 年实施国Ⅳ标准，即从 2013 年 7 月 1 日起，凡不满足国Ⅳ排放标准要求的轻型柴油汽车不得销售和注册登记。

《车用压燃式、气体燃料点燃式发动机与汽车排气污染物排放限值及测量方法（中国Ⅲ、Ⅳ、Ⅴ阶段）》（GB17690—2005）第 7.2.1 条款中对国Ⅲ、国Ⅳ发动机的排放规定如表 4-2 和表 4-3 所示：

ESC 和 ELR 试验限值　　表 4-2

阶段	一氧化碳（CO）[g/（kW·h）]	碳氢化合物（HC）[g/（kW·h）]	氮氧化物（NO_x）[g/（kW·h）]	颗粒物（PM）[g/（kW·h）]	烟度（m^{-1}）
国Ⅲ	2.1	0.66	5.0	0.10　0.13①	
国Ⅳ	1.5	0.46	3.5	0.02	

注：①对每缸排量低于 0.75dm^3 及额定功率转速超过 3000r/min 的发动机。

ETC 试验限值　　表 4-3

阶段	一氧化碳（CO）[g/（kW·h）]	非甲烷碳氢化合物（NMHC）[g/（kW·h）]	甲烷（CH_4）①[g/（kW·h）]	氮氧化物（NO_x）[g/（kW·h）]	颗粒物（PM）②[g/（kW·h）]
国Ⅲ	5.45	0.78	1.6	5.0	0.16　0.21③
国Ⅳ	4.0	0.55	1.1	3.5	0.03

注：①仅对 NG 发动机。

②不适用于第Ⅲ、Ⅳ阶段的燃气发动机。

③对每缸排量低于 0.75dm^3 及额定功率转速超过 3000r/min 的发动机。

这里要说明的是：以尾气污染物含量为标准，国Ⅲ标准相当于欧Ⅲ标准，国Ⅳ标准相当于欧Ⅳ标准。2007 年 7 月 1 日全国范围内开始实施国Ⅲ排放标准，北京市自 2008 年 7

月1日开始实施国Ⅳ排放标准，并计划在2012年提前实施国Ⅴ排放标准。欧盟国家自2009年9月1日起开始实行欧Ⅴ排放标准。

2)国Ⅲ、国Ⅳ排放的技术

(1)柴油发动机国Ⅲ排放技术（涡轮增压器+电控共轨高压喷射）

柴油机喷油技术经历了传统的纯机械式喷油和现代的电控式喷油两个发展阶段。而现代电控喷油技术的崛起，则应归功于计算机技术和传感检测技术的发展。柴油机尾气排放国Ⅲ技术主要是指：通过对进气温度加强中冷来加以冷却或辅助EGR（废气再循环），以降低NO_x的排放；同时利用电控高压燃油喷射系统，实现各工况点的优化，降低NO_x和颗粒物（PM）的排放，从而实现国Ⅲ排放标准。

目前，电控喷油技术已从初期的位置控制型发展到时间控制型。现代电控喷油技术实现的手段主要有电控泵喷嘴、电控单体泵以及电控共轨系统。其中以电控共轨喷射系统在国内应用的最为普遍。

(2)柴油发动机国Ⅳ排放技术

目前，国内客车企业在选择国Ⅳ排放技术时，主要有以下两种方案：

方案1——燃烧系统优化+SCR（选择性催化还原）：通过喷射系统和喷射正时提前来优化发动机以降低颗粒物排放。这种方法能够满足颗粒物排放标准，但会增加NO_x排放，因此，需要在尾气排气系统中加装一个降低NO_x的催化器（如SCR）来降低NO_x的排放。但这种系统需要用催化剂添蓝（尿素），从而会增加运行的成本。

方案2——燃烧系统优化+EGR（废气再循环）+DPF（微粒过滤器）：增加一个冷却式EGR及一个适应EGR的燃烧系统。这样可以降低NO_x排放，但会增加颗粒物，因此必须在尾气排气系统中加装一个DPF以降低颗粒物排放。

①SCR方案

SCR技术方案是在国Ⅲ柴油机的基础上，通过重新开发燃烧系统，提高燃油喷射压力，降低机油消耗率，并集成SCR装置（可实现稳态NO_x转化效率85%，动态NO_x转化效率75%），用尿素作为还原剂，将尾气中的NO_x还原成氮气（N_2）和水（H_2O），来达到严格的国Ⅳ排放标准。

SCR系统（图4-8）工作时，在电控单元的控制下，添蓝泵将添蓝（尿素）从添蓝罐中抽出、加压、过滤后送到定量喷射阀单元，压缩空气经压缩空气控制单元调压后也送到计量喷射单元，定量喷射阀打开后，添蓝在压缩空气的引射作用下射出，和压缩空气混合后经喷嘴喷入排气管。电控单元根据发动机的工况、催化器的温度和大气状况精确计算出所需的添蓝喷射量，发出相应的脉宽调制信号给定量喷射阀，喷射阀根据信号对添蓝进行计量，从而保证时刻精确的添蓝喷射到排气管。在排气管中添蓝溶液经蒸发、热解以及水解等一系列的物理化学反应后，部分或全部分解成氨气（NH_3）和水（H_2O）并与排气充分混合，然后进入SCR催化转化器。在催化剂的催化作用下，NH_3与NO_x迅速反应生成N_2和H_2O，随废气排入大气。

SCR催化器对燃油中硫不敏感，含硫量350×10^{-6}以下的国Ⅲ燃油都可以满足国Ⅳ发动机要求，正是基于这点，国内各厂家大多采用SCR技术。

在柴油机上应用SCR技术不需要改变柴油机的内部结构，只需在排气管中安装SCR催化器，其他SCR系统元器件可以根据合理设计安装在发动机的周围，故SCR系统安装简单，可以满足国Ⅳ及以上标准的柴油机系统要求。但SCR系统的初装成本较高，操作和维护费用高。为了防止氨泄漏造成的二次污染，对SCR系统的封装要求也较高。SCR系统中的催化剂在高温时容易老化，造成氨泄漏增加，催化剂的高温稳定性有待于进一步提高。使用SCR后客车不但要增加SCR系统本身装置的质量，还要增加一个添蓝灌和添蓝溶液的质量。

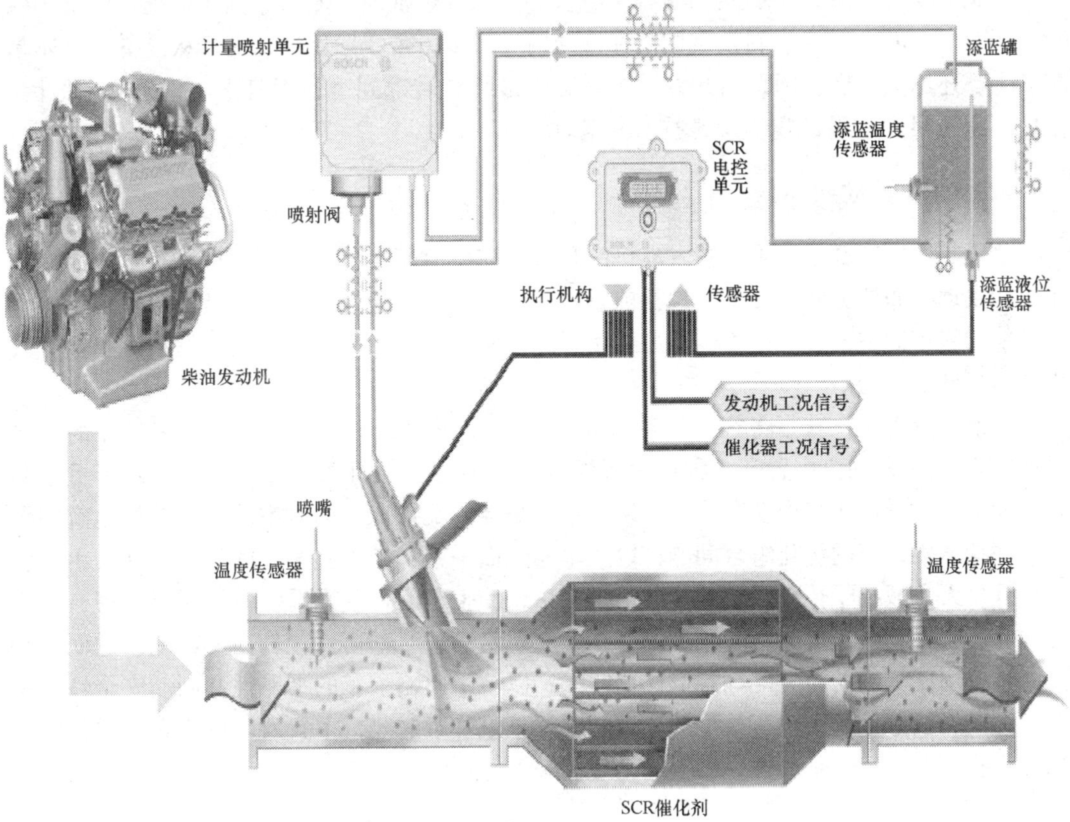

图4-8　SCR系统工作原理示意图

②EGR + DPF方案

EGR + DPF技术方案首先采用EGR技术降低NO_x的排放量，同时允许PM有一定程度的升高，升高的微粒用DPF捕集，从而达到同时降低NO_x和PM的效果。该路线主要在美国使用，故又称为美国路线。

如图4-9所示，EGR技术降低NO_x的基本原理是将部分排气引入进气管，再循环到燃烧室内，利用废气中的N_2等惰性气体延缓反应的进行。同时，利用废气中比热较高的CO_2和H_2O等降低缸内最高燃烧温度，从而减少NO_x的生成。再循环废气对新混合气有稀释作用，降低了混合气中O_2的浓度，破坏了NO_x的

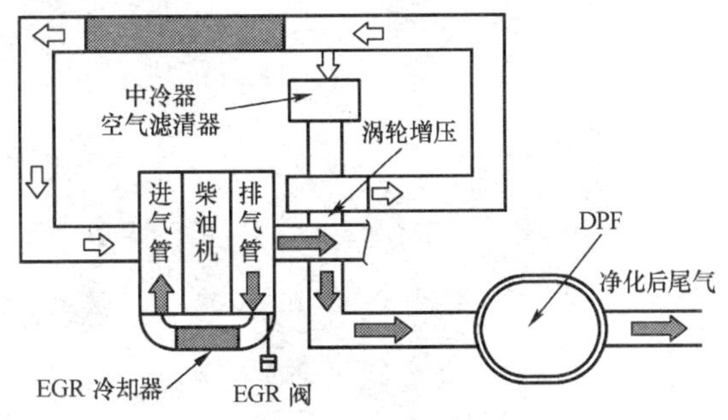

图4-9　采用EGR + DPF技术的柴油机结构

生成条件，也可以有效抑制 NO_x 的生成。虽然 EGR 对柴油机缸内 NO_x 形成有明显的抑制作用，但同时会增加排气烟度，需要采取相应的措施降低排气烟度。

DPF 是减少 PM 排放的一种废气处理装置，先用收集器过滤废气中的微粒物质，然后通过对收集的微粒进行氧化来清洁捕集器。微粒过滤的机理通常有碰撞吸附、惯性拦截、扩散拦截、重力沉降等。

但是 DPF 系统中的催化剂对硫很敏感，必须保证燃油质量不低于国Ⅳ标准，要求含硫量低于 50×10^{-6}。然而，目前我国要在短期内实现批量生产国Ⅳ油，无论从设备上，还是工艺上都还不太成熟，国Ⅳ油开发成本较高，最终会转嫁到消费者身上。正是这个原因，国内厂家还很少采用 EGR + DPF 技术方案。

92. 中置发动机

绝大多数客车都采用了后置发动机的布置方式，但事实上客车的发动机布置方式比乘用车的发动机布置方式还要多，包括前置、后置、中置。而沃尔沃无疑是最擅长自由布置发动机的客车制造商，它的不同车型使用了以上所有的布置方式，不同的发动机布置方式表现出不同的性能。

所谓中置客车，就是将客车发动机布置于底盘两轴的中间位置和车厢底平面的下方（图 4-10）。将发动机中置是一种最理想的方式，因为发动机的位置正好位于客车重心附近，而不是质量过于集中在车头或车尾，达到最佳的配重比。同时中置客车较好地解决了客车底盘悬架系统的优化组合问题，以及车厢底面平整和扩大整车空间问题。并且由于中置设计，大大减小了传动轴转动时的当量夹角，使整车的行驶平顺性有了明显改观，对于前置和后置发动机，都会不同程度的存在着空载与满载时轴荷变化较大的问题，进而引起悬架系统刚度、制动力分配等难以优化匹配，以至于影响整车的平顺性和制动安全性。中置发动机能较好地解决轴荷分配的合理问题。正是基于这些，中置发动机将大大增强客车的操作稳定性、行驶平顺性、制动安全性和乘客舒适性。

图 4-10　中置卧式发动机（沃尔沃 B12M 底盘）

但中置发动机给维修带来了极大的不便，这样的布置方式不但要求很高：首先需要一台卧式发动机，这不是所有的发动机制造商都可以提供的；而且需要更好的隔声处理，因为发动机位于整车的中间位置。另外就是发动机处在车辆前后轴之间，其振动问题对整车的影响尤为明显，处理好隔振尤为重要。同时发动机要挤占车厢内的部分高度空间，也就无法在发动机的上方布置乘客座椅。再就是会导致动力总成布置空间狭小，使得各系统的设计变得复杂。

基于以上原因，国内客车厂家只有西安西沃客车厂生产中置发动机的客车。

93. 空气冷却装置（中冷器）

为了提高充气系数和降低尾气排放，现代客车的柴油发动机上都采用了涡轮增压器。经过涡轮增压器之后，空气急剧被压缩，温度上升，引起体积膨胀，进气量减少。这样不仅影响充气效率，还容易产生爆燃。为克服以上缺陷，该类型发动机纷纷装置了降低进气温度的设备，这就是中间冷却器（以下简称中冷器）。

中冷器能给增压发动机带来一些益处：如降低发动机的燃烧温度，从而减少 NO_x 的排放；同时由于燃烧完全，也降低了 CO 的排放；降低热负荷和汽缸压力；降低燃油消耗率和提高发动机的功率。

中冷器安装在涡轮增压器出口与发动机进气管之间，对进入汽缸的空气进行冷却。中冷器就像散热器，空气的热量通过中冷器用风散热冷却之后，体积缩小，从而使发动机进气量进一步增加，提高发动机的有效功率（其工作过程如图 4-11 所示）。据测试，性能良好的中冷器不但可以使发动机压缩比保持一定值而不会产生爆燃。同时在相同的空燃比条件下，增压空气的温度每下降 10℃，发动机功率就能提高 3% ~5% 。

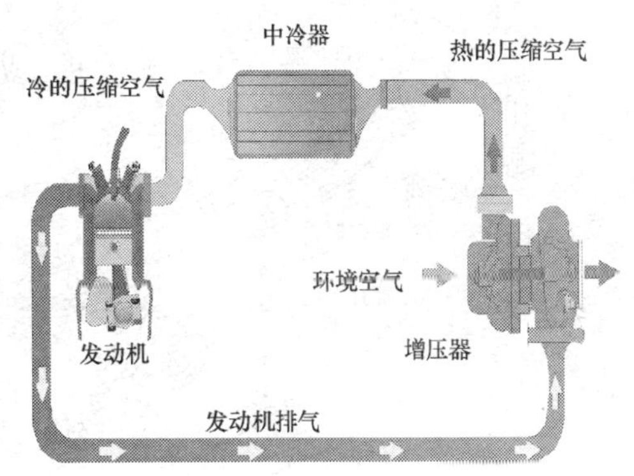

图 4-11 中冷器工作示意图

中冷器一般安装在发动机两侧，容易受地面泥沙等的侵蚀，中冷器外部的清洁工作非常重要，否则不能有良好的冷却效果，因此必须加强日常维护。

94. 空气干燥器（瓶）

现代客车上越来越多的使用压缩空气作为动力，实现对车辆的制动、门控及空气悬架系统的控制等。然而由于空气中的水分较多，客车在充气过程中，来自空压机的高温压缩空气，进入管道后冷却产生冷凝水，会造成空气管路及气动、制动系统中各阀类元件锈蚀而失效；在气温较低时还会使管道结冰而无法正常供气。空气干燥器（图 4-12）能有效地除去压缩空气中水、油、杂质，净化进入储气筒的压缩空气，防止上述故障发生，提高行车安全可靠性。

空气干燥器工作原理如下：

(1)干燥净化过程：来自空压机的压缩气体经过进气口进入干燥器，通过干燥器内的过滤装置和干燥装置，从干燥器出气口排出的气体即为干燥、净化的气体，进入储气筒。

(2)卸载、排水过程：当储气筒的压力达到额定压力时，干燥器内调压装置开始工作，来自空压机的气体直接从排气口排出，空压机卸载，同时干燥器内冷凝水亦从排气口排出；当系统压力降至调压装置的回关压力时，卸载、排水过程停止工作，系统恢复充气过程。

(3)加热过程：当干燥器温度降至（5±5)℃，干燥器内温控加热器自动工作，防止干燥器下部结冰而影响排水系统工作。当干燥器温度升至20℃，温控加热器自动停止工作。

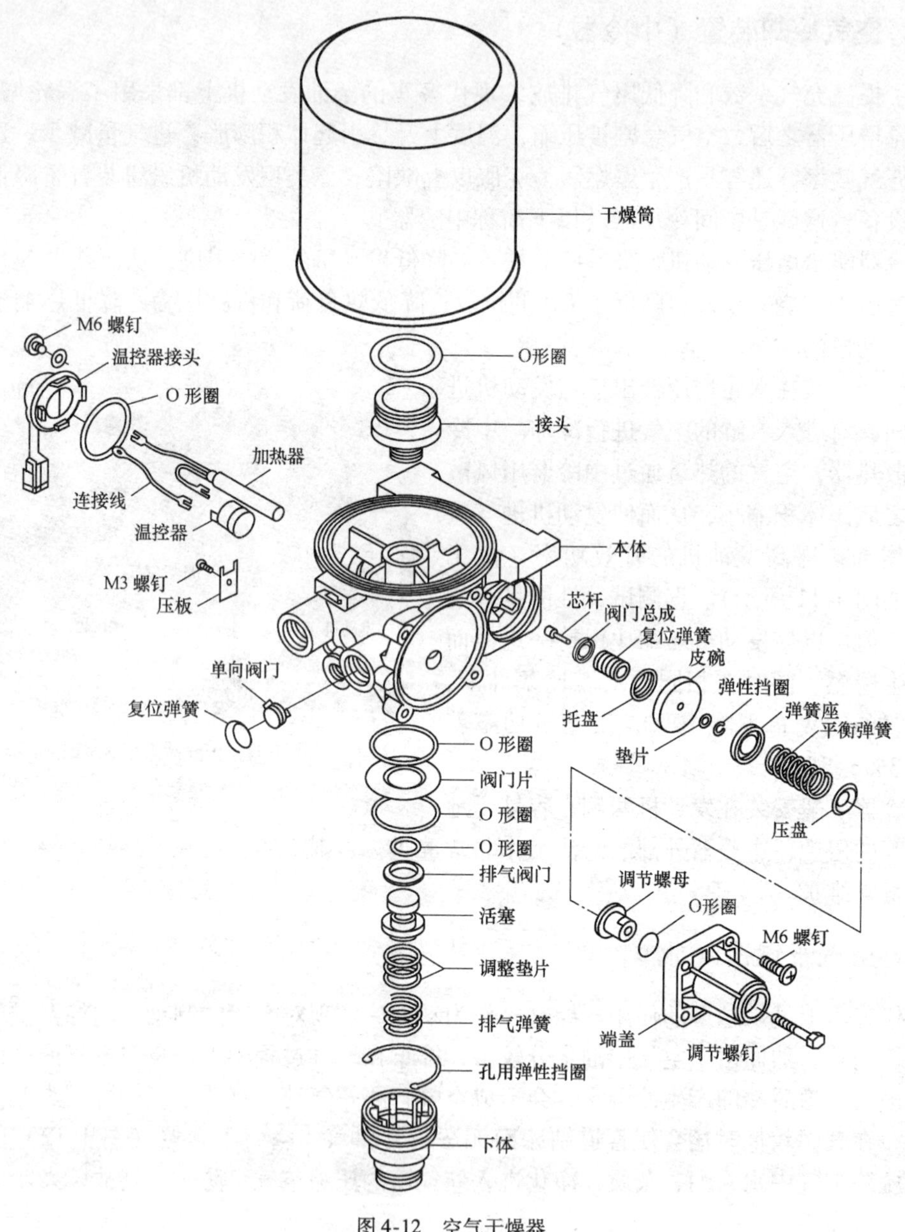

图 4-12 空气干燥器

为更好发挥空气干燥器的使用，应定期检查（5～10d）储气筒内是否有积水，若有积水，则需更换干燥筒。通常不要调整额定工作压力，试车时若压力偏高或偏低，可调节微调螺钉至理想状态。

95. 后置发动机舱自动灭火装置

为了提高客车的主动安全性能，交通行业标准《营运客车类型划分及等级评定》（JT/T 325—2010）8.1.14 条规定：后置发动机舱应装温度报警系统和自动灭火装置。

目前，客车后置发动机舱自动灭火装置大多使用的灭火器为脉冲超细干粉自动灭火装置，具有“快速响应、早期抑制、高效灭火、生态环保”；启动可靠，安全性好，维护方便，造价低特点。适合固定安装在客车发动机舱内，针对性强，舱内一旦起火，自动或人工启动灭火装置，能扑救发动机舱内部火灾，并且不破坏大气臭氧层。

脉冲超细干粉自动灭火装置在客车发动机舱内安装时，由灭火装置、感温热敏线和手动灭火按钮等构成（图 4-13）。

灭火装置由壳体、超细干粉、启动器构成。启动器可以实现热敏线自动启动和灭火按钮手动启动两种方式。

当客车发动机舱内发生火情时，感温热敏线可以迅速感应到火灾信号，并立即传递到灭火装置内的启动器，启动器中的产气剂瞬间产生大量氮气，瞬时高速喷射出超细干粉灭火剂灭火。如果驾乘人员发现火情，此时灭火装置还未启动，也可以立即按下手动灭火按钮，及时灭火。但若客车蓄电池无电或断电，则灭火装置无法通过灭火按钮手动启动。

图 4-13　脉冲超细干粉自动灭火装置实物示意图

为保证自动灭火装置的正常工作，客车驾驶员应经常对灭火装置及其配置组件进行外观检查，灭火装置喷口铝膜应无损伤；确保灭火装置固定无松动，连线无断裂。灭火装置在客车上使用有效期为 4 年或自带压力指示表指针在红色区时，说明有效期已过，一定要及时更换。无火灾发生时，严禁按下灭火按钮。

96. 电子风扇（恒温控制系统）

电子风扇（恒温控制系统），也称电子恒温扇，其作用是精确地控制发动机散热，使发动机维持在一个最佳的温度下工作（保持在 85～95℃），从而使发动机发挥最大的作用。电子恒温扇最大的好处就是根据发动机的外部条件（冷却液温度、空调开关）自动调整风扇转速，使发动机工作在最佳温度，在满足整车散热需求的前提下有效降低风扇功率消耗，最大限度地利用发动机功率，最终达到降低油耗的目的；实现降低燃油消耗、节约能源；降低发动机噪声之目的。

电子恒温扇工作原理（图4-14）不同于常规硅油风扇、温控开关风扇，电子恒温扇通过发动机ECU自动控制、动态调整风扇转速，使柴油机保持90℃冷却液温度恒定，有效降低风扇消耗的功率。

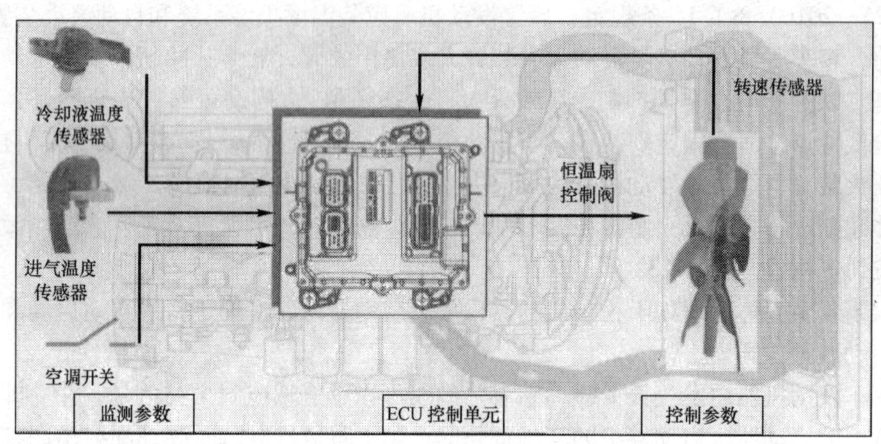

图4-14　电子恒温扇原理图

电子恒温扇根据冷却液温度以及发动机运行工况自动对风扇转速进行控制，不需要进行人为的操作。

(1)冷却液温度临界点为90℃（可使用专业检测电脑刷写ECU进行调整）。冷却液温度低于90℃时，风扇转速（300±100）r/min；冷却液温度高于90℃时，风扇刚性运转。

(2)为保证空调冷却效果，当空调开关打开时，不论冷却液温度是否到达临界点，风扇均刚性运转。

97. 膜片弹簧离合器

离合器是汽车传动系中的重要部件，主要功能是切断和实现发动机对传动系的动力传递，保证汽车平稳起步，保证传动系统换挡时工作平顺以及限制传动系统所承受的最大转矩，防止传动系统过载。

离合器一般分为摩擦离合器、液力耦合器、电磁离合器三种，目前常用的离合器为摩擦离合器，由主动部分（飞轮、离合器盖、压盘）、从动部分（从动盘）、压紧机构（压紧弹簧）和操纵机构（分离叉、分离轴承、离合器踏板、传动部件）等4部分组成。而膜片弹簧离合器（图4-15）是近年来摩擦离合器中运用较广泛的一种，它采用弹簧钢板制成的带有锥度的膜片弹簧作为压紧弹簧。其工作原理为：发动机发出的转矩，通过飞轮及压盘与从动盘接触面的摩擦作用，传给从动盘。当驾驶员踩下离合器踏板时，通过机件的传递，使膜片弹簧大端带动压盘后移，此时从动部分与主动部分分离，从而切断动力传递。

1)膜片弹簧离合器的优点

膜片弹簧离合器技术先进、结构合理具有许多优点：

(1)由于膜片弹簧的轴向尺寸较小而径向尺寸很大，有利于在提高离合器传递转矩能力的情况下减小离合器的轴向尺寸。

(2)膜片弹簧的安装位置对离合器轴的中心线是对称的，因此其压紧力实际上不受离心力的影响，性能稳定、平衡性好。

(3)膜片弹簧本身兼起压紧弹簧和分离杠杆的作用，使离合器结构大为简化，零件数目减少，而且重量轻。

(4)由于膜片弹簧与压盘以整个圆周接触，使压力分布均匀，与摩擦片的接触良好，磨损均匀，也易于实现良好的通风散热等。

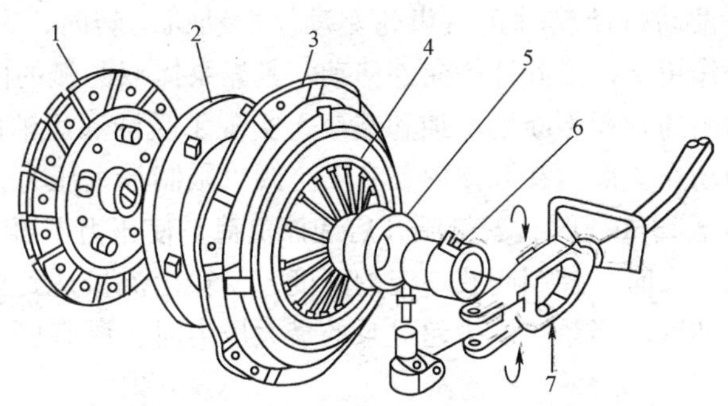

图4-15　膜片弹簧离合器

1-离合器从动盘;2-压盘;3-离合器盖;4-膜片弹簧;5-分离轴承;6-轴承套筒;7-分离叉

2)膜片弹簧离合器结构分类

按分离所指方向的不同，膜片弹簧离合器又可分为推式膜片弹簧离合器（当分离离合器时，分离指内端受力方向指向压盘，膜片的锥顶向后，大端在压盘上，对压盘施加压力）和拉式膜片弹簧离合器（当分离离合器时，分离指内端受力方向离开压盘，膜片的锥顶向前，中部对压盘施加压力)。

3)拉式膜片弹簧离合器的优点

与推式膜片弹簧离合器相比，拉式膜片弹簧离合器具有如下优点：

(1)由于拉式膜片弹簧是以其中部压紧压盘，在压盘大小相同的条件下可使直径相对较大的膜片弹簧，从而实现在不增加分离时的操纵力的前提下，提高压盘的压紧力和传递转矩的能力；或在传递转矩相同的条件下，减小压盘的尺寸。

(2)由于减少或取消了中间支撑，零件数目小，使其结构更加简单、紧凑，重量更轻。

(3)拉式膜片弹簧的杠杆比大于推式膜片弹簧的杠杆比，且中间支承少，减少了摩擦损失，传动效率高，使分离时的操纵力更小。

(4)无论在接合状态或分离状态，拉式结构的膜片弹簧的大端始终与离合器盖支承保持接触，在支承环磨损后，不会产生冲击和噪声。

(5)在接合状态或分离状态下，离合器盖的变形量小、刚度大，使分离效率更高。

(6)使用寿命更长。

因此，目前多数客车都选用拉式膜片弹簧离合器。

98. 转向、离合器和变速器助力装置

1)转向助力系统

为提高客车的操纵方便性与安全性，减小转向盘上的阻力和加快转向盘的转动速度，

提高客车的转向灵敏性和行驶机动性，目前客车上都装有转向助力系统（GB7258 标准中规定转向轴最大设计负荷大于 4000kg 时，应采用转向助力装置）。该系统同时可以提高客车驾驶员操纵转向的舒适性，降低地面对车轮猛烈冲击的振感，驾驶员手感更柔和。

转向助力系统一般由助力转向机、转向叶片泵、油罐、压力油管、回油管和吸油管等元件组成。

转向叶片泵的功能和原理：转向叶片泵是客车转向助力系统的动力源。叶片泵（图 4-16）具有性能好、结构紧凑、噪声低、使用可靠、寿命长等优点。该泵安装在发动机前端正时齿轮室上，由发动机凸轮轴正时齿轮驱动。发动机运转时，带动助力油泵转子转动，叶片在离心力的作用下，沿叶片槽向外移动，紧靠泵体双圆弧的内壁。在转子转动过程中，由于叶片间封闭的容积不断地增加和减小，实现了吸油和压油的过程。转子每转 1 周，完成吸油、压油动作 2 次。在泵体内装有安全阀以限制最大压力，当转向系外部负荷增加，导致油压升高至 13MPa 时，安全阀开启卸掉负荷，使压力不再上升。泵体内还安装有流量控制阀，当泵工作时，控制阀有一定的开度，使输出流量达到规定要求，多余的流量从溢流口流回到进油区。当系统压力超过泵的最大压力时，所有压力油均从溢流口流到进油区。

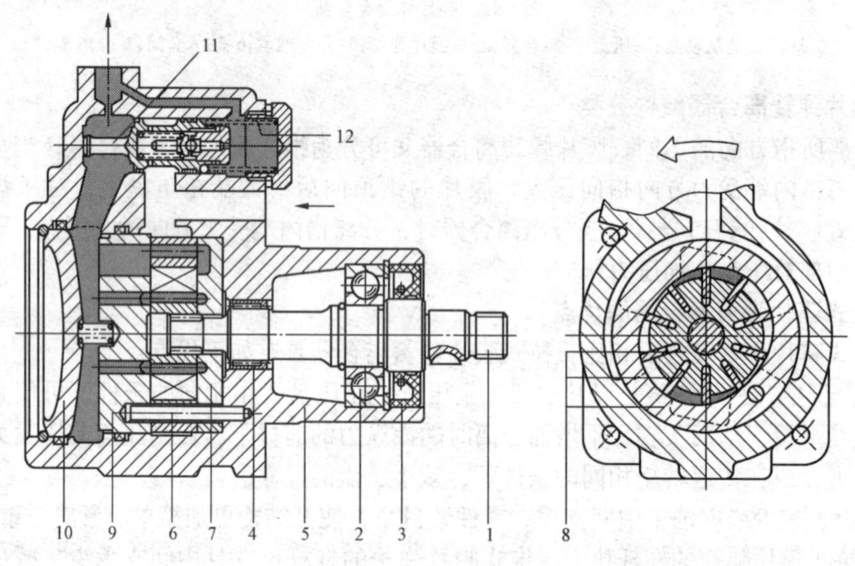

图 4-16　ZF 叶片式液压油泵

1-驱动轴；2-球轴承；3-油封；4-滚针轴承；5-壳体；6-定位销；7-前推盘；8-转子组件；9-后推盘；10-盖；11-阀芯；12-弹簧

发动机转速在 500 ~ 1300r/min 时，随转速升高，油泵的排量随之增大；转速超过 1300r/min 继续增大时，油泵的排量则略有下降。其目的是为了提高转向路感，并在任何时刻提供最大的液压助力，这是利用特别设计的节流口和限流阀来实现的。

驾驶员在使用过程中，应经常检查转向系统（转向机、保护罩、转向泵，油管和接头）有无外泄漏或外在损坏和转向助力油的油位，确保转向助力系统的正常工作。

2) 离合器助力装置

客车在行驶中，离合器的使用十分频繁。随着现代技术的发展，离合器助力装置已经成为客车上必不可少的重要部件。装用助力器不仅可减小离合器踏板力，降低驾驶员的劳动强度，更使变速器换挡变得轻便快捷。

目前，国内后置发动机的客车大多采用液压控制—气动助力的离合器助力装置。它主要由离合器踏板总成、离合器总泵、管路、离合器助力器（也称离合器分泵）等组成。

离合器总泵是连接在离合器踏板并通过油管与离合器助力器连接的部分。作用是采集踏板行程信号通过助力器的作用使离合器实现分离。当驾驶员踩下离合器踏板时，推杆推动离合器总泵活塞使油压增高，制动液通过软管进入离合器助力泵，迫使助力泵拉杆推动分离叉，将分离轴承推向前；当驾驶员松开离合器踏板时，液压解除，分离叉在离合器复位弹簧作用下逐渐退回原位，离合器又处在接合状态。

离合器助力器（图 4-17）的工作原理：驾驶员踩下离合器踏板，制动液在离合器总泵内形成一定的压力后进入离合器助力器，此时液压油在助力器中分两路行进。一路首先进入离合器助力器液压系统，制动液作用在液压活塞上，液压活塞推动推杆总成向前移动。液压活塞上有两个液压活塞皮碗，可以起到较好地防止漏油和密封作用。另一路流向离合器助力器气动助力系统，在液压系统工作的同时，制动液克服复位弹簧 26 的弹力，

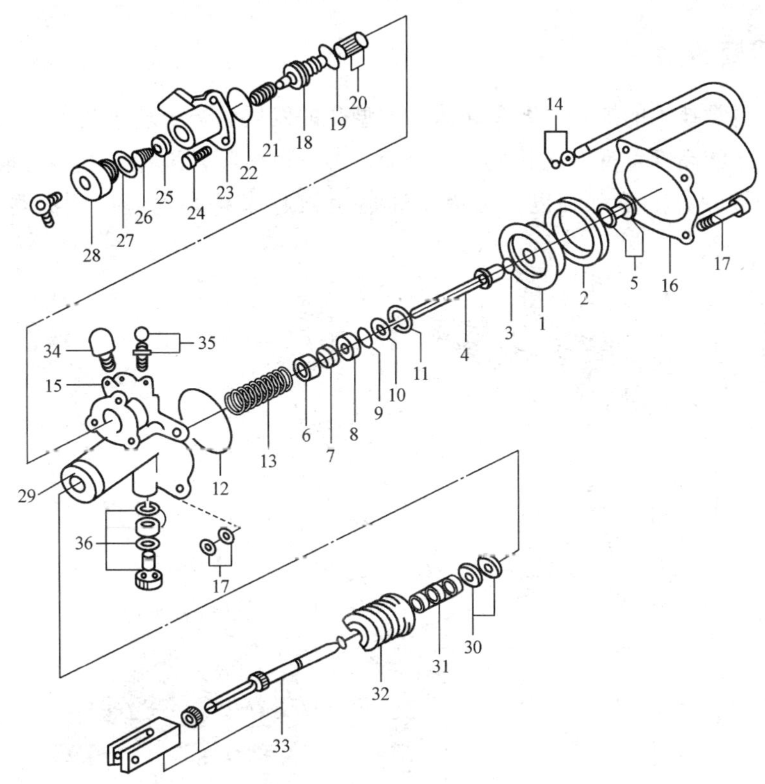

图 4-17　离合器助力器

1-活塞本体;2-活塞皮碗;3-O 形圈;4-推杆总成;5-螺母和弹簧垫圈;6-座圈;7-活塞皮碗;8-座圈总成;9-O 形圈;10-垫圈;11-卡环;12-O 形圈;13-弹簧;14-O 形圈和套筒;15-缸体;16-缸壳总成;17-螺栓、垫圈和螺母;18-气压控制活塞;19-O 形圈;20-活塞皮碗;21-弹簧;22-O 形圈;23-上阀体;24-螺钉;25-提升阀;26-弹簧;27-密封垫;28-插接器;29-弹簧销;30-活塞皮碗;31-液压工作缸活塞;32-护套;33-推杆总成;34-排气罩;35-螺塞及防护帽;36-有眼螺栓、接插器和密封垫

打开提升阀，压缩空气进入动力缸，克服动力缸复位弹簧13的弹力，推动活塞连动推杆总成向前移动，此时，油压、气压合并同时起助力作用。在客车储气筒没有压缩空气的情况下，依靠助力器液压系统也可以单独作用，但操作时比较费力。

3)变速器换挡助力装置

随着现代科学技术的提升，客车高速、大型化的发展趋势，其变速器换挡力大、驾驶员劳动强度高已越来越引起业界人士的高度重视，除了采用同步器换挡来解决换挡时存在的冲击、打齿等现象外，以助力装置来减轻驾驶员的劳动强度，也被各客车制造厂家所应用。

客车安装换挡助力装置，在车辆驾驶时的进挡、换挡过程中，提供有效的气助力，解决了车辆进挡困难、换挡沉重的问题，减轻了驾驶员的劳动强度，从而提高了驾驶的操纵舒适性。如綦江齿轮公司生产的汽车变速器手操纵换挡系统（EPS）。该系统摈弃了换挡手柄与变速器间杆系（或软索）传动件，采用电缆连接、手动—电动—气动换挡。大大简化了远距离换挡的传动结构，既满足了驾驶员的换挡手感，又保证了换挡的轻便、可靠和安全，具有换挡操作电子化、智能化、人性化的优点。

99. 无级变速器

随着现代科学技术的提升，客车高速、大型化的发展趋势，驾驶员劳动强度高已越来越引起业界人士的高度重视，尤其是城市公交，驾驶员需频繁地操作起步、换挡、制动等动作，为减轻驾驶员的劳动强度，无级变速器也被越来越多地应用到大客车上（图4-18）。

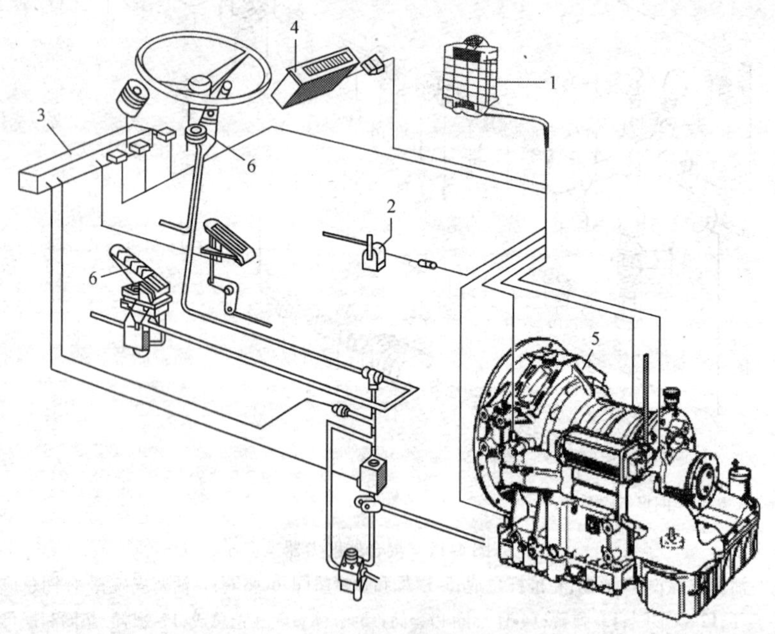

图4-18　无级变速器系统

1-EST 18电控换挡单元;2-负荷传感器;3-车辆电气系统接口;4-按键式挡位选择器;5-自动变速器主箱;6-缓速器控制开关

无级变速器也称自动变速器（图4-19），其特点是：操作使用简单方便，降低了驾驶员的劳动强度；即使在非常恶劣的路况下，也能实现平稳起步。自动换挡程序和平稳换挡特性有效地保护了发动机和整个传动系，提高了行驶安全性和整车性能，并且延长制动系统的寿命，降低使用成本。紧凑的传动比分配，优化的换挡点设置和合理的变矩器限制点，保证了良好的燃油经济性。

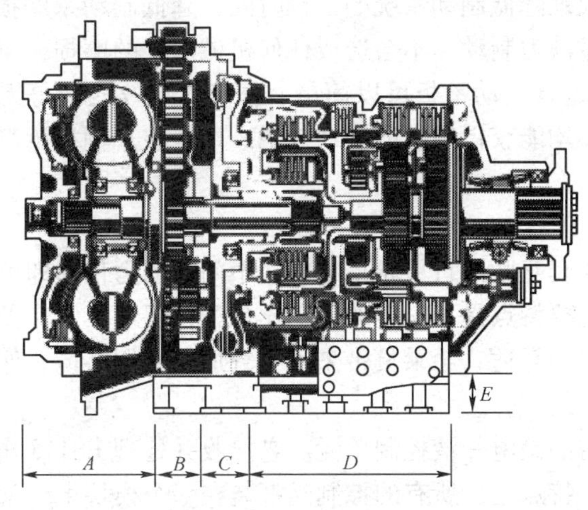

图4-19　自动变速器

A-带锁止离合器的变矩器；*B*-带油泵的供油系；*C*-缓速器；*D*-带旋转离合器和静止制动器的行星轮变速器；*E*-变速器控制模块

其系统自带的自诊断功能，能够存储错误信息，以便维修人员快捷、方便、经济地对系统检查、诊断。另外，系统还带有自动调整负荷传感器（负荷传感器负责收集发动机的负荷信息，并将这些信息传递给EST18电控单元。电控单元能够识别负荷传感器是否被正确的调整，并且能够在设定的范围内自动的补偿变化），在变速器的使用寿命内，能够始终保持良好的换挡舒适性。

无级变速器结构组成如下：

(1)变矩器（图4-20）

液力变矩器利用柔性盘简化与发动机的连接；利用Tri-Lok原理工作的液力变矩器装有导轮和锁止离合器。特点是：变矩器只在起步时的短时间内工作，然后便自动锁止，可有效地提高传动效率。

(2)供油系（图4-21）

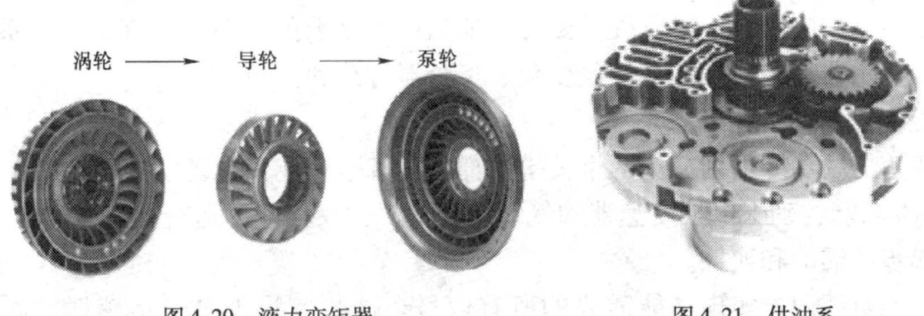

图4-20　液力变矩器　　图4-21　供油系

利用油泵为下列部供油：变速器控制单元、换挡系统、变矩器、缓速器、润滑油路。油液会根据吮吸原理自动回流到变速器油底壳中。特点是：可使液力损耗降至最低。

(3)缓速器

液力缓速器装置在变矩器和行星轮系之间，直接在发动机转速条件下工作。合理的制动力可以在任何挡位上获得。制动力矩可由手柄或与调节阀一体的脚制动踏板控制。

使用该装置能极大地降低制动系统的工作时间，降低制动系磨损和热衰退，提高应对紧急情况的能力。通过液力制动，不会造成任何机械部件的磨损，可以使摩擦衬片的使用寿命提高 2 ~4 倍。通过脚制动踏板可以简单、精确、高效地获得无级变化的制动力。从而达到在任何车速下，均能获得理想的制动效果。即使在车辆接近静止的状态也可以提供无磨损制动。

(4)行星轮

行星轮变速器由 3 套互联的行星轮系组成，不间断动力传递即可实现挡位变换。

行星轮变速器的主要特点是：紧凑的传动比分配，保证了汽车总在最低油耗区域内工作，并始终保持换挡平稳舒适，给乘员带来安全舒适的乘用环境，保护整个传动系。

(5)变速器控制模块

该自动变速器装备的是电—液控制单元。它接收并处理 EST18 电子自动控制单元的信号，来实现换挡操作。特点是：所有的控制阀都装在一个模块上，使控制模块可以方便地被单独测试和更换。

(6)EST 18 电控换挡单元

依靠完美的程序，实现与发动机最优配合，EST 18 是自动变速器的电控“大脑”可以提供舒适的换挡，能够大大延长整车的使用寿命，带来良好的经济效益。

特点是：可变换挡点，压力控制换挡过程，自动调整负荷传感器，自诊断功能，随时向驾驶员提供变速器工作状态的信息，方便与其他电子系统的交流（如 ABS、ASR 等）。

100. 电控变速器

电控机械式自动变速器 AMT（简称电控变速器）是由一个电控气动换挡的常啮合齿轮箱和一个自动控制的离合器组成的组合体。电控变速器即具有自动变速器自动变速的优点，又保留了原手动变速器齿轮传动的效率高、成本低、结构简单、易制造的长处。但要使用电控变速器，客车上首先必须具备发动机电子控制单元和 CAN 总线通信功能。

电控变速器自动控制的离合器（已取消离合器踏板），不需驾驶员干预。其换挡过程由变速器电子控制单元来实现。驾驶员可以选择半自动模式或全自动换挡模式驾驶客车。在半自动模式，通过使用挡位选择器简化了手动换挡。在全自动模式，挡位选择和换挡是由电子控制单元完成的。如果驾驶员愿意，他仍然可以干预换挡。所有需要的系统信息都显示在挡位显示器上，如空挡、挡位变化、离合器过载和诊断信息。

1)电控变速器的功能

电控变速器的功能可划分为两个关键的部分：基本功能和自动换挡程序。

(1)基本功能：确保电控变速器和气动离合器工作在相应的运行/驱动状态。包括：挡位选择、起步、蠕动和换挡。

基本功能包括记录实现功能需要的所有信号。这些信号来自于传感器，如行程传感器、转速传感器、压力传感器和温度传感器，这些传感器安装在变速器上或变速器内。其他的信息由电控变速器控制单元与安装在客车上的电子系统通过 CAN 总线交换获得。

(2) 自动换挡程序：电控变速器只需加速踏板和制动踏板的操作就可以控制客车运行。变速器由变速器控制单元控制实现完全自动换挡。

通过自动换挡程序不仅可降低燃油消耗，而且在频繁换挡中也优化挡位选择。自动换挡程序在电子系统通电（打开点火开关）、起动发动机并且选择前进挡位（D）时启用。一旦驻车制动器释放并且踩下加速踏板，客车就开始起步行驶，换挡全部自动实现。

在行驶过程中，用挡位选择器可以在任意时刻切换手动换挡模式和自动换挡模式。

2) 电控变速器的组成

电控变速器（图 4-22）由变速器 1 和实现自动换挡需要的部件组成。变速器执行器 2 和离合器执行器 3 是集成在变速器上的。另外，其他设备还包括如挡位选择器 4（控制台开关）、显示器 5 和 E 模块 8 等。

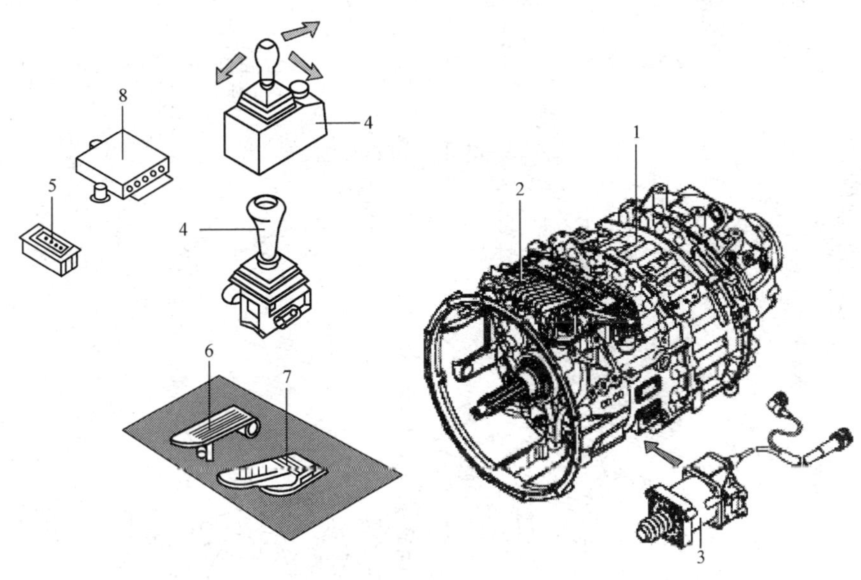

图 4-22　电控变速器系统

1-变速器；2-变速器执行器；3-离合器执行器；4-挡位选择器；5-显示器；6-加速踏板；7-制动踏板；8-ZF E 模块

图 4-23 为 ZF 电控 16 速变速器，其由 4 挡主变速部分（16 速变速器）、半挡变速部分（GV）和安装在后部的高低挡选择（GP）行星齿轮组构成。变速器采用双中间轴设计，这种紧凑和降低重量的设计保证了良好的转矩分布、低齿轮载荷和高传动效率。

图 4-24 为电控变速器换挡系统：其换挡汽缸集成在变速器执行器内部，通过气动方式执行。开环/闭环变速器控制需要的所有功能在变速器执行器中都可以找到。执行器具有机械接口、电气接口和气动接口，它以一种比较节省空间的方式集成在变速器内。电控气动阀控制换挡汽缸和变速器的制动器；气动换挡汽缸驱动变速器内的机械换挡机构。

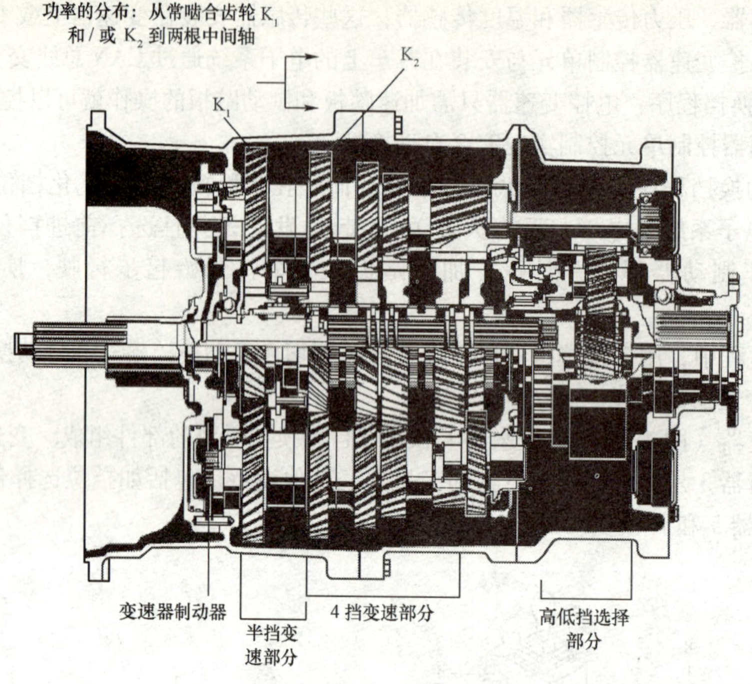

图4-23　ZF电控16速变速器

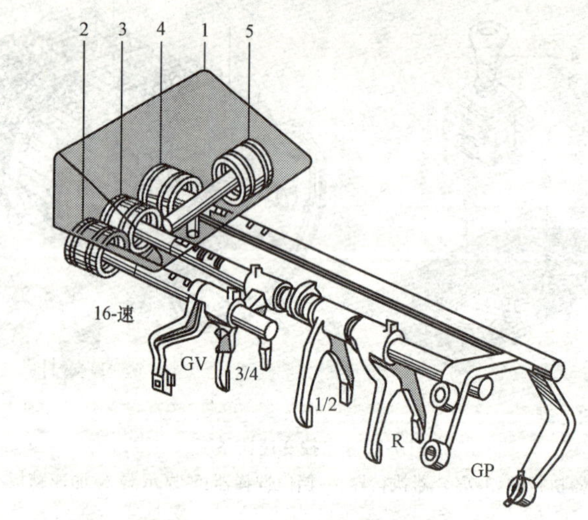

图4-24　电控变速器换挡系统

1-变速器执行器；2-半挡部分换挡汽缸；3-主变速换挡汽缸；4-高低挡部分换挡汽缸；5-主变速选择汽缸

101. 电涡流缓速器

根据交通行业标准《营运客车类型划分及等级评定》（JT/T 325—2010）的规定，中型高二级和大型、特大型各级客车的制动系上必须配置缓速器系统。

电涡流缓速器（图4-25）以其低速大转矩、维修简单、可靠性高等特点，在客车辅助制动配置上得到了较为广泛的运用。

电涡流缓速器的基本原理是通过定子和转子之间的磁场作用达到客车减速的目的。其中定子和客车底盘固定在一起（变速器、后桥、车架），转子通过凸缘和传动轴连接在一起高速旋转。定子中的多组线圈通电后产生巨大的力矩作用在旋转的转盘上，从而使客车减速。

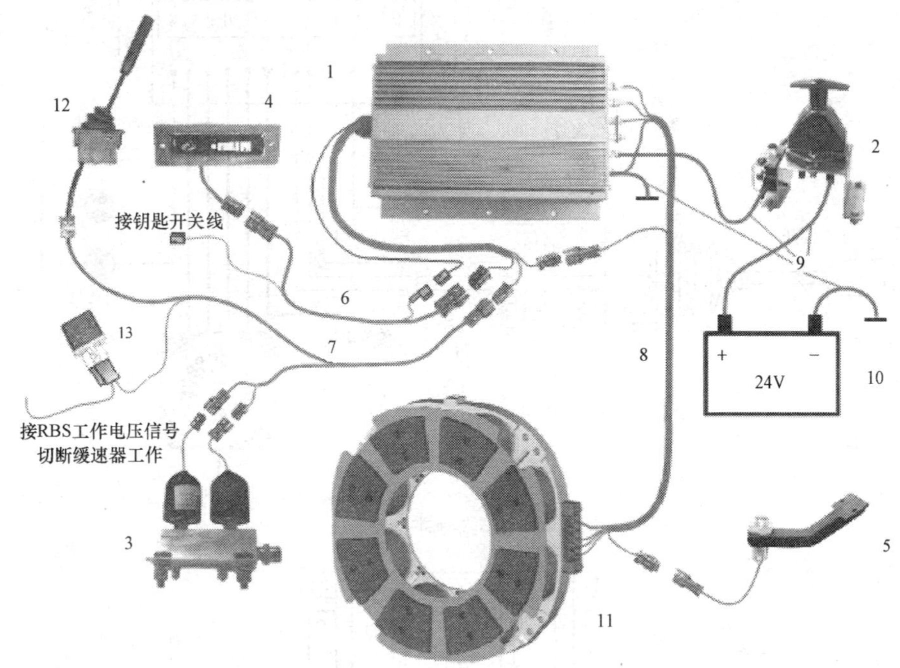

图 4-25　电涡流缓速器系统示意图

1-驱动控制器；2-电源开关总成；3-气压开关总成；4-指示灯总成；5-速度传感器总成；6-指示灯线束总成；7-制动线束总成；8-驱动线束总成；9-电源线束；10-电池组；11-定子总成；12-手柄开关；13-车用继电器

电涡流缓速器能有效缓解由于制动器调整不当或磨损不均所造成的制动跑偏；并能降低制动器温度，减少轮胎过热爆胎现象的发生，提高行驶安全性；改善制动性能、延长制动蹄片及制动鼓的使用寿命，降低客车的使用成本。同时减少制动蹄片中有害粉尘的产生，缓解制动时产生的巨大噪声，提升客车的环保效应。最后启用缓速器，可减少驾驶员的工作疲劳度，制动过程柔和、平稳，提高客车的乘坐舒适性。

1）常见的电涡流缓速器电气控制系统电路图

图 4-26 是电涡流缓速器最基本的电气控制系统，它仅提供给驾驶员一种手动控制方式。当驾驶员扳动手控开关时，继电器盒内的电触点就相应动作，为缓速器定子线圈组通电。

图 4-27 是目前比较常用的缓速器电气控制系统，它除了为驾驶员提供手动控制方式以外，还增加了脚踏板控制方式。当驾驶员扳动手控开关时，继电器盒内的电触点就相应动作，为缓速器定子线圈组通电；同时，当车辆达到一定的行驶速度以上时，驾驶员踩下制动踏板，继电器盒也会对缓速器定子线圈组通电，使缓速器操作更为方便。另外，图 4-28所示的电气控制系统适用于装有 ABS（制动防抱死装置）的客车。

有些客车制造厂在带有 ABS（制动防抱死装置）的车辆上还采用了如图 4-29 所示的缓速器电气控制系统。

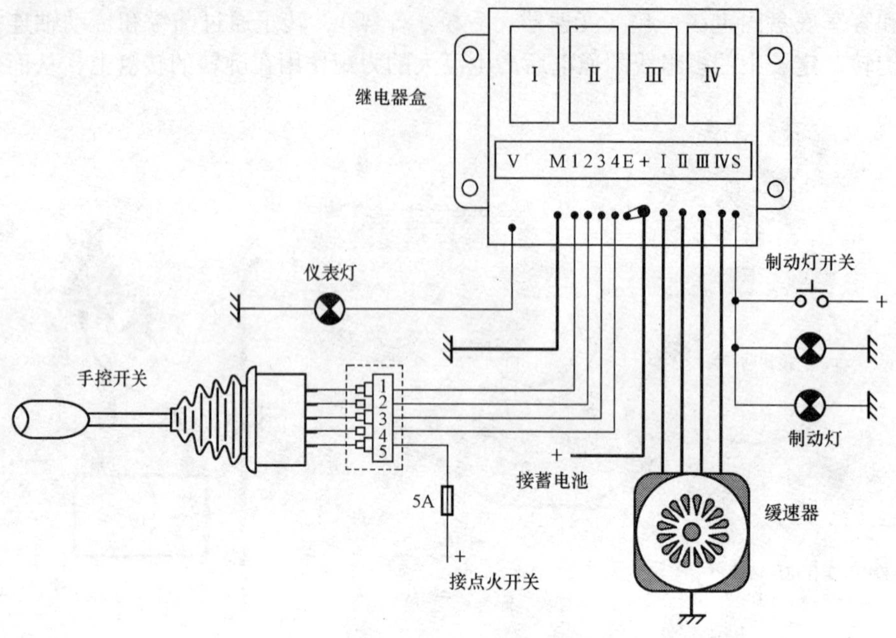

图 4-26 缓速器基本电控系统

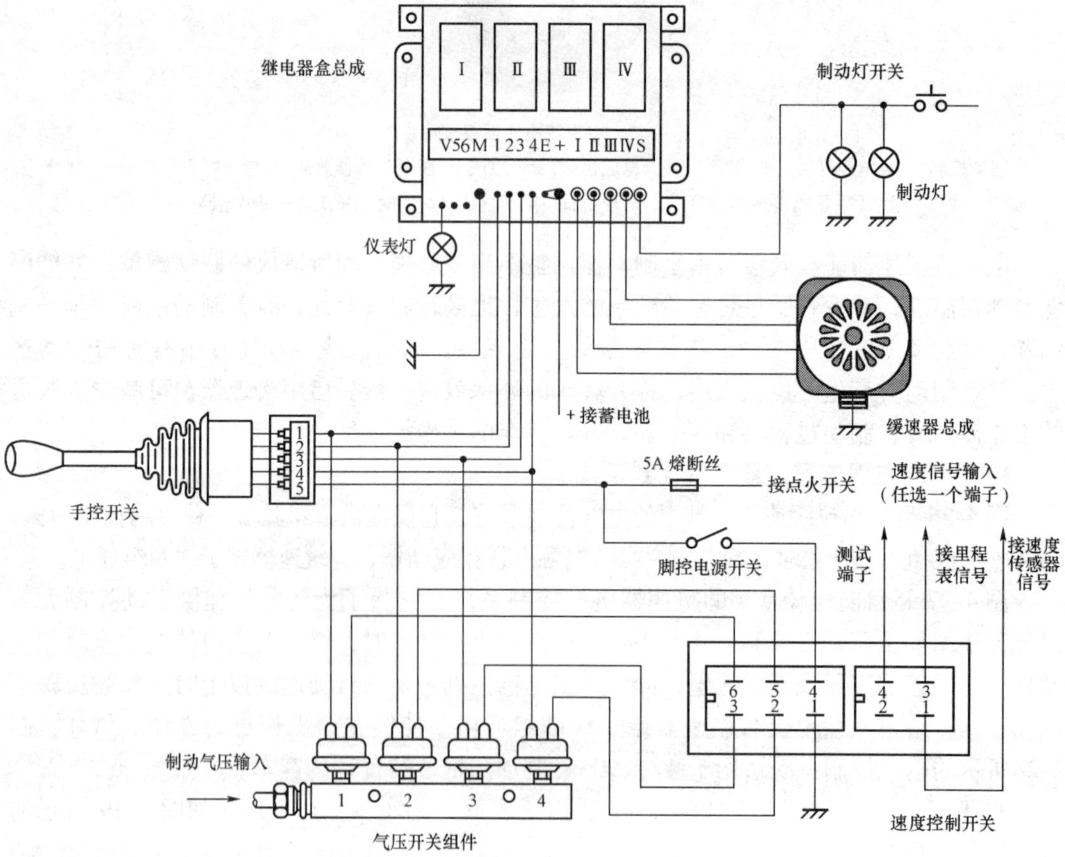

继电器盒总成
I
II
III
IV
V56M 1 2 3 4 E + I II III IV S
制动灯开关
制动灯
仪表灯
+ 接蓄电池
缓速器总成
手控开关
1
2
3
4
5
5A 熔断丝
接点火开关
速度信号输入
（任选一个端子）
脚控电源开关
测试
端子
接里程
表信号
接速度
传感器
信号
6
3
5
2
4
1
4
2
3
1
制动气压输入
1
2
3
4
气压开关组件
速度控制开关

图 4-27 同时带手控和脚控方式的电控系统

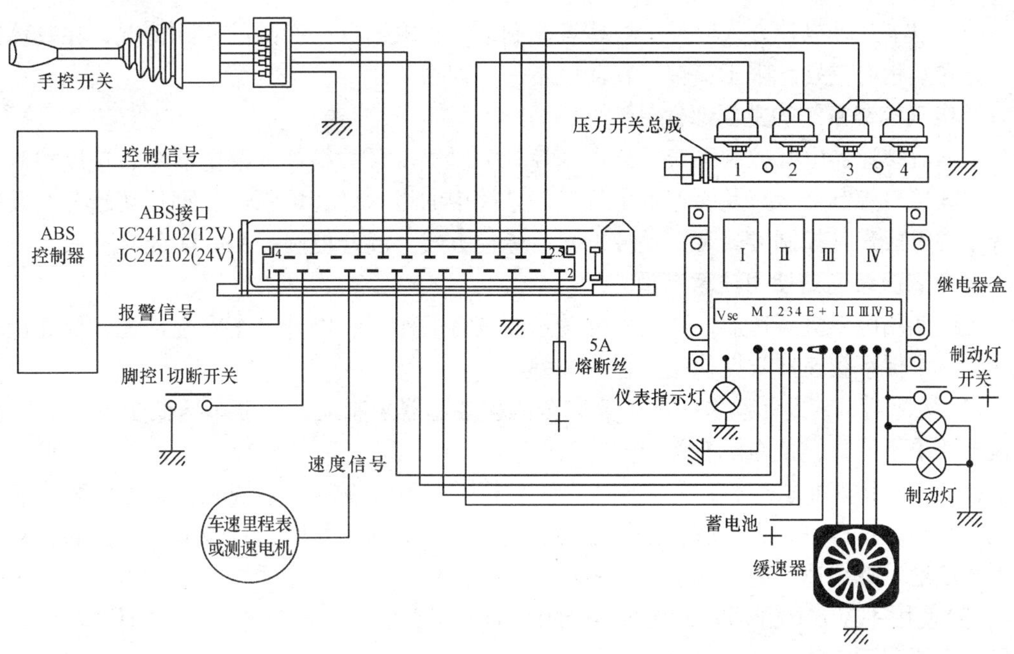

图 4-28　适用于装有 ABS 的客车的缓速器电控系统

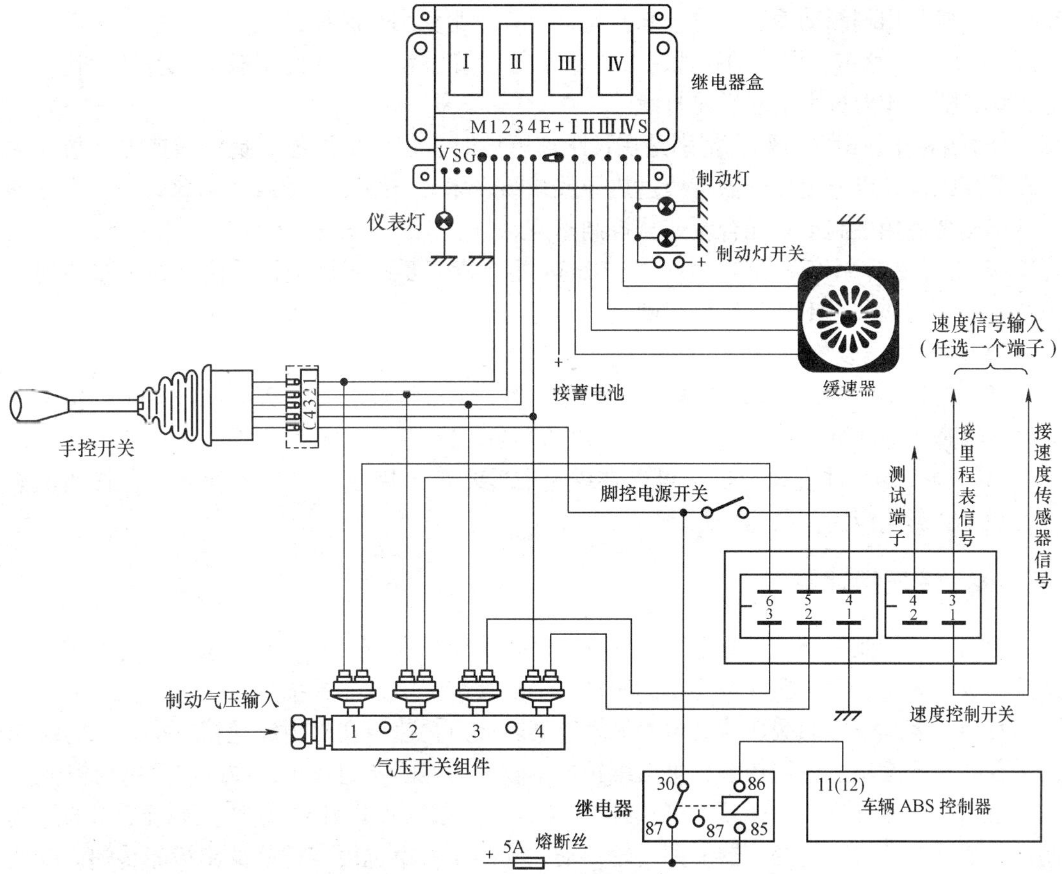

继电器盒

M 1 2 3 4 E + I II III IV S

VSG

制动灯

仪表灯

制动灯开关

缓速器

速度信号输入
（任选一个端子）

接蓄电池

手控开关

C432

脚控电源开关

测试端子

接里程表信号

接速度传感器信号

制动气压输入

气压开关组件

速度控制开关

继电器

30 86 87 87 85

11(12)　车辆 ABS 控制器

5A 熔断丝

图 4-29　适用于装有 ABS 的客车的另一种缓速器电控系统

除了以上几种电控方式以外，有些客车制造厂还根据自己产品的实际情况，在具体的接线方式上稍有差别，限于篇幅，在此就不一一列举了。

2）电气控制系统的主要部件

电涡流缓速器电气控制系统主要由手控开关、气压开关组件、继电器盒、速度控制开关、ABS 接口控制器，以及缓速器电气控制系统中的指示灯、熔断丝、脚控切断开关及线束等零件组成。其控制方式有：手控方式、脚控方式、混合控制、ABS 联合控制。

3）电涡流缓速器使用注意事项

正确使用电涡流缓速器，既是发挥缓速器应有的作用、提升客车安全性能、提高运输效率，又是保证缓速器长期稳定工作的关键。

（1）缓速器是辅助制动系统，不能完全依靠缓速器来制动，一般车速低于 10km/h 时，缓速器效果不明显，甚至没有效果。

（2）在使用脚动方式控制缓速器时，缓速器要先于常规制动系统工作。因此要注意尽量轻踩制动，这样可以大大减轻常规制动器负荷，避免制动器磨损过快或温度过高，从而最大限度地发挥缓速器的效能。

（3）使用手控方式升挡时，在每两个挡位间要稍有停顿，不应连续从低挡位拉到高挡，使用完后要回到空挡。

（4）对于有预见性的制动，如到站、高速公路上进收费站等，可以使用手控方式使客车减速，然后用脚制动使客车停下来，这样能有效避免蹄片磨损过快。

（5）客车在冰雪、泥泞的路段时，由于车轮附着力较差，在使用时不能升挡太快，以免因缓速器作用力过大引起后轮打滑。

（6）当客车在山区行驶，特别是在长距离下坡时，切记不能连续地将缓速器手控开关放在最高挡位，以避免缓速器持续过热导致线圈烧坏。当路面较陡或遇到急弯时，根据路面状况交替使用主制动来配合缓速器控制车速。

（7）建议在计划停车前 3～4km 或 10min 处，请不要使用缓速器。使其在停车前得到充分散热，避免散热不良，烧坏线圈。

（8）当缓速器发生故障时，注意关闭缓速器电源总开关。

（9）缓速器停止使用时，仪表板上的缓速器工作指示灯应当熄灭，如该指示灯持续点亮，应检查排除故障。

（10）避免用水冲洗缓速器，可以在缓速器冷却后，用压缩空气清除灰尘，长期不清洗，积尘会影响缓速器散热。

102. 液压缓速器

根据交通行业标准《营运客车类型划分及等级评定》（JT/T 325—2010）的规定，中型高二级和大型、特大型各级客车的制动系上必须配置缓速器系统。

目前，客车采用的缓速器分电涡流缓速器、液力缓速器和磁力缓速器三类。磁力缓速器主要在日本客车上应用较多，虽然维护成本较低，但因转矩较小，在国内采用的较少。

液力缓速器（图 4-30）是一种结构紧凑，功率强大的以流体动力学原理工作的连续制动的辅助制动器。由变速器的副齿轮驱动，其制动力矩也由变速器的副齿轮传递。变速器副齿轮的传动比使得液力缓速器在低转速范围内达到高的制动力矩。即使变速器换挡时，液力缓速器的制动力矩也能得到保持。液力缓速器是利用发动机的冷却系统进行散热，散热效率高，制动功率大，缓速过程无高温，制动热稳定性能好，没热衰退现象。同制动力矩的液力缓速器和电涡流缓速器比较，质量是电涡流缓速器的1/3左右，有利于整车配重及节油。控制功能是由电控气的比例阀实现，过程平稳，驾乘更舒适。

液力缓速器的不足之处主要是：制动力矩初期上升较慢；同一种力矩规格，液力缓速器的采购成本较高；而且其结构复杂，可维修性较差，维修工作量较大，需专业技术人员方可维修，其备件成本较高等。

总而言之，由于液力缓速器具有以安全为主的技术优点，因此在欧洲市场广为应用。随着我国客运市场对安全技术水平要求的逐步升级和客车业的竞争与发展，液力缓速器在我国将得到越来越广泛的应用，有利地促进和改善国内的道路交通安全状况。

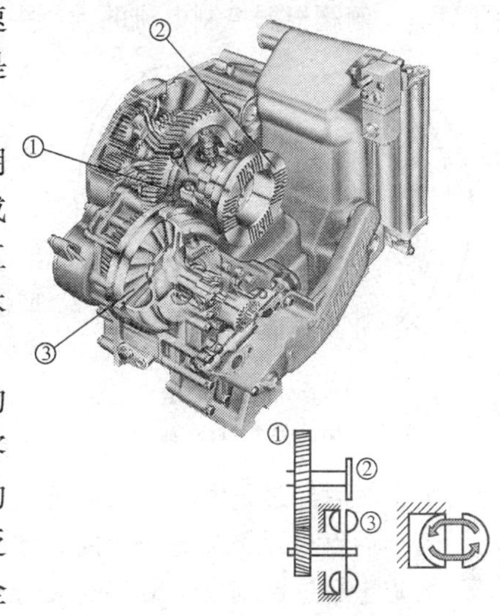

图4-30 ZF液力缓速器

液力缓速器（图4-31）的控制介质一般是压缩空气，压缩空气来自车辆辅助设备的储气罐。

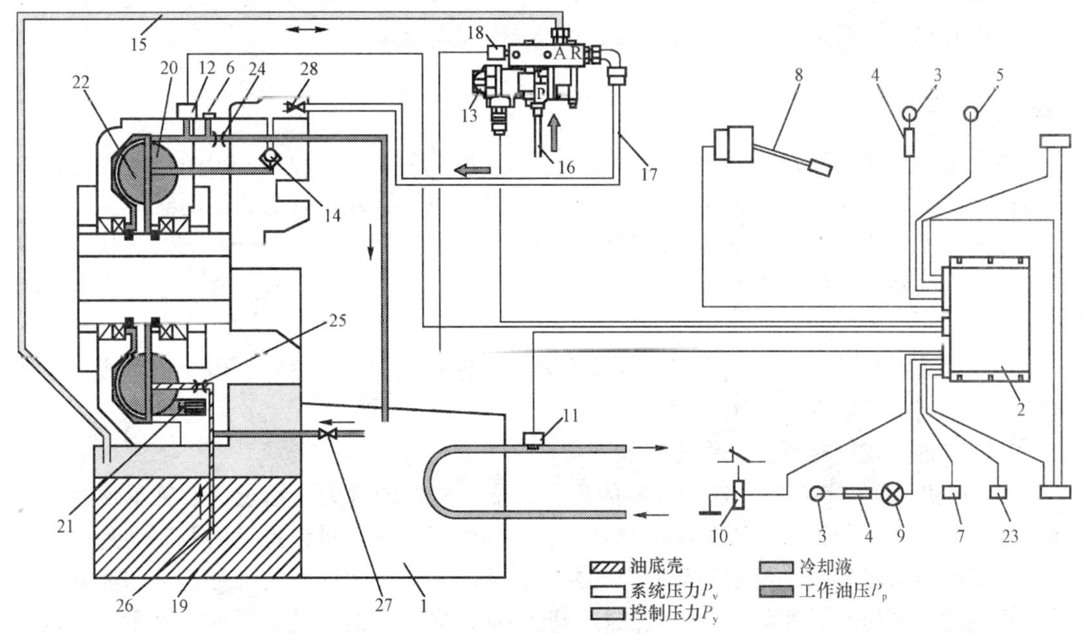

图4-31 液力缓速器原理图

1-热交换器；2-控制盒；3-接线脚15；4-熔断丝（5A）；5-接地；6-油压检测接头；7-ABS信号；8-缓速器手柄开关；9-缓速器指示灯；10-制动灯继电器；11-冷却液温度感器；12-油温传感器；13-比例阀；14-排气口；15-压缩空气管控制气压 P_y“A”；16-系统气压管 P_v“p”；17. 排气管路“R”；18-压力传感器；19-油池；20-定轮；21-扰流柱；22-动轮；23-车速表信号；24-出油节流阀；25-进油节流阀；26-进油管；27-单向阀（不锈钢换热器）；28-单向阀（排气口盖）

液力缓速器的工作原理如下：

当缓速开关16接通时，一个输出信号送到控制盒2，控制盒提供一个控制电流给比例阀21。比例阀根据控制电流的大小提供一个恒定气压P_y到油池中。在油池中这个恒定气压P_y再根据运行条件（传动轴转速），压入一定量的油进入动轮46和定轮44之间的工作腔。动轮与传动轴连接，定轮与缓速器壳体连接静止不动。动轮转动供油运动，在动轮和定轮之间形成闭路循环。通过定轮的油会给动轮反作用力使动轮减速，车辆也就随着减速，这就形成了缓速的功能（图4-32）。

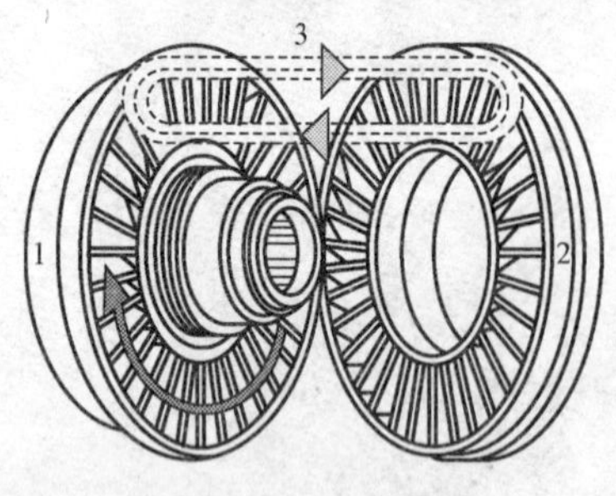

图4-32　液力原理图
1-动轮46；2-定轮44；3-油流

在缓速中车辆的动能转变成了热量。为了散热，部分循环中的油由动轮泵入热交换器，经充油管路再循环工作。在热交换器中，油和车辆冷却系统的冷却水进行热交换，然后经过车辆的散热器将热量散到大气中。

若车辆点火开关接通，会接通脉冲润滑，以润滑缓速器的轴承。

为防止超过控制盒中给定的最高水温、油温和保护汽车冷却装置，液力缓速器会相应缩减液力缓速器制动力矩，限制控制压力P_y。制动力矩和累积的热量会一直缩减，直到在累积的制动热能和通过汽车冷却系统可散发的热量之间达到平衡。若超过温度限制范围则不会产生制动力矩。

当温度限制发挥作用或液力缓速器失灵时，汽车速度需用脚制动器调节。此外控制盒在油温度升得过快时（与实际油温无关）会将制动力矩回调。

103. 盘式制动器

根据交通行业标准《营运客车类型划分及等级评定》（JT/T325—2010）的规定，中小型高一、二级和大型、特大型各级客车的前桥制动系统必须配置盘式制动器。

盘式制动器作为一种新型的制动部件，与传统的鼓式制动器比较，具有散热快、制动效果稳定、热稳定性好、重量轻、构造简单、维修方便等优势，正被越来越多的客车厂家所选用。

现在客车配置的多数是气压双推盘浮钳式盘式制动器（图4-33），由卡钳总成、钳体支架、摩擦衬片总成等几个主要部分组成。

气压双推盘式制动器的工作原理如下：

(1)制动过程：制动时，制动气室的推杆，推动杠杆的推力，通过偏心轴承传递到连接件上，并由此一分为二，通过两侧螺纹管，推动带套推盘，最终推动内侧制动片向制动盘方向移动。随着制动片与制动盘间隙的减小，浮动的钳体向内侧制动片运动的反方向移动，将制动力传递到了外侧制动片。这样两侧制动片对转动的制动盘形成了夹紧力，这个夹紧力对车轮产生制动力，从而使客车制动。

(2)制动解除：制动气室中的空气压力释放后，两个复位弹簧推动连接件和杠杆回到初始位置，保证了两侧制动片与制动盘之间的转动间隙。

(3)制动器间隙的调整（自动）：为保证制动片与制动盘之间的转动间隙保持不变，盘式制动器装备了自身磨损很小的自动调整机构。由于调整器与杠杆的机械连接，所以每

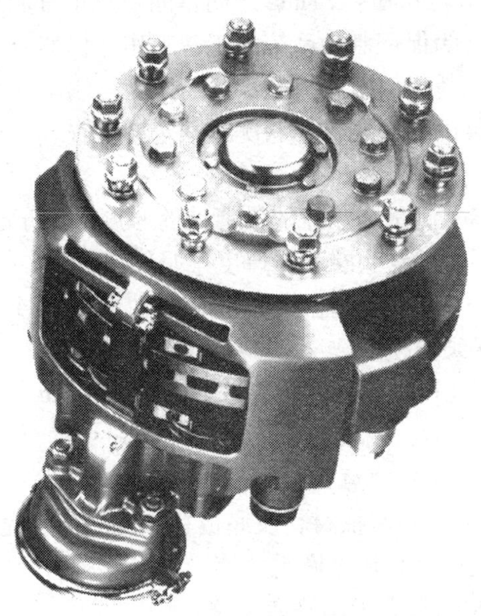

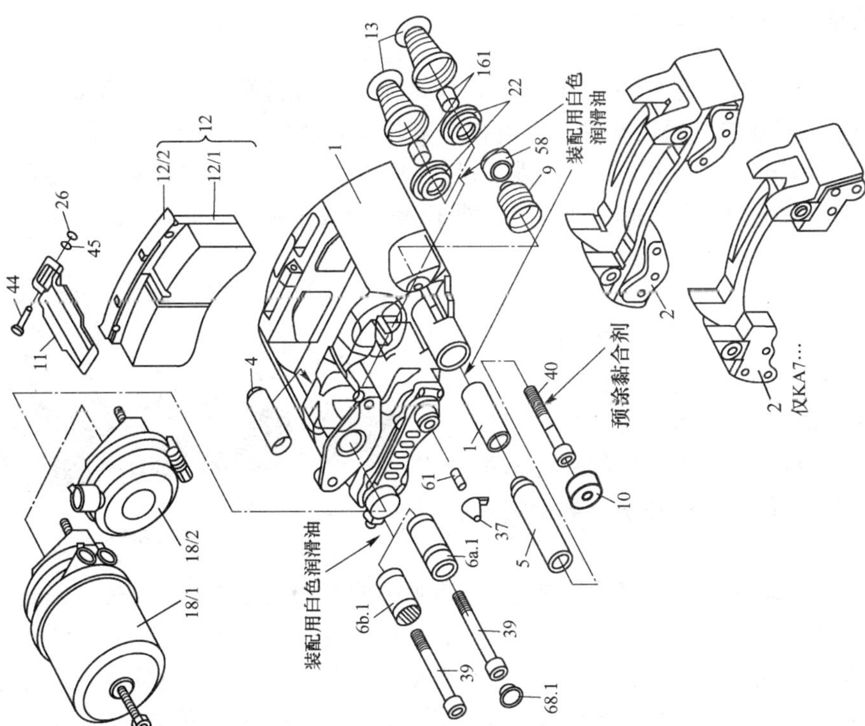

图4-33　盘式制动器及实物图

次制动时，调整器都将工作。随着制动片的磨损，制动片与制动盘的转动间隙增大，在制动过程中调整器和旋转装置相对转动，使螺纹管前进的距离等于必须补偿的磨损量。总间隙（制动盘两侧的间隙之和）应在0.6～1.1mm之间，间隙过小可能导致摩擦件过热。

尽管使用了长寿命的材料，为保证制动系统的正常工作，仍然有必要定期检查制动系统的某些零件。根据客车的不同使用情况，对制动片的厚度、制动片与制动盘之间的转动间隙，钢帽、调整器帽和密封件的安装和使用状况必须定期检查（一般每30000km或3个月检查一次）。

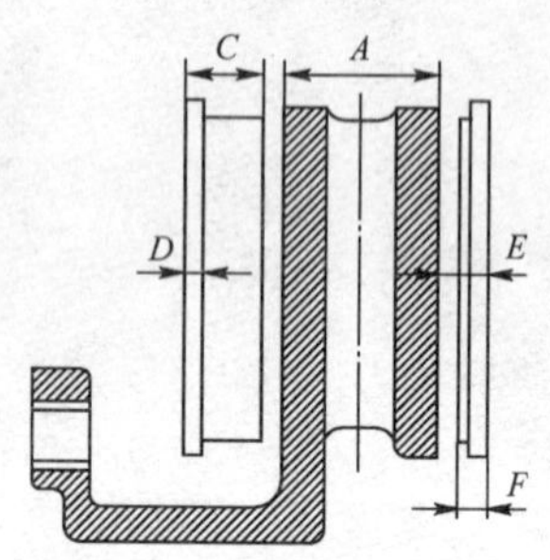

图4-34　ZF制动盘、片测量示意图

测量制动盘的最薄处的厚度，由于会有毛边，故应避免在制动盘边缘测量厚度（见图4-34）。

A：制动盘厚度。ZF制动器新盘45mm，磨损后37mm，必须更换。

C：制动片总厚度（新片）为30mm；

D：底板为9mm；

E：摩擦材料的最小厚度为2mm；

F：摩擦材料及底板总厚度的最小允许值为11mm，小于该尺寸必须更换制动片。

每次更换制动片时需检查制动盘有无沟槽和裂纹。

104. EVB排气制动系统

排气制动系统EVB（Exhaust Valve Brake）是辅助制动装置，包括蝶形阀排气制动装置（图4-35）和控制排气门运动的执行机构及电气控制部分等。它以传统的蝶形阀排气辅助制动装置为基础，可以进一步提高发动机的制动效率。EVB系统的主要作用是在客车需要减速时增加由发动机产生的制动力矩，使车辆持续减速或稳定车辆速度，有效提高车辆的控制性能，可以保证车辆在山区下坡路上的行驶安全性，降低制动系统的使用频率，减轻制动系统的磨损程度，延长制动蹄片的使用寿命。另外，在雨后或冰雪路面遇有紧急情况时使用EVB系统，可以防止客车因减速过快而造成的车辆侧滑现象。使用排气制动虽然不能将车辆紧急制停，但可以达到使车辆稳定减速的目的。

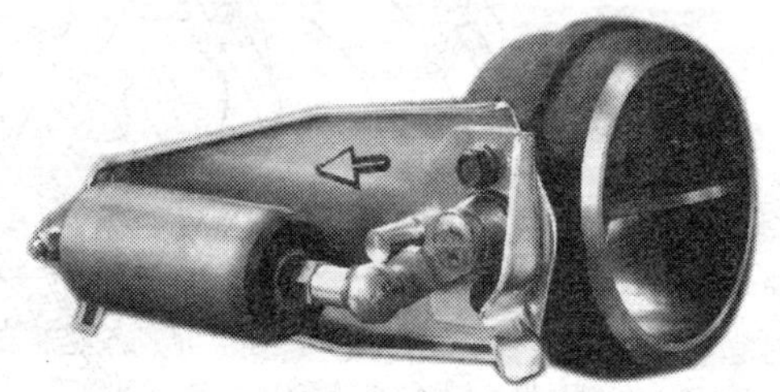
图4-35　排气制动蝶形阀

传统的排气制动装置是采用蝶形阀关闭排气通道的方法，使活塞在排气行程时受到气体的反压力，阻止发动机运转而产生制动作用，达到控制车速的目的。EVB系统所采用的工作原理是利用排气门在制动过程中被压力波自动打开的现象，通过电控发动机电子控制单元控制电磁阀，实现排气门在发动机制动过程中，在压缩冲程以及随后的膨胀冲程中，始终保持打开一个空隙来提高发动机的制动效率。

采用EVB排气制动系统后，客车下长坡时，行车制动的作用次数和作用时间显著减少，可以降低车轮制动器机件的磨损，同时也减轻驾驶员制动过程中的疲劳。与传统的排气制动装置相比，采用辅助制动系统后，发动机制动效率可提高约40%～50%。与其他类

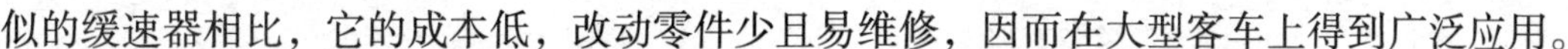

似的缓速器相比，它的成本低，改动零件少且易维修，因而在大型客车上得到广泛应用。

105. ABS 汽车防抱死制动系统

根据交通行业标准《营运客车类型划分及等级评定》（JT/T 325—2010）的规定，中小型高一、二级和大型、特大型各级客车上必须配置 ABS 系统。

汽车的制动性能，主要从三个方面评价：

(1)制动效能。即制动距离与制动减速度。

(2)制动效能的恒定性。即抗热衰退或抗水衰退的性能。

(3)制动时汽车方向的稳定性。即制动时汽车不能跑偏、侧滑及失去转向性能的能力。汽车防抱死制动系统 ABS（Anti-lock braking system）的应用，能有效地提高汽车的制动性能。

ABS 系统是在制动期间监视和控制车辆速度的电子控制系统。它的功能是防止由于制动力过大出现的车轮抱死现象（尤其是在光滑的路面上），从而使得即使全制动也能维持横向牵引力，保证驾驶的稳定性和车辆的转向控制性以及制动协调性的最佳效果。同时保证了轮胎和路面之间的制动摩擦力，在紧急制动时也保持了车辆方向的可操纵性；缩短和优化了制动距离，大大提高车辆的主动安全性；减少了轮胎磨损，降低运行成本。

1) ABS 系统工作原理及布置

(1) ABS 系统的工作原理

齿圈与传感器配合产生感应电压信号，传输到电子控制单元（ECU），ECU 接收并处理来自传感器的电信号，并发送信号到电磁阀，电磁阀根据 ECU 发送的指令对制动气室的制动压力进行调节。ABS 指示灯用来提醒驾驶员 ABS 系统工作是否正常。

(2) ABS 系统的布置

取决于应用车辆的不同和对控制要求的差异，WABCO D 型 ABS 有多种变型。取决于 ECU 安装位置差异，有驾驶室安装版本和车架安装版本。目前在国内应用的全部是驾驶室安装版本。按照传感器和电磁阀的数量不同及 ECU 是否带有 ASR 功能，分为基本型和全功能型。常见的配置有：基本型 ECU 主要的配置为 4S/3M（图 4-36）和 4S/4M（图 4-37）。全功能 ECU 是在制动防抱功能基础上增加了防驱动轮打滑（ASR）功能。它的主要配置为 6S/4M（图 4-38）和 6S/6M（图 4-39）。

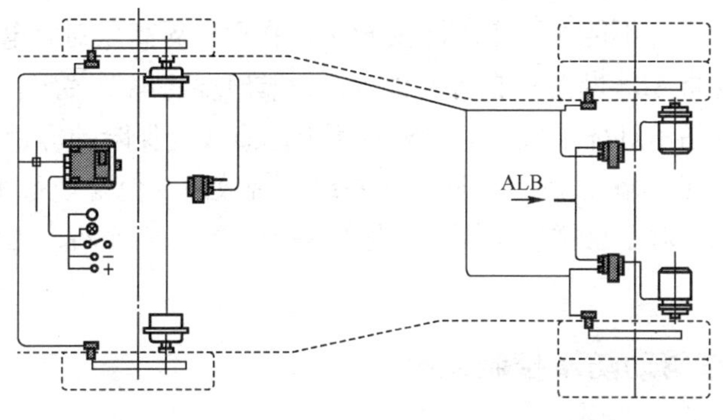

图 4-36 4S/3M（4 个传感器和 3 个电磁阀）

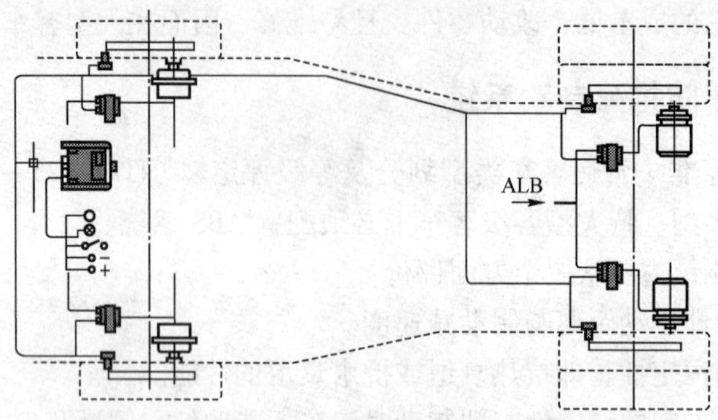

图 4-37　4S/4M（4 个传感器和 4 个电磁阀）

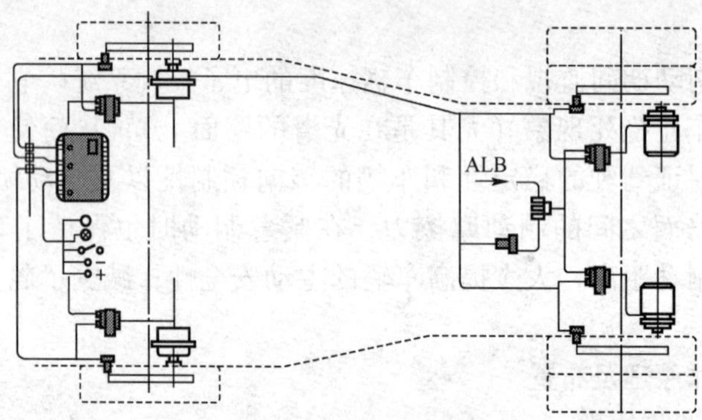

图 4-38　6S/4M（6 个传感器和 4 个电磁阀）

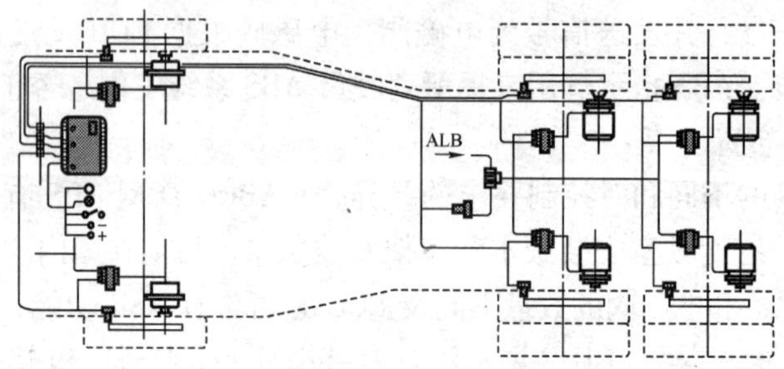

图 4-39　6S/6M（6 个传感器和 6 个电磁阀）

2）ABS 的使用注意事项

严禁用水冲刷 ECU；不能用万用表测量 ECU；在用外界高压对蓄电池充电或在车辆上进行焊接操作时，要将 ABS 断开；在各部件进行拆装时要将电源关闭；经常检查发电机的电压是否稳定；ABS 指示灯坏了应及时更换；不能随意改变保险的容量。

如果车辆行驶期间 ABS 灯亮，说明 ABS 系统出现故障，但常规行车制动仍然起作用，仍可以安全驾驶车辆。对于这样的车辆，应尽快去指定维修厂诊断、维修，使 ABS 系统功能恢复正常。

106. ASR 汽车驱动防滑控制系统

汽车驱动防滑控制系统 ASR（Anti-Slip Regulation）也叫自动牵引力控制系统（TCS），

是一套与 ABS 系统一起对打滑的驱动轮进行控制的系统，是对 ABS 系统的有力补充，使 ABS 功能更加完善。其作用是在车辆起动和加速时，根据路面和轮速情况控制驱动轮的附着能力，防止驱动轮打滑，将轮胎磨损减少到最小限度，提高汽车的操纵稳定性和动力性。

1) ASR 的控制方式

(1) 桥控：实施差速控制。如果驱动轮在不同附着系数的路面上，在车速小于35km/h时，通过对打滑的驱动轮实施制动，降低滑移率，提高驱动力。

(2) 发动机控制：在车速大于 35km/h 或两侧驱动轮均在光滑路面上时，通过控制发动机转速和最大驱动扭矩。控制驱动轮转速，从而降低滑移率，提高驱动力，保证转向操纵性。

2) ASR 系统使用注意事项

(1) ASR 系统在整个转速范围内协同 ABS 一起工作，若 ABS 发生故障则 ASR 也不起作用。

(2) 整车必须装配规格相同的轮胎，若车轮滚动半径不同，则 ASR 系统会起作用，而导致车辆在行驶中降低发动机功率。

(3) ASR 只是在一定范围内起作用，它起作用的范围不能超越车辆的物理极限，最好的办法是平稳驾驶，尽量不要出现车轮打滑的危险现象。一旦发现 ASR 在工作，一定要减小供油。

(4) 在车轮安装防滑链或者车辆在深雪或松软路面上行驶时，一定要关闭 ASR 系统。

107. 自动间隙调整臂

制动自动间隙调整臂（图 4-40）是对制动系统因制动片磨损而形成间隙的一种间隙补偿工具。先旋转调节螺栓保证制动鼓（盘）与制动蹄片之间必要的间隙，然后在踏下制动踏板或放开制动踏板时，使整个间隙调整臂作为杠杆与制动凸轮轴一起旋转，这时蜗轮

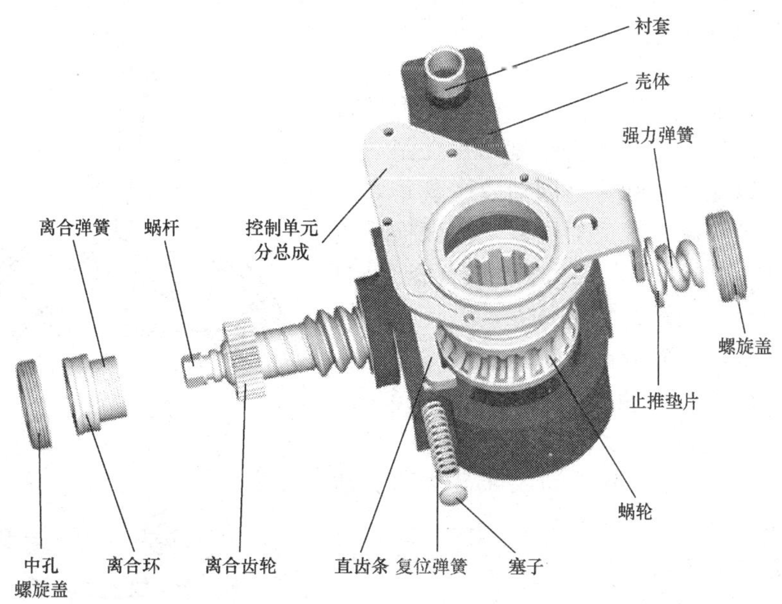

图 4-40　制动自动间隙调整臂

和凸轮轴使凸轮旋转并使制动蹄张开，凸轮的运动迫使制动蹄块与制动鼓（盘）压紧，制动片与制动鼓（盘）之间的摩擦使转动的车轮停下。当松开制动踏板时，制动蹄块复位弹簧使制动蹄块复位，调整臂在气室释放下回到初始状态，这样由于制动片磨损形成间隙就消除了，制动鼓（盘）与制动蹄块之间的间隙恢复到恰当的数值。

制动自动间隙调整臂能自动保持制动片和制动鼓（盘）之间间隙的恒定，从而使制动安全可靠。该系统制动分泵推杆行程缩短，制动迅速有效；可减少压缩空气的损耗，延长空压机、制动分泵和气压系统中其他部件的使用寿命；使所有车轮的制动效果一致、稳定。

自动调整臂的工作原理如下：

图 4-41　调整臂实物图

制动间隙自动调整臂（以下简称调整臂，如图 4-41 所示）外观尺寸与原调整臂基本相同，在原调整臂基础上增加了一套控制单元，通过控制单元预先设定客车行车的正常间隙。内部在原调整臂增设一套弹性感知机构即单向离合器总成和弹性模块。当正常制动时，控制单元相对调整臂转动，即控制盘上缺口推动直齿条并转动单向离合器，此时单向离合器呈打滑状态，即齿轮相对离合弹簧转动，同时凸轮轴推动制动蹄直到摩擦片与制动鼓（盘）接触为止（间隙角度（C）），凸轮轴扭力迅速上升，蜗杆受力后轴向窜动并压缩强力弹簧，此时离合器总成与蜗杆锥形齿分离。凸轮轴扭力迅速上升，制动鼓（盘）、制动片以及制动泵与制动部件产生弹性变形角度（E），当间隙超量时，控制盘继续上移，直至转动完整个单向离合器总成（超量间隙角度（C_e））。在间隙超量下制动释放时，凸轮轴扭力下降，使强力弹簧推动蜗杆左移，此时蜗杆锥面齿与单向离合环接合。控制盘相对调整臂下移，此时因两离合器接合，由直齿条带动蜗杆旋转，同时蜗轮带动凸轮轴旋转，从而完成一次自动补偿过程。并消除了因制动系统弹性变形而带来的弹性误差，精确记录下行车制动片在制动过程的磨损量，以保证制动片与制动鼓（盘）之间正常的固定间隙。调整臂只对因制动片磨损增加的超量间隙（C_e）起作用，而由制动鼓（盘）、制动片以及制动泵与制动系统部件在动力传递中的弹性变形（C），不会影响自动调整过程。

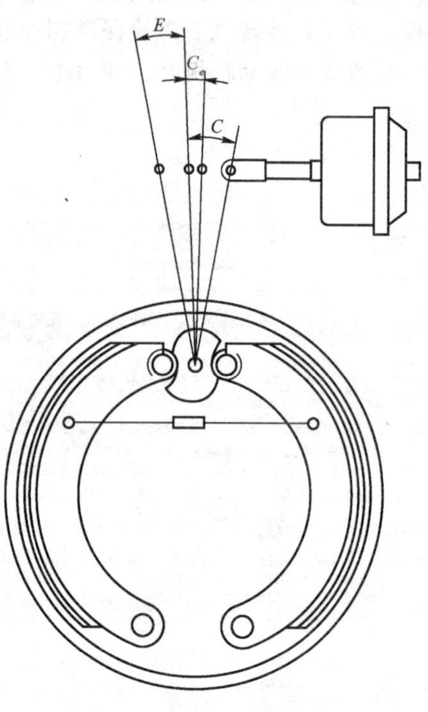

图 4-42　调整臂角行程示意图

制动时，调整臂的角行程可划分为三部分，如图 4-42 所示。

间隙角度（C）对应着制动鼓（盘）和制动片间的正常间隙。

超量间隙角度（C_e）是由于制动片磨损而增加的间隙。

弹性变形角度（E）对应着由制动鼓（盘）、

制动片以及制动分泵和制动系统其他部件在动力传递中出现的弹性变形。

如果制动间隙过大，或由于修理而使调节臂位置移动，那么必须反复多次制动，以把调节臂调整到正常位置。当然，也可以手动调整，按顺时针方向旋转蜗杆的六角头部。

调整臂只对因制动片磨损而增加的超量间隙（C_e）起作用。在每一个工作循环过程中，所能调节的超量间隙值取决于齿轮的转率。而对应于制动鼓（鼓盘）、制动片和S凸轮轴等的弹性组成（E）不会影响自动调整过程。因此，调整臂在制动片和制动鼓（盘）间提供了恒定正确的间隙。

自动间隙调整臂的最大优点在于调整是在力矩最小的制动即将结束时进行，从而保证安全可靠，工作寿命长。

108. 德国 ZF 车桥

德国 ZF 车桥以其质量可靠、制动性能优越、维修方便而著称，已在青年、安凯、北方、宇通等高档客车上广泛应用，深受运输企业的青睐。车轮毂和车轮制动器是客车车桥的主要部件，制动器是客车的主动安全部件，其性能状况不仅关系行车安全，而且是发挥客车动力性、经济性和舒适性的重要条件。

1) 德国 ZF A132 后桥（图 4-43）**轴头维护技术规范：**

(1) 支起后桥，卸下轮胎，拆出半轴。

(2) 松开驻车制动，检查轴头轴向间隙，若超出 0.1mm 需更换轴承。

(3) 拉紧驻车制动，解除保险片，用专用工具拆出锁紧螺母、保险片和调整螺母。

(4) 松开制动盘固定螺栓，取下轴头总成。

(5) 取出轴承中间卡环，取出内油封，拿出内轴承，用木槌敲出外轴承。

图 4-43　ZF A132 后桥

(6) 清洁全部零件。

(7) 轴承加满润滑脂（轴承内腔 80g，轴承外腔各 20g）。

(8) 把轴承装入轴头用卡环固定好，并用手拉一拉轴承，确保卡环到位。

(9) 用专用工具把内外油封分别装入轴头。

(10) 装入轴承 O 形圈，注意给 O 形圈抹少许润滑脂。

(11) 安装制动盘，注意对准制动盘的固定螺栓孔。

(12) 按顺序拧紧制动盘固定螺栓，该螺栓拧紧力矩为 300N · m。

(13) 拧紧调整螺母，该螺母拧紧力矩为 850 N · m。注意拧紧调整螺母过程中，应边紧固边转动轮毂。

(14) 锁紧外螺母，拧紧力矩为 1200 N · m。

(15) 安装半轴，螺栓拧紧力矩为 440 N · m。

注意事项：

(1) 应使用专用工具拆装，以确保维修质量，避免损坏零部件。

(2) 外油封唇口向外。

(3)当已达到锁紧螺母的拧紧力矩但保险片无法锁上时，可以再拧紧螺母直到能锁上保险片为止，不可倒松过后再上保险片。

(4)内螺母倒锥面应朝外，外螺母（锁紧螺母）锥面朝内。

(5)润滑脂必须用 PENOLIT—LX-PEP2（DFA）、PARAGON—EP2-LE2。

(6)轴承型号为 803750B，内轴承带 O 形圈。

(7)内油封号为 81. 96503. 0333，外油封号为 06. 56289. 0387。

(8)紧固调整螺母时一边紧一边转动轴头，确保轴承正位。

(9)油脂所需量为每个轮毂 130g（最多 150g）。

维护周期：当车辆行驶 250000km 或 2 年或更换制动盘时必须维护并更换润滑油脂。

2)德国 ZF 前桥轮毂 RL85、RL85A（图 4-44）、**RL85E、RL93A 维护技术规范：**

图 4-44　ZF RL85A 前桥

(1)车辆停在平地上，支起前桥，拆掉前轮。

(2)拧下 8 号内六角螺栓，取下端盖。

(3)用拉力器测出转动时拉力，数值为 20 ~ 40N · m 之间，此数据作为安装时的参考数据。

(4)松开夹紧螺母上的内六角螺栓，拧下夹紧螺母，取下支撑锁定垫片。

(5)松开夹紧螺母，取下外轴承。

(6)拆下轮毂。

(7)检查油封，如损坏，则取下 O 形圈，将内轴承连同油封一起敲出轮毂孔。如油封未损坏，就可以不拆卸内轴承及油封（注：油封拆下过就必须更换新件）。

(8)用油清洗轴承等零部件。

(9)油封内圈涂上少许润滑脂，装到内轴承上。用乐泰胶 574 号涂油封外圈，油封侧面保持干净。

(10)滚动轴承各加入美孚 Mobil（X）HP222 NLGI-2 级锂基润滑脂 60g，其中注油空间加入 80g。在 O 形圈上轻微涂少许润滑脂装到轴承内圈上。

(11)用专用工具（专用工具号：5870. 048. 120）将内轴承与油封安装到位。

(12)将轮毂装回。

(13)用尼龙棒将外轴承轻轻敲回，装回锁定垫片，旋上夹紧螺母。参考拆卸时测得的数据，调整夹紧螺母，使转动力矩在 10 ~ 20N · m 之间，拧紧夹紧螺母，使转动力矩约为 30N · m。

(14)用乐泰胶 574 涂端盖，端盖螺栓用防松胶乐泰胶 262，将端盖装上，力矩为25N · m。

(15)先用 200N · m 的拧紧力矩紧固螺母，再用 300N · m 的拧紧力矩拧紧。

注意事项：

(1)必须使用专用工具。

(2)当车辆行驶了 90000km 后，必须打开端盖转动并摇动轮毂检查轴承（间隙）及润滑脂使用情况，若发现异常立即拆检维护。

(3)当车辆行驶了250000km或者2年（先到为准）后，必须更换油脂。

(4)油脂所需量为：

在每个轮毂轴承（图4-45）中加入60g，在注油空间加入约80g润滑脂。其中润滑脂的规格为Mobil（X）HP222 NLGI-2级锂基润滑脂，相当于于ZF油品单中的TE-ML12。

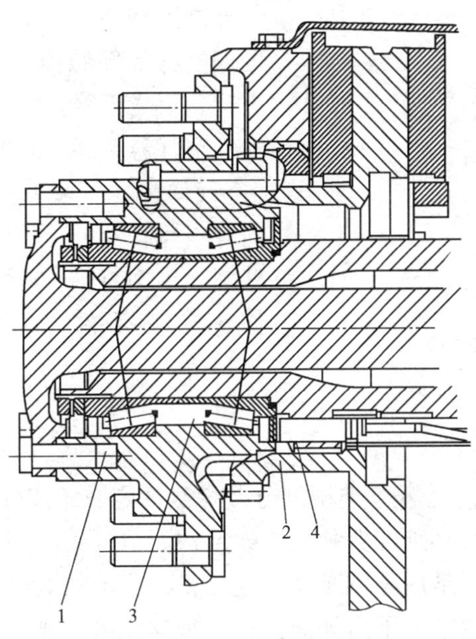

图4-45　ZF A132后桥轮毂轴承

1-外轴封;2-内轴封;3-轴承组件的卡簧;4-O形圈

109. 空气悬架

客车悬架是前、后车桥与车身或大梁之间的连接部件。其主要作用为：

(1)将车桥连接在车身上，用于力的传递。

(2)缓冲地面对车身、车身对地面之间的振动，衰减冲击力，保护汽车部件。同时，使车辆运行平稳，提高旅客乘坐的舒适性。

随着科技的发展，汽车技术的进步，客车悬架连接经历了从最初的钢板悬架，到四气囊空气悬架，到现在豪华客车普遍使用的六气囊空气悬架。交通行业标准《营运客车类型划分及等级评定》（JT/T 325—2010）中规定，中型高二级，大型、特大型高一、高二级客车必须配置全气囊悬架结构；大型、特大型高三级客车配置前独立后气囊悬架结构。

空气（气囊）悬架结构，是利用空气弹簧中空气的可压缩性，并通过气囊中的气压根据客车载荷和道路条件的变化而自动调节。空气在压缩中，吸收能力强，减振性能高，减振效果好，所以不论满载还是空载，整车高度没有变化。从而降低了客车的自振频率，增加了乘客的舒适性；振动减小，又能有效保护整车各部机件，延长客车使用寿命。在路面较差的情况下，一般空气悬架比钢板弹簧悬架的吸振效果好50%以上，在俯仰摆动时，空气悬架减振效果更加明显。

高挡客车前桥有两个空气悬架气囊，左右各一个；驱动桥有4个空气悬架气囊，左右各两个；随动桥有两个空气悬架气囊，左右各一个。具有升降功能的车辆，当车身需要升降时，可用仪表台上的车身升降开关来控制。空气弹簧悬架的车辆运行后，车辆停放在水平的地面上，如果出现左右高低不平现象，需对气囊高度调整。如图4-46所示，松开调平阀高度调整杆下部螺栓，若向上移动调整杆则气囊上升，反之下降。

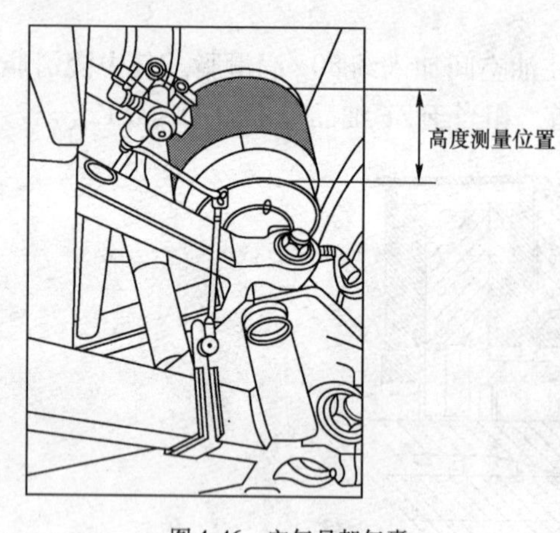

图4-46　空气悬架气囊

空气悬架系统的主要元件有：弹性元件（空气弹簧（气囊）、减振器）、导向元件（导向臂（均衡梁））、约束元件（安装支架、扭力杠杆、推力杆），紧固元件（高强度自锁紧固件、控制元件（压力保护阀、高度控制阀）等。

110. 独立悬架结构

根据交通行业标准《营运客车类型划分及等级评定》（JT/T 325—2010）的规定，大型、特大型高三级客车前桥必须配置独立悬架结构。

独立悬架的左右车轮不是用整体车桥相连接，而是单独地通过弹性悬架悬挂在车架或车身下面的，每个车轮能独立上下运动而无相互影响。当一侧车轮受冲击，其运动不直接影响到另一侧车轮，从而减小车身的倾斜和振动，提高客车乘客的舒适性。采用独立悬架的车桥做成断开式，系统结构重量轻，减少了车身受到的冲击，提高了车轮的地面附着力。其车轮接地性、行驶平顺性和操纵稳定性都优于非独立悬架。

不过，由于独立悬架存在着结构复杂、成本高，前轮定位的检查、测量、调整不便。因此，目前在金华青年、安徽凯斯鲍尔、北方尼奥普兰等豪华客车上有较多的使用。

双横臂独立悬架结构如图4-47所示，其结构特点为：

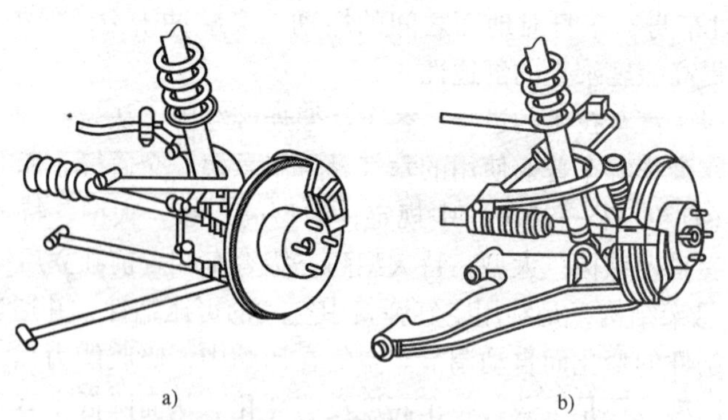

图4-47　双横臂独立悬架

双横臂独立悬架的弹性元件都是空气弹簧，最大轴荷一般为70000kN；其上下两摆臂不等长，下横臂较长，而且横臂的铰接点跨距很大，以抵抗较大的纵向力。选择合适的长度比例，可使车轮和主销的角度及轮距变化不大。双横臂的臂有做成A字形或V字形，V

形臂的上下两个V形摆臂以一定的距离，分别安装在车轮上，另一端安装在车架上。由于双横臂上臂比下臂短，当汽车车轮上下运动时，上臂比下臂运动弧度小。这将使轮胎上部轻微地内外移动，而底部影响很小。这种结构有利于减少轮胎磨损，提高汽车行驶平顺性和方向稳定性。

111. 底盘自动滑润装置

底盘自动润滑装置（图4-48）是为了满足和保证车辆的日常维护而设计的一项新技术，它是一种适合各种客车的全自动（定时、定量）强制性润滑系统，可以按设计要求均匀并自动地向底盘上的润滑点添加适量的润滑脂，从而保证客车底盘上的各摩擦副始终保持良好润滑，达到延长使用寿命，提高车辆运营效率的目的。同时底盘自动滑润装置可简化底盘维护程序，大大减轻修理工的作业量，缩短维修时间、节省修理费用。

底盘自动润滑系统一般由集中润滑泵（带油箱）、定量分配器、压力传感器、主油管路、分油管路、接头附件、程控器等部件组成。工作时，集中润滑泵向系统主油管路提供3.8MPa压力的润滑脂，当润滑脂进入到定量分配器的定量室时，就被定量地储存起来。当注入分配器中的润滑脂的压力被降到1.3MPa时，集中润滑泵停止工作，该储存的定量油脂在强烈弹簧的作用下被压送到底盘各摩擦点，从而完成了一个工作循环。

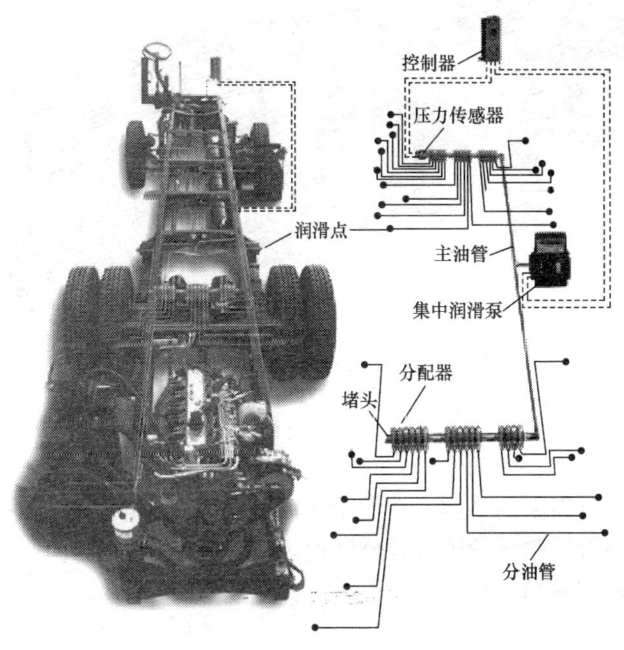

图4-48　宁波三浪底盘自动润滑系统

112. 客车的全承载车身结构

根据交通行业标准《营运客车类型划分及等级评定》（JT/T 325—2010）的规定，大型、特大型高二及以上级客车均要求配置全承载式车身结构。

全承载式车身结构（图4-49）无大梁，业界形象地称为“鸟笼结构”，以前一直是一种应用于飞机制造业的整体化框架结构技术。传统的客车在受到撞击时底盘会移位，而由于全承载客车的无底盘结构，使其在受力时能将其迅速分解到车身各处，不至发生底盘移位的致命事故，使客车在行驶中能够很好地抵御外来撞击。同时全承载客车抗扭曲的钢件设施强度也是其他普通客车的3~6倍，这种车身结构不仅可减小客车的质量，降低油耗，保持客车行驶中的平稳性，也可降低地板高度，整车重心降低，提高了客车防侧翻的稳定性；降低地板后旅客上、下车更加方便，且增加了车内乘坐空间；车架结构便于整车设计布置；舒适性好、噪声低。由于使用全承载车身，车身及底架的所有连接部分都是焊接而成的，形成了一个整体，没有相对运动，不会发出噪声，相对于其他形式的车身就少了许多噪声源。

总之采用全承载结构，使客车的行车更加具有敏捷性、平稳性、舒适性和安全性，再加上其低地板设计、人性化配置、低排放、环保化、乘客空间大等优势，也造就了全承载客车独一无二的产品优势。

目前国际最先进的全承载车身制造技术来自于德国，我国全承载客车技术从1993年引进。业内人士认为，全承载客车技术的引进，是我国豪华客车发展的一个重要的里程碑，使我国客车从传统的客车制造技术中彻底摆脱，同时也使我国客车的安全性有了新的发展，全承载技术现已成为我国高级客车等级评比的重要条件。

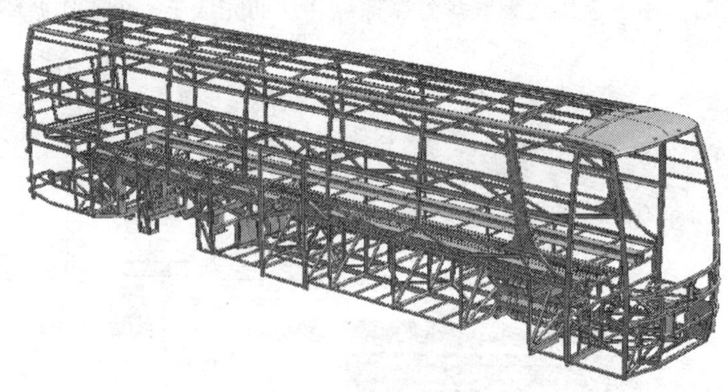

图4-49　客车全承载结构骨架

113. 子午线轮胎

子午线轮胎是一种新型的结构，它的胎体帘布层帘线的排列像地球子午线一样，故而得名。其内部结构与普通斜交轮胎有本质区别。

1) 子午线轮胎的结构特点

(1)帘线层

帘线层是轮胎的骨架，其作用是承受轮胎内部的压力。子午胎与斜交胎帘线的区别见表4-4。

子午线轮胎与斜交胎结构比较如图4-50所示。

(2)带束层

子午胎帘线呈子午线方向排列，层数少，胎体圆周方向强度很小，为此由带束层来箍紧胎体，保证了轮胎圆周方向的刚性，带束层是子午胎胎面与胎体帘线层之间的缓冲层，起缓冲和保持轮胎圆周方向刚性的作用。

子午胎和斜交胎帘线层的区别　　表 4-4

	帘线排列	帘线材料	帘线层数	受力情况
子午胎	帘线交角为 0°，帘线层排列像地球的子午线方向	钢丝，承受力大，使其强度得到充分利用	胎体帘线 1 层，带束层帘线 3～4 层	带束层承受 60%～70% 轮胎负荷
斜交胎	帘线斜线交错排列，各层之间和车轮中心线成 52°～54°夹角	棉线或尼龙线	6～12 层（外胎上标注的层级是相当于棉线帘布层的层数，不是实际帘布层数）	帘线层承受 80%～90% 的负荷

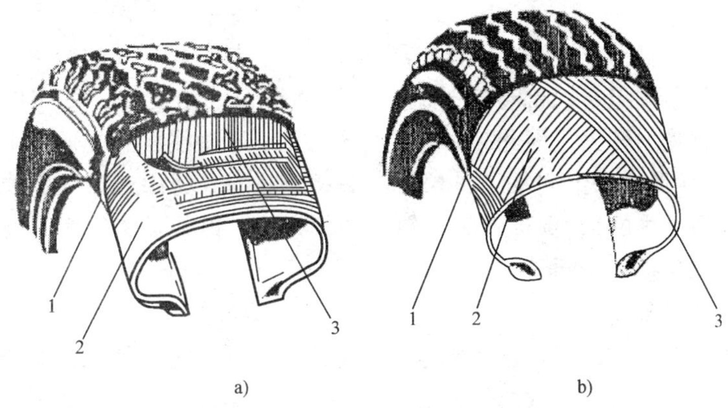

图 4-50　子午线轮胎和普通斜交轮胎结构的比较
a) 子午线轮胎；b) 普通斜交轮胎
1-外胎面；2-胎体；3-缓冲层(带束层)

斜交胎没有带束层，但有缓冲层起缓冲作用，并防止汽车在紧急制动时胎面与帘线层脱离。

(3) 胎侧

胎侧的作用是保护胎体帘布层免受刺伤。子午胎帘布层少，带束层坚固使胎冠刚性大，胎侧薄而软。而斜交胎的帘布层按斜线排列，层数多，因此从胎冠到胎侧的柔软度是均匀的，胎侧比子午胎厚而硬。在侧向力的作用下，子午胎胎侧变形大，胎冠的接触面积基本不变（图 4-51a）。而斜交胎的胎侧变形小，但使整个轮胎发生倾斜，结果使轮胎胎冠的接地面积减少（图 4-51b）。可见，在承受侧向力时子午胎具有明显的优越性。

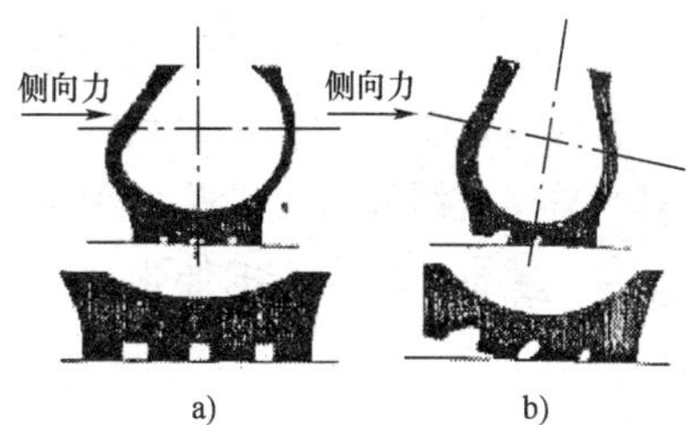

图 4-51　子午线轮胎和普通斜交轮胎在承受侧向力时的变形状况
a) 子午线轮胎；b) 普通斜交轮胎

(4) 胎面

胎面是轮胎与地面接触的部分，起着传递牵引力、制动力和保护胎体的作用。子午胎由于胎体帘布层数少，胎面在行驶时升温底，胎冠的行驶面较斜交胎宽，胎冠弧度比较平坦，具有较大的接触面积，接地压力分布均匀，明显地提高了胎面的耐磨性能。

从表4-5中可知，子午胎行驶面宽比尼龙斜交胎要宽3%～4%，而胎冠弧高却降低20%。这是因斜交胎受结构、层级、骨架材料等制约，特别是受力不合理，周向边形大，胎面与路面的滑移比子午胎大，使其在磨耗性能上大大逊色于子午胎。

同规格不同结构材料轮胎的行驶面宽度和胎冠弧高的对比 表4-5

规　格	骨架材料	行驶面宽（mm）	胎冠弧高（mm）
斜交胎9.00-20	棉帘线	165	10～13
斜交胎9.00-20	尼龙	173	10～11
子午胎9.00R20	钢丝	178～180	8～9

(5)胎圈

轮胎和轮辋相接触部位为胎圈，其作用是保持轮胎与轮辋之间的密封。胎圈包括帘线层包边、钢丝圈和胎圈包布三部分。子午线轮胎胎体帘线角度小，帘布层数少，胎侧柔软，胎圈刚性不足受力较大，因此胎圈上进行了加固。子午线胎还在胎圈上设计有气密层（无内胎轮胎是在轮胎内壁上附加了一层厚约2～3mm的专门用来封气的橡胶密封层，它是用硫化方法黏附上去的），保证轮胎与轮辋的气密性。拆装子午线时不要在轮胎与轮辋之间使用撬棍，以免损坏胎圈。

2)子午线胎的性能特点

子午线轮胎结构合理，综合性能优越，已被广泛应用，尤其是无内胎子午胎以其重量轻、气密性好、滚动阻力小、散热性能更优，特别是轮胎被刺扎后能紧裹着穿刺物或自动黏合，大大减少爆胎事故。其主要特性有：

(1)缓冲性能好：胎体帘线子午线方向排列，和轮胎变形方向一致，充分地利用了钢丝帘线的强度，与斜交胎相比，总帘布层数可减少40%～50%。胎侧薄而柔软，能很好地吸收和缓冲不平路面的冲击，保证汽车行驶的平稳性，使乘坐舒适，并可减少车辆机件磨损，降低维修费用。

(2)安全性能好。附着力大，抗侧滑能力强。胎体帘线强度能得到有效利用，胎温低不易发生爆胎。无内胎子午线轮胎内壁有一层密封层，万一有尖硬物扎进胎面，由于其本身处于压缩状态而紧裹着穿刺物（有的无内胎子午线轮胎有自黏层则能自动黏合），故能长期不漏气或缓慢漏气，减少因突然瘪胎造成方向失控引起交通事故。子午线轮胎带束层刚性大，减少了胎面胶的伸张变形；另外，轮胎接地面积大，单位压力小，因而提高了胎面耐刺穿性能。

(3)附着性能好：子午线胎的扁平率小，胎冠较宽，增加了与路面的接触面积，附着性能好。胎冠刚性大，胎面滑移小，抗侧滑能力强，对汽车的加速性能、制动性能和散热性能都有明显提高。因此，胎面与路面附着性好，和斜交胎相比附着力可提高10%～50%。牵引和越野性能好，行驶安全。在泥泞路面和冰雪路面行驶时，打滑现象少，通过性强，在山区行驶时，爬坡性能好。

(4)行驶温度低：胎体帘线子午线排列，消除了斜交胎帘线交叉排列，层间剪切移动及相互摩擦，子午胎胎冠刚性强，胎冠变形小，产生的热量少，行驶温度低。此外，由于胎体帘布层较少，胎体较薄，无内胎更便于散热。在同等行驶条件下，胎温一般低于斜交胎约10℃。无内胎没有内、外胎之间的摩擦生热，散热性能更优。因行驶温度低，就能提高车辆行驶速度。

(5)使用寿命长：子午线轮胎胎冠宽厚，周向排列的带束层，加固了胎冠，使胎冠周向刚性增大，极大地减少了轮胎滚动过程中胎面与路面的滑移摩擦，胎面与路面的接触面积大，单位压力小，胎面摩擦小，显著地提高了胎面的耐磨性能和抗机械损伤性能。耐磨性能和斜交结构轮胎相比可提高30%～70%。

(6)承载负荷大：由于子午线轮胎胎体帘线呈子午线方向排列的，轮胎的帘线排列角度与轮胎变形相一致，帘线强度能得到充分有效地发挥，且用钢丝为帘线，胎温又低，轮胎的承载能力进一步提高。

(7)节约燃料：子午线轮胎胎冠、带束层刚性好，轮胎滚动时冠部变形小，其胎冠较宽，增加了与路面的接触面积，减小了滚动摩擦阻力，子午线轮胎滚动阻力比普通斜交胎要小25%～30%，从而子午线胎更节油3%～8%。这不仅节约了燃料费用，而且也有利于减少空气污染。

它的缺点是：由于胎侧柔软，受侧向力时变形较大，导致汽车横向稳定性稍差；胎圈所受应力比斜交胎大，故易损坏；制造技术要求高，一次购置成本高。

3)子午线胎的正确使用

根据道路条件选择相应花纹结构的轮胎。纵向花纹的轮胎滚动阻力小，防侧滑和散热性能好，工作噪声小，适用于高速公路上运行。横向花纹的轮胎附着力强，耐磨性能好，不易夹石子，排水性能好，防侧滑和散热性能略差，适用在低速一般道路上使用。

(1)严格控制轮胎气压

气压对保持轮胎的标准气压尤为重要。子午胎胎体仅一层钢丝帘线，胎侧薄，在负载时侧向变形大于斜交胎，因此子午胎的充气标准要比同规格的斜交胎高。装用子午胎的车辆，低于标准气压行驶，不但会使胎侧刚性下降、磨耗剧增、胎温提高，还易损伤胎体，使行驶稳定性下降。所以在使用中一定要严格保持标准气压，使用中要经常检查和随时补气，宁可偏高20kPa，也不能低于标准气压。如果气压降低100kPa，子午胎的径向变形量为斜交胎的3倍。

(2)一定要调整好车轮前束

车轮前束是消除因前轮外倾而引起的两前轮在向外侧滚动的同时向内侧滑动的不良后果，采用一定量的前束，使车轮外倾和前束所引起的侧向力相反，互相抵消或削弱。子午胎的特点是胎侧软、胎面硬，主要变形区在胎侧，在车辆侧向力的作用下，轮胎产生的偏扭力小，因而为平衡这个偏扭力，吸收侧向冲击而采用的前束量也小或为零。子午胎的前束一般以0～3mm为宜（斜交胎为8～12mm）。否则，因多余的前束带来的初始偏角以及引起侧向力的增大，出现行驶阻力剧增，操作稳定性下降，轮胎内侧磨耗加剧等副作用。

(3)轮胎要整车统一

子午线轮胎不得与斜交胎混装，同一车轴上不能混装两种不同结构的轮胎，也不能前轮装子午胎，后轮装斜交胎，因为两种轮胎的静半径和动半径不一样，在动负荷的作用下，会加剧斜交胎的超负荷运行，极易引起内伤和早期损坏。不仅子午胎与斜交胎不能混装，而且要整车所有轮胎（规格、厂牌、结构、层级、花纹、气压）要完全统一，同一车轴上的轮胎花纹磨损情况要接近一致，否则会影响操纵稳定性。前轮不能装翻新胎，其胎冠花纹深度不得小于3.2mm，后轮胎冠花纹深度不得小于1.6mm，备胎与前轮质量要求一致。轮胎花纹太浅会降低附着力和抗侧滑能力，影响牵引力和制动距离。

(4)提高驾驶操作水平

子午胎胎侧薄、变形大、行驶稳定性稍差，初次使用会有转向“发飘”感觉，这就要求驾驶员首先要熟悉子午胎的结构特点，养成良好的驾驶习惯，在转弯和不平坦路面行驶时，要降低车速，防止轮胎产生过大的变形，造成单边超载或机械损伤。加强车辆日常维护，出车前、行驶中、回场后都要专门检查轮胎状况，及时清除夹在胎面上的尖硬物，防止刺伤胎冠，避免刮伤胎侧。合理避让，平稳驾驶，均匀装载，正确使用缓速器和减速滑行，尽可能少用紧急制动。

114. 客车轮胎充氮气

与普通充气相比，用氮气（N_2）替代压缩空气充轮胎，有很多好处。

1)提高轮胎行驶的稳定性和舒适性

氮气是惰性的双原子气体，化学性质极不活泼，气体分子比氧分子大，不易热胀冷缩，变形幅度小，能保持稳定胎压，提高轮胎行驶的稳定性，保证驾驶的舒适性；氮气的音频传导性低，相当于普通空气的1/5，能有效减少轮胎的噪声，提高行驶的宁静度。

2)防止爆胎

爆胎是道路交通事故中的主要原因。据统计，在高速公路上有近4成左右的交通事故是由于轮胎发生故障引起的，其中爆胎一项就占轮胎事故总量的70%。汽车行驶时，轮胎温度会因与地面摩擦而升高，尤其在高速行驶及紧急制动制动时，胎内气体温度会急速上升，胎压骤增，所以会有爆胎的可能。而高纯度氮气热膨胀系数低，热传导性低，升温慢，降低了轮胎聚热的速度，不可燃也不助燃等特性，所以可大大减少爆胎的几率。

3)延长轮胎使用寿命

使用氮气后，胎压稳定体积变化小，大大降低了轮胎不规则摩擦的可能性，提高了轮胎的使用寿命；能有效降低轮胎内衬层的氧化程度和橡胶被腐蚀的现象，不会腐蚀金属轮辋，延长轮胎的使用寿命，也极大程度减少轮辋生锈的状况。

4)减少油耗，保护环境

轮胎胎压的不足与受热后滚动阻力的增加，会造成汽车行驶时的油耗增加；而氮气除了可以维持稳定的胎压，延缓胎压降低之外，其干燥且不含油不含水，热传导性低，升温慢的特性，减低了轮胎行走时温度的升高，以及轮胎变形小、抓地力提高等，降低了滚动阻力，从而达到减少油耗的目的。

空气中氮气（N_2）约占78%，氧气（O_2）约占21%，加之现代技术通过制氮机从空气中分离出较高纯度的氮气已不再是难题，所以氮气作为空气中含量最丰富的气体，可以说是取之不竭，用之不尽。目前普遍采用的制氮机，其工作原理是根据变压吸附原理，采用高品质的碳分子筛作为吸附剂，在一定的压力下，从空气中制取氮气。经过纯化干燥的压缩空气，在吸附器中进行加压吸附、减压脱附。由于空气动力学效应，氧在碳分子筛微孔中扩散速率远大于氮，氧被碳分子筛优先吸附，氮在气相中被富集起来，形成氮气（其纯度能达到95%以上）。

轮胎充氮气过程如图4-52所示。

图4-52　轮胎充氮气过程示意图

115. 汽车轮胎气压自动监测系统（TPMS）

交通行业标准《营运客车类型划分及等级评定》（JT/T 325—2010）中规定：高三级大型客车和高二、高三级特大型客车必需配置“胎压监测报警系统”。

汽车轮胎气压监测系统TPMS（Tire Pressure Monitoring System）是一种安全新技术装置。主要用于在汽车行驶时，实时地对轮胎气压和温度进行自动监测，及时准确地对轮胎漏气、低压、高压、高温等危险状态提前进行预警，从而预防车辆失控及爆胎，达到保障行车安全的目的。

轮胎气压监视系统TPMS属于“事前主动”型安全保护装置，即在轮胎出现危险征兆时及时报警，采取措施，将事故消灭在萌芽状态，确保汽车在行驶过程中始终处于安全状态。并可延长轮胎使用寿命，实验表明，车轮气压比正常值下降10%，轮胎寿命将减少15%。减少油耗，轮胎气压低于标准气压值30%，油耗将上升10%。避免车辆部件异常磨损，汽车在轮胎气压过高的状态下行驶，日积月累对发动机底盘及悬架系统将造成很大的伤害。如果轮胎气压不均匀，则会造成制动跑偏，从而增加悬架系统的磨损。

目前，TPMS主要分为两种类型，一种是Wheel-Speed Based TPMS（间接式TPMS），另一种是Pressure-Sensor Based TPMS（直接式TPMS）。

1）间接式TPMS

间接式TPMS是通过汽车ABS系统的轮速传感器来比较车轮之间的转速差别，以达到监视胎压的目的。当汽车行驶时，轮胎气压监视系统接收车轮转速传感器的车轮转速信号，进行综合分析。当某一个轮胎的气压太高或不足时，轮胎的直径就会变大或变小，车轮的转速也相应产生变化。监视系统将车轮转速的变化情况同预先储存的标准值比较，就可得出轮胎气压太高或不足，从而点亮“LOW TIRE”报警灯。该类型系统的优点是耐用性强、可靠性高，不需电池，不易受到无线电波干扰，成本较低。但其缺点是不能显示各个轮胎准确的瞬时气压值；同一车轴或同一侧车轮或整车轮胎气压同时下降时，不能报警；该系统无法对车速超过100km/h的情况进行判断。

2）直接式TPMS

直接式TPMS技术又分为主动式（Active）和被动式（Passive）两种。主要区别是主动式TPMS中的轮胎模块需要电池提供能量，而被动式TPMS无需电池。

主动式TPMS是利用安装在每一个轮胎里的压力传感器（以锂离子电池为电源）来直接测量轮胎的气压，并通过无线调制将检测信号发射到安装在驾驶台的监视器上。监视器随时显示各轮胎气压，驾驶者可以直观地了解各个轮胎的气压状况，当轮胎气压太低或有渗漏时，系统就会自动报警。但受电池的寿命影响，可靠性不够稳定。

被动式TPMS，也叫无电池TPMS，用一个中央收发器（Central Transceiver）代替了一般直接式TPMS中的中央接收器。这个收发器不但要接收信号而且要发射信号，安装在轮胎中的转发器（Transponder）（代替了发射器）接收来自中央收发器的信号，同时使用这个信号的能量来发射一个反馈信号到中央收发器上。这就使得安装在轮胎内部的气压监测器发送数据不需要电池，从而解决了上述因电池所带来的问题。

116. 空调（制冷）系统

随着人们对客车乘坐舒适性要求的不断提高，客车空调已经成为必须装配的部件之一。客车空调是实现对车厢内空气进行制冷、加热、换气和空气净化的装置。它可以为乘车人员提供舒适的乘车环境，降低驾驶员的疲劳强度，保持充沛精力安全行车。

由于客车直接暴露在太阳下，在各种道路上行驶，振动频繁，而且客车的行驶速度时常变化，客车空调的运行条件较差，因此对客车空调的可靠性、经济性和制冷效率及环保要求等提出了很高的要求，概括起来有以下几点：

(1)客车热负荷大，要求制冷量大，降温、除湿、换气迅速，及时保持车厢内的空气清新。舒适的温度、湿气和气流速度一般为：车内外的温差7～9℃（温度设定范围：白天22～24℃，晚上24～25℃为宜），湿度冬季55%～70%，夏季60%～75%，气流速度为0.25m/s为宜。

(2)结构紧凑合理，体积小、重量轻、噪声小、抗振好，安装、维修方便。客车振动频繁而制冷剂又极易泄漏，要求系统各连接处牢固可靠，保证客车空调在剧烈颠簸振动条件下可靠地工作。

(3)客车空调工作时，对发动机的动力消耗、燃油消耗、加速和爬坡性能的影响应尽可能小。

(4)客车空调的控制系统已采用全自动电脑控制，要求灵活、方便、可靠。对车身的设计要采取较好的隔热措施和冷凝器的通风冷却防尘效果。

目前客车空调制冷普遍采用蒸气压缩式制冷循环，由发动机通过皮带传动带动空调压缩机运转，使压缩机排出的高温高压制冷蒸气，通过高压软管进入空调冷凝器。高温高压的制冷剂蒸气在冷凝器中放热，其热量通过风扇被车外空气带走，高温高压制冷剂蒸气冷凝成为较高温度的高压液体，然后通过高压软管流入干燥储液器（干燥瓶），经过干燥过滤后流过膨胀阀。在膨胀阀的节流作用下，制冷剂变成低温低压的液体进入蒸发器，并在定压条件下汽化、吸热，使流过蒸发器的车内循环空气的温度降低，通过鼓风机送入车厢。气化后的制冷剂蒸气，被吸入压缩机压缩，再次成为高温高压的气体，进行下一次循环。此循环周而复始，就可以使车内温度达到理想的状态（如图4-53所示）。

为保证客车空调的正常使用和延长使用寿命，切记在客车起动发动机之前，不能开启空调。在客车熄火之前，要先关闭空调，然后再关闭发动机。冬季天冷时也要定期（每旬1次）起动空调运转5～10min，使空调系统内的润滑油循环润滑机件，以防止压缩机内部锈蚀烧结和轴油封因缺油老化裂损导致泄漏。

117. 独立加热空调系统

我国的南方地区冬季最低温度一般在零下5℃左右，利用发动机冷却液的热量可以给客车供暖，但在北方地区则远远满足不了正常的供暖需求，因此在中、高档客车上通常采用独立加热空调系统来满足要求。

独立加热空调系统是一种利用燃油、燃气或其他燃料作为能源，在燃烧器中产生热量，以空气或液体（水或防冻液）为介质，用于车厢内空气加热和风窗玻璃除霜（雾）的采暖系统。独立加热空调系统不受车辆的运行工况的限制，采暖迅速，可满足乘车舒适性的要求。

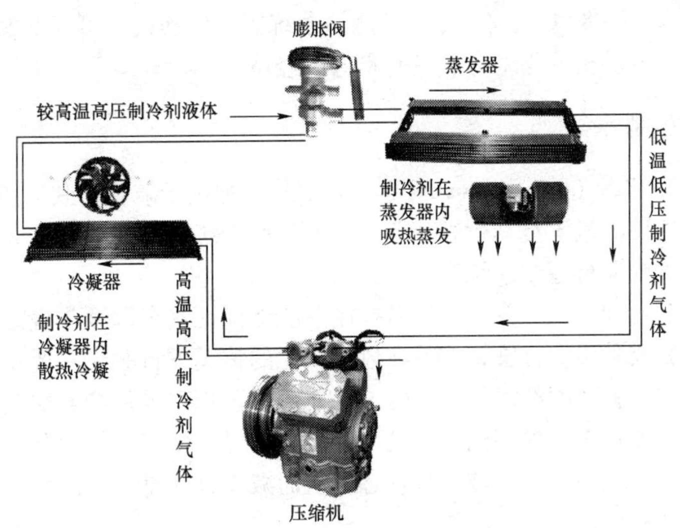

图 4-53　客车空调系统工作原理

独立加热空调系统（图 4-54）由车用加热器、散热器、除霜器等组成。按照传热介质的不同可以分为液暖加热（使用冷却液为介质）和气暖加热（使用空气为介质）两类。按使用燃料的不同又可分为气体加热（使用天然气或液化石油气为燃料）和燃油加热（使用汽油或柴油为燃料）。

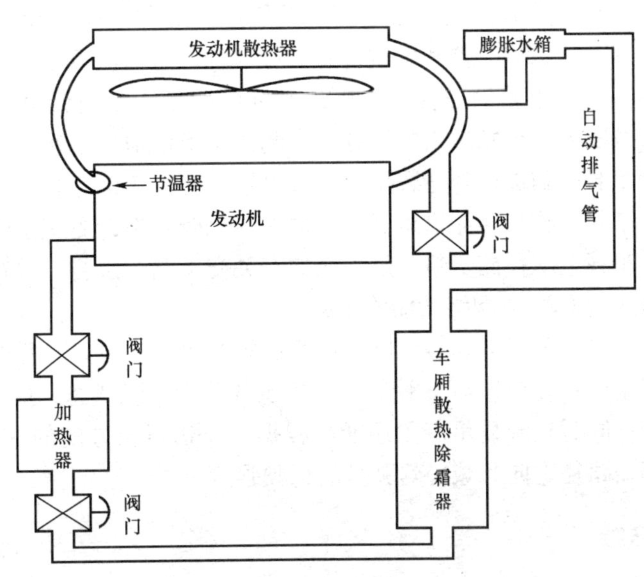

图 4-54　加热器暖气安装示意图

目前市场上广泛使用的是以燃油液暖加热系统，该加热系统与发动机相互独立的采暖设备，与一般水暖暖风机不同，在发动机不工作的情况下，也可以给车厢供暖。它为全自动控制，其控制部分具有低温起动、高温停止、故障报警停机、冷却液温度显示等功能，并具有多重安全保护。作为客车采暖设备，它具有热效率高、升温速度快、污染小、乘坐舒适、无异味、噪声低、不干燥、节油等优点。

加热器不仅具有给车厢采暖功能，还具有给发动机作低温预热的功能，它能自动地将冷却液温度恒定在65～80℃之间。冬季使用该系统预热发动机，可降低发动机磨损、油耗和大气污染，延长发动机使用寿命，具有良好的经济性。

118. 巡航控制系统

巡航控制系统CCS（Cruiser Control System）是一种用于减轻驾驶员的驾驶操纵劳动强度，提高行驶舒适性的汽车自动行驶装置。巡航控制系统又称巡航行驶装置、速度控制系统、恒速行驶系统或巡行控制系统等。

打开该系统的自动操纵开关后，巡航控制系统能保证汽车以预先设定的速度行驶。无论是在上坡、下坡或平路上行驶，或是在风速变化的情况下行驶，只要在发动机功率允许的范围内，客车的行驶速度都能保持不变。从而可以避免驾驶员频繁踩踏加速踏板，可大大减轻驾驶员的疲劳强度，提高汽车行驶舒适性。同时，使用巡航控制系统可使汽车的燃料供给与发动机功率之间处于最佳配合状态，从而减少废气排放，改善汽车的燃料经济性和发动机排放的环保性。

为了使汽车获得最佳控制，当遇到交通阻塞或在雨、冰、雪等湿滑路面上行驶，或遇大风天气时就不要使用巡航控制系统。汽车行驶在陡坡时，使用巡航控制系统，会引起发动机转速过大变化，因此最好也不要使用巡航控制系统。使用巡航控制系统要注意观察仪表板上的ECU指示灯是否闪亮，若闪亮，则表明巡航控制系统处于故障状态。发现系统故障时，应停止使用巡航控制系统，待排除故障后再使用巡航控制。

巡航控制系统未来发展方向是：汽车的巡航系统将会与GPS（全球定位系统）相结合，通过车轮传感器、地磁传感器和偏航传感器等三种传感器获取数据，确定汽车的速度和位置。车轮传感器记录车轮的速度，产生的脉冲信号用于定时计算行驶距离和方向变化。地磁传感器通过励磁绕组感应出电压脉冲，测量出沿途地磁场水平分量的大小与起始点磁场的比较，为车载电脑提供补偿数据。车载电脑的地图存储容量存储了汽车现行运行区域的所有数据，车载电脑与存储道路网络数据不断比较判断，更正定位误差从而确定最佳行驶路径。如果车载电脑存储资料不足，例如有关交叉路、限行、单行线、桥梁等路段的变更信息，可以通过GPS或网络功能给予补充。

驾驶员将目的地输入车载电脑后，电脑通过比较车辆实际位置和目的地位置后，能够自动推荐最佳行车路径；并根据GPS控制中心提供的路面车流状态，提示驾驶员是否启动自动巡航控制系统；同时车载显示装置还能够根据汽车运行及方向的变化随时翻转地图，从而方便驾驶员获知路径走向和减轻驾驶员的驾驶强度。

119. CAN总线

《营运客车类型划分及等级评定》（JT/T 325—2010）中规定：大型高二、高三级和特大型高二、高三级客车均需配置 CAN 总线。

CAN（Controller Area Network）即控制器局域网，是国际上应用最广泛的现场总线之一。最初，CAN 被设计作为汽车环境中的微控制器通信，在车载各电子控制装置 ECU 之间交换信息，形成汽车电子控制网络。比如：发动机管理系统、变速器控制器、仪表装备、电子主干系统中，均嵌入 CAN 控制装置。

CAN 最早出现在 20 世纪 80 年代末的汽车工业中，由德国 Bosch 公司最先提出。当时，由于消费者对于客车功能的要求越来越多，客车用电设备和控制系统的大大增加，而这些功能的实现大多是基于电子操作的，这就使得电子装置之间的通信越来越复杂，同时意味着需要更多的连接信号线。提出 CAN 总线的最初动机就是为了解决现代客车中庞大的电子控制装置之间的通信，减少不断增加的信号线。于是，他们设计了一个单一的网络总线，所有的外围器件都可以被挂接在该总线上。1993 年，CAN 总线已成为国际性标准 ISO11898（高速应用）和 ISO11519（低速应用）。

CAN 总线是一种多主总线，通信介质可以是双绞线、同轴电缆或光导纤维。通信速率可达 1Mb/s，距离可达 10km，但车载是用不到这个距离的，正常最长 20m。随着集成电路和单片机在客车上的广泛应用，客车上电子控制单元越来越多，CAN 总线已经成为客车电气设计标准。使用 CAN 总线不但可以简化整车线束，而且通过采用智能电子开关取代继电器，既保证了整车电气的可靠性，又增强了可维护性。更主要的是可以增加各种智能化的功能，如故障检测和语音报警等。由于 CAN 总线系统自带故障检测、报警和记录功能，所以对整车电气系统的维护和维修非常方便。

1）客车上的 CAN 总线应用

目前客车上的网络连接方式主要采用两条 CAN，一条用于动力总成间系统的高速 CAN 系统，通信速率达 500kb/s；另一条用于车身基本电器控制的低速 CAN 系统，通信速率是 100kb/s。动力总成间高速 CAN 系统主要连接对象是发动机控制器（ECU）、ABS 控制器、减速器、数字化组合仪表等，它们的基本特征相同，都是控制与客车行驶直接相关的系统。

车身系统低速 CAN 系统主要连接和控制客车内外部照明、灯光信号、刮水器电机等整车用电器。

图 4-55 所示为客车线束控制器连线功率输出信号图

图中 +5VDC&GND 是双绞 CAN 总线传输介质。

2）CAN 总线车身控制系统

客车 CAN 总线车身控制系统通过 CAN 总线来控制车身所有电器，如客车外部照明、灯光信号、刮水电机、洗涤电机、喇叭、起动电机、前部除霜器、电动车窗、后视镜、空调、减速器等车载器件。整套系统的通用控制模块采用分散的控制方式，这种布置方式是最大限度地降低线束的数量与重量。整个 CAN 总线由一个主控模块、几个通用控制模块、中央故障显示屏、连接各模块的通信用的双绞线以及整车用电器构成。通用控制模块的具体数量由控制量的多少决定。一般来说可以分成 2 个前控制模块（控制前部电器）、2 个后控制模块（控制中部电器）、1 个顶控制模块（控制顶部电器）、除主控模块与显示屏是单独的外，其他几个通用控制模块是通用的，可互换的。各个通用模块的具体功率执行器件可以采用智能功率器件，采用智能功率器件可以减小控制盒体积，且具有过流，短路保护和断线反馈等功能。系统中融入故障检测和语音报警功能以及遥控等功能，提升了整车控制的智能化、人性化，简化了整车线束、提高电气系统的可靠性。

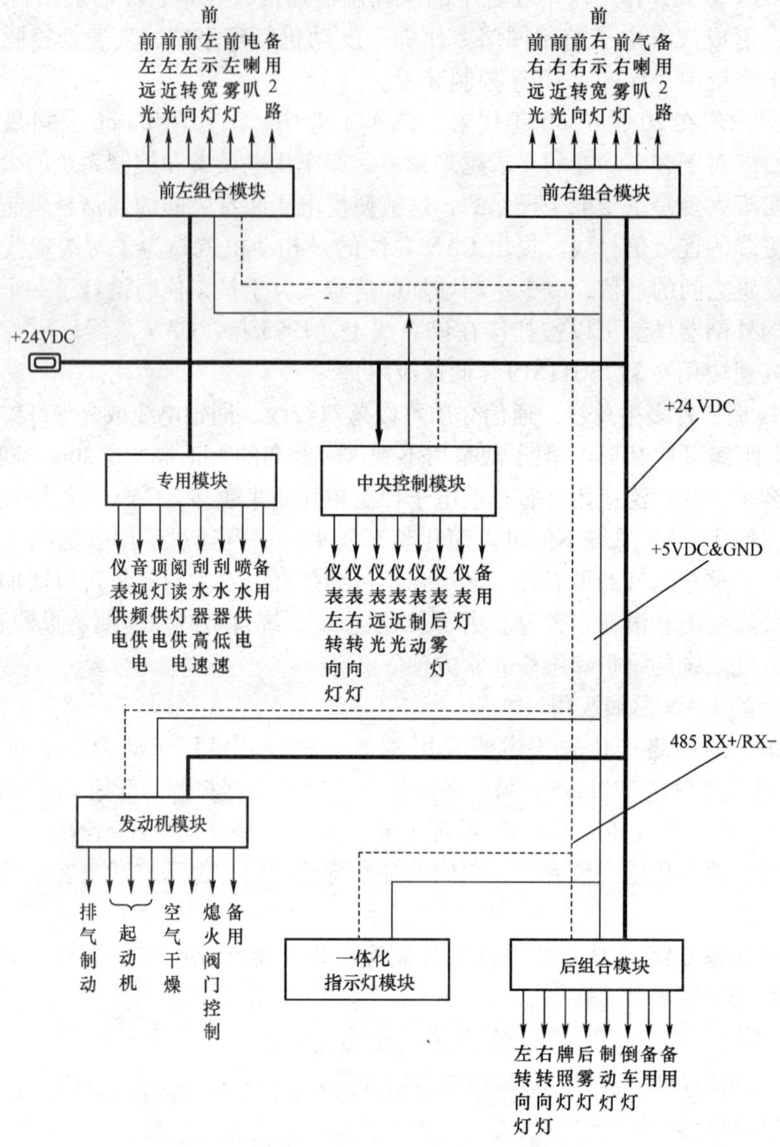

图4-55　客车线束控制器连线功率输出信号图

120. GPS 卫星定位系统

《营运客车类型划分及等级评定》（JT/T 325—2010）中规定：中型及以上客车均需装备 GPS 卫星定位系统。

GPS 车辆监控系统是现代科学技术的最新成果之一，它综合利用全球卫星定位、无线通信、地理信息系统等多科学的前沿技术，与交通运输行业的应用特点紧密结合，提供基于 GPS 位置服务的车辆监控管理平台。它可以实现实时定位、监控调度、车载电话、安全防护、企业管理、交通信息服务、紧急报警、数据存储分析等功能，由 GPS 卫星、车载终端、通信网络、监控中心等部分构成（如图 4-56 所示）。

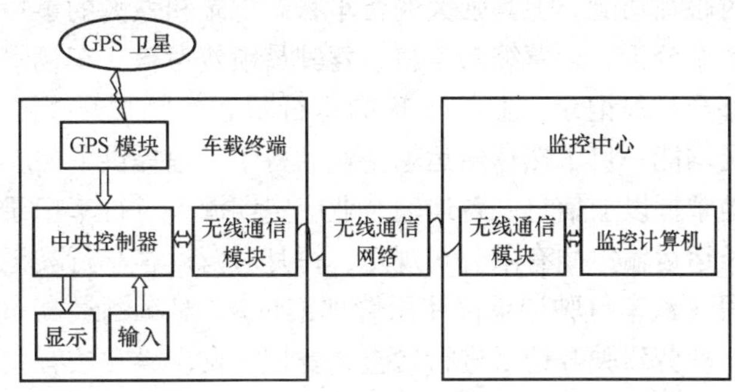

图 4-56　GPS 车辆监控系统构成图

GPS 车辆监控系统的工作原理为：由安装在车辆上的车载终端，打开工作时，数据上行，车载终端 GPS 模块接收 GPS 卫星发送的数据，计算出当前自身的地理坐标。同时，GPS 模块将位置、时间、报警等信息，按照短消息的编码规则传输到 GSM 网络，监控中心负责接收数据并作出调度安排。在车辆遇险时，车载终端可以通过车载电话人工向监控中心报警，让监控中心了解情况，采取应对措施。数据下行时，监控中心根据实际需要，通过 GSM 短消息向车载终端发出监控调度的指令，车载终端经过解码处理后将指令显示给驾驶员。如车辆超速报警功能，当监控中心发现监控车辆在超速行驶时，即可通过 GPS 监控系统向驾驶员发送超速报警短消息。

121. 行车记录仪

国家推荐标准《汽车行驶记录仪》（GB/T 19056—2003），明确汽车行驶记录仪应该达到的功能指标：包括可靠记录日期、时间、车速、行驶里程、开车时刻、停车时刻、行驶时间、超速时间、超时时间、超速超时告警、IC 卡身份识别等信息和车门开关、制动状态、转向灯状态、近/远光灯等各种开关信号的状态的功能。并要求记录仪必须具备 USB 接口，能将记录的数据转存至 U 盘中，通过 PC 机处理软件进行数据分析。国家标准的出台，实现了汽车行车记录仪的规范化。行车记录仪的推广，为交通管理部门分析交通事故提供了依据，对车辆设备及驾驶员的管理提供了依据，提高了安全生产水平。

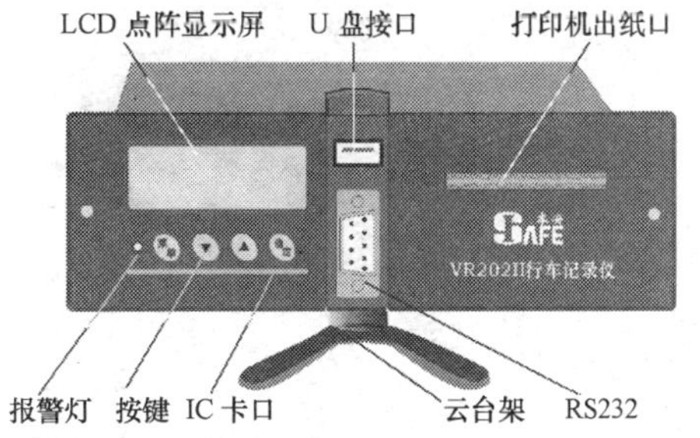

图 4-57　行车记录仪

汽车行驶记录仪（俗称“黑匣子”，如图 4-57所示）是一种能对车辆行驶速度、时间、里程以及有关车辆行驶的其他状态信息进行记录、存储并通过接口实现数据输出的数字式电子记录装置。由于记录仪能够实时地记录车辆运行和驾驶员驾驶活动的有关信息，因此它可以遏止疲劳驾驶、车辆超速等严重交通违章、约束驾驶员的不良驾驶行为，预防道路交通事故、保障车辆行驶安全，提高营运管理水平等诸多方面发挥重要的作用，并且能为事故分析、鉴定和分清肇事责任，提供原始数据。为交通管理部门的车辆检验提供更全面的参考数据，使交管部门的车辆检验工作更加客观、科学。

汽车行驶记录仪已经成为专业道路运输企业车辆安全管理的一个重要工具，行车记录仪虽然不能具有实时跟踪功能，但其强大的行车状态记录和强大的事后分析功能，能为管理者提供车辆运营效率分析、运营绩效考核、驾驶员绩效考核、车辆管理分析等信息。此外，行车记录仪能够全过程记录、监控车辆的运行状态，何时开、停以及行驶了多长距离、多长时间等情况均能一目了然，给运输企业的科学管理提供了相应的依据。

为了及时有效地掌握以上信息，各运输企业应定期派人对行车记录仪上的数据进行采集、分析。如杭州长运运输集团有限公司规定，每月对营运客车行驶记录仪进行二次数据采集，并按要求填写《汽车行驶记录仪使用管理记录》，对车辆最高车速、平均车速、停车记录、超速记录、疲劳驾驶等记录进行检查、登记，发现异常按有关规定进行处理。

122. 视频监控系统

车载视频监控系统能实现实时浏览车载终端上传的视频图像，并可对视频图像的分辨率、码流、帧率、图像质量等参数进行调整管理。另外，车载视频监控系统中应急报警是其重要的特点，在车载终端发出报警信号后，客户端软件就会即时弹出车内外视频图像，并进行声音报警提示。车载终端与中心视频管理可进行声音、视频、图片、文字等信息交换，满足用户对数据交互的需求。监控中心对车辆进行定位调度和动态管理，记录运行过程中驾驶员的操作和车辆运行情况，以提高驾驶员遵纪守法的自觉性和安全责任心，从而降低事故率。系统可对历史数据进行追溯和分析，如历史视频录像检索回放、GPS 定位轨迹回放、报警数据检索分析等。

车载视频监控系统由车载视频部分（车载硬盘录像机 + 全方位摄像机）、无线网络传输设备、中心视频管理等三部分组成（图 4-58）。

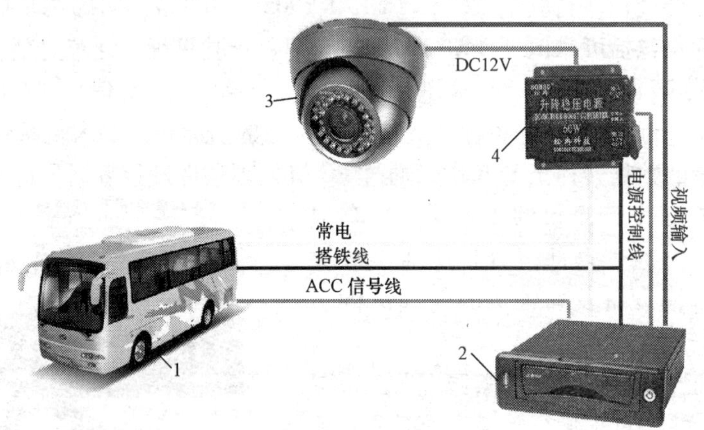

图 4-58　车载监控系统实物连接图

1-车辆；2-DH-040XME；3-海螺型摄像机；4-24V/12V 稳压电压

车载视频监控系统在客车上一般安装有 3～4 个摄像机（俗称摄像头），根据客车车型的不同，具体安装位置也有区别。但总体需要实现如下功能：第一个摄像机摄录车辆前方路况，镜头应能摄录到车辆前保险杠及前方、左右距 20m 以上场景。第二个摄像机要能清晰的摄录到驾驶员侧面、驾驶员操作情形及车门旅客上车情形。第三个摄像机要能摄录到车厢内各座椅上的乘客，能准确统计车上乘客人数，保证车厢内部无视频死角。若装第四个摄像机，一般装于后乘客门处，要能清晰的摄录到车厢中后方乘客的情况。

电子技术飞速发展的今天，可以预见在不久的将来，车载视频监控系统将作为智能交通重要的组成，为车辆调度管理、驾驶安全、提高车辆利用率等方面提供有力保障。

123. 车载椅背式视频点播系统

通常中、高档客车上配置影碟播放系统，使单调枯燥的旅途生活变得轻松愉快。随着航空、高铁、道路运输和城际公交等多种交通运输方式竞争的日益严重，为了提高综合竞争力，不断提升旅客运输服务水平，一种新兴的电子应用系统——车载椅背式视频点播系统在豪华客车上应运而生。目前豪华客车上装配的车载椅背式视频点播系统支持 USB 即插即用播放，可外接影音输入设备（CD/VCD/DVD 碟箱，2-DIN 视频输入）。最多可以接数十个显示屏安装于乘客座椅背面，并能满足每位顾客通过显示屏上的按键，独立控制操作其多媒体影音播放。也可实现由驾驶员通过遥控器统一控制，并自带过压保护功能。

车载椅背式视频点播系统一般由液晶屏、服务器、分机枢纽器、连接线、电源线等部件组成，其系统在大客车上安装示意图如图 4-59 所示。

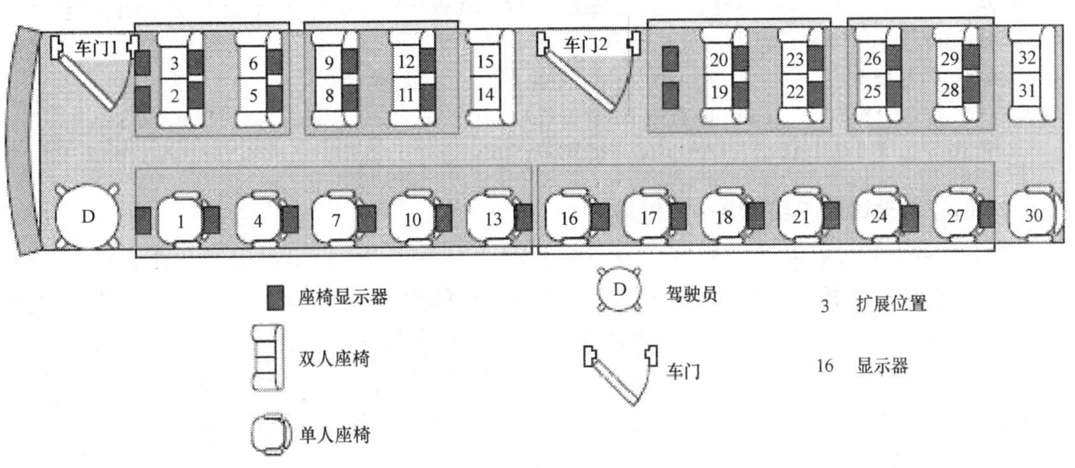

图 4-59　系统在大客车上安装示意图

124. 车载诊断系统 OBD-Ⅱ

OBD-Ⅱ即 On-Board Diagnose 第二代随车电脑诊断系统，它是由美国汽车工程学会（SAE）提出的，经国际环境保护组织（EPA）和美国加州资源协会（CARB）认证许可，被美、日、欧主要汽车制造厂家广泛采用的国际标准。

在 20 世纪 90 年代末期，进入北美市场的汽车都要求按照该标准设置车载诊断系统 OBD-Ⅱ，做到只要有一台仪器就可通过统一的插座对各种汽车进行检测。

车载自动诊断系统 OBD-Ⅱ与以前的所有车载自动诊断系统不同之处在于有严格的排放针对性，其实质功能就是监测汽车排放。OBD-Ⅱ能从发动机的运行状况随时监控汽车尾气是否超标，当汽车排放的 HC、CO 和 NO_x 或燃油蒸发污染量超过设定的标准，包括发动机及其动力系统随机引起的 HC 排放量的上升、催化转化器的净化效率下降到限值之下、密封的燃油系统有空气泄漏、某个传感器或其他排放控制装置失效等情况，系统会马上发出警示。即当系统出现故障时，故障（MIL）灯或检查发动机（Check Engine）警告灯会点亮，同时动力总成控制模块（PCM）将故障信息存入存储器，通过一定的手段可以将故障码从 PCM 中读出。根据故障码的提示，维修人员能迅速准确地确定故障的性质和部位。有针对性地去检查有关部位、元件和线路，将故障排除。

1）车载自动诊断系统 OBD-Ⅱ（自诊断接头）针脚定义

根据 ISO DIS 15031—3 中相关内容，OBD-Ⅱ诊断插座统一制成 16 针插座（图 4-60）。该诊断插座统一安装在转向盘下方，其插座上的各个针脚定义如下：

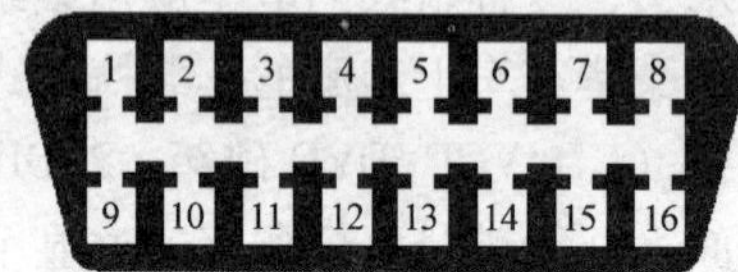

图 4-60 OBD-Ⅱ诊断接口

1-厂家定义[1]；2-SAE J1850总线正[2]；3-厂家定义[1]；4-车身搭铁；5-信号搭铁；6-ISO 15765—4定义的CAN 高[2]；7-ISO9141-2和 ISO14230-4定义的 K 线[2]；8-厂家定义[1]；9-厂家定义[1]；10-SAE J1850总线占[2]；11-厂家定义[1]；12-厂家定义[1]；13-厂家定义[1]；14-ISO 15765—4定义的 CAN 低[2]；15-ISO9141—2和 ISO14230—4定义的 L 线[2]；16-永久正电压

备注：［1］针脚 1、3、8、9、11、12 和 13 未做分配，可由车辆制造厂定义。

［2］针脚 2、6、7、10、14 和 15 使用作诊断通信的。根据实际使用的通信协议的不同，它们往往不会都被使用，为使用的可由车辆制造厂定义。

2）车载自动诊断系统 OBD-Ⅱ发展方向

虽然 OBD-Ⅱ对监测汽车排放十分有效，但当故障（MIL）灯亮时驾驶员是否接受警告，则又是另一回事。为此，一种比 OBD-Ⅱ更先进的 OBD-Ⅲ应运而生了。OBD-Ⅲ的主要用途是使汽车的检测、维护和管理合为一体，以满足环境保护的要求。GPS 导航系统或无线电通信方式将车辆的身份代码、故障码及所在位置等信息自动通知管理部门，管理部门根据该车辆排放问题的等级对其发出指令，包括去哪里修理的建议，解决排放问题的时限等，还可以对超出时限的违规者的车辆发出禁行指令。

125. 新能源客车

由于石油资源的有限性和燃油汽车对空气的污染日益严重，世界各国都在研究开发新能源汽车。2010 年在《节能与新能源汽车产业发展规划》征求意见稿中明确了我国在新能源汽车产业发展的目标：到 2015 年，新能源汽车初步实现产业化；纯电动汽车和插电式混合动力汽车市场保有量达到 50 万辆以上。

新能源客车是指采用非常规的车用燃料作为动力来源（或使用常规的车用燃料，但采用新型车载动力装置），综合车辆的动力控制和驱动方面的先进技术，形成的技术原理先进、具有新技术、新结构的客车。

目前城市公交是新能源客车的主流，这与城市公交使用特点密不可分，城市公交频繁起步，平均车速慢，发动机长期处于非燃油经济状态下，不仅百千米油耗是道路客车的 2 倍以上，而且 CO_2 和 NO_x 的排放量是 3 倍以上，对于环境造成极大的影响。新能源客车从产生的那天起，就综合考虑了城市公交车的使用特点，如制动时能量的回收、起步时电动机工作等。

目前成熟应用的新能源客车主要有：混合动力客车（HEV）和纯电动客车（BEV），而混合动力客车比纯电动客车更适合中国的国情，更受市场的青睐。

1) 混合动力客车（HEV）

混合动力是指那些采用传统燃料的，同时配以电动机/发动机来改善低速动力输出和燃油消耗的车型，以达到提高燃油经济性和降低排放的目的。混合动力系统构成如图4-61所示。油—电混合模式，一般当车速在低速时由电池给电机输出动力，此时发动机怠速运转。当车辆运行在中高速时，则由发动机输出动力行驶，同时发电机给电池充电。

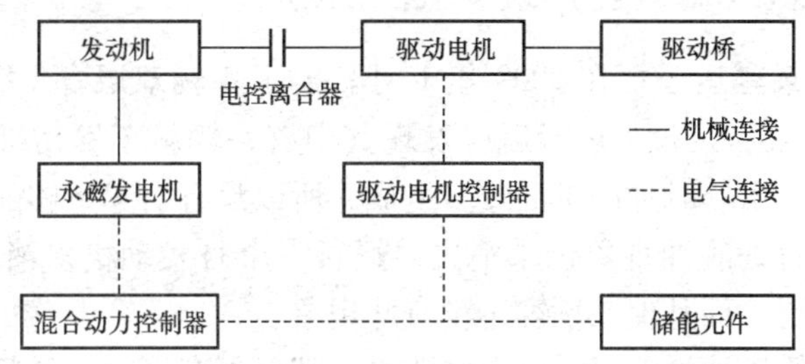

图4-61　混合动力系统构成

按照结构形式的不同，可分为串联式混合电动客车（SHEV）、并联式混合电动客车（PHEV）、混联式混合电动客车（PSHEV），目前国内城市混合动力公交客车大多采用串联式结构。

2) 纯电动客车（BEV）

电动客车顾名思义就是主要采用电力驱动的客车，大部分车辆直接采用电机驱动，有一部分车辆把电动机装在发动机舱内，也有一部分直接以车轮作为4台电动机的转子，其难点在于电力储存技术。对于电动客车而言，目前最大的障碍是电池的质量问题，运行成本太高。

3) 其他新能源客车

除了混合动力客车和纯电动客车之外，目前在开发、使用的新能源客车还有：燃气客车（液化天然气（LNG）、压缩天然气（CNG）、液化石油气（LPG）作为燃料的客车），主要用于城市公交客车。

在燃气客车中，液化天然气（LNG）客车优势更明显：LNG中甲烷含量达90%以上，燃烧调节方便，相同单位质量的LNG发热量更高，品质更稳定，燃烧更充分，无黑烟，尾气排放易达标。LNG是低温（－162℃）低压（0.6MPa以下）下储存的液态天然气，燃气系统不容易泄漏。万一泄漏，LNG也会瞬间气化，因而不容易着火或爆炸。LNG能量密度大，同体积容器，盛装量LNG是CNG的2.5倍，所以更便于储存和长距离运输。占用空间少、自重轻。LNG在客车上只有一个气瓶，占用空间少，便于整车空间合理布置，整车自重也更低。目前续驶里程已能达到300km，基本能满足城市公交运输任务。

另外，世界各国还在不断研究、开发新能源客车，如燃料电池客车、生物乙醇客车、太阳能客车、生物柴油客车、氢燃料客车、物理燃料电池客车等。

第五章　客车维修经典案例分析

发动机部分

126. 新车发动机（德国曼）缺少气门油封

故障现象：杭州某客运公司在2009年1月新购了4辆双层青年JNP6120S客车（曼D2866LOH29电喷发动机），投入运行后就发现其中有一辆新车发动机排气管有少量滴油现象。开始认为可能是出厂时加的机油过多造成，所以没有引起足够的重视。但使用一个月后，发动机排气歧管处滴油现象仍未消失，运行一个月发动机多消耗润滑油8L，发动机表面没有渗漏油情况，而其他三辆客车没有此现象。

分析排故：排气管滴油说明汽缸内上油严重，其原因有可能：气门油封损坏，润滑油从气门杆漏入；机油过量；涡轮增压器处进油；汽缸垫损坏，润滑油渗入汽缸内；活塞上的油环工作不良。修理工首先检查机油液面高度，在正常范围内，然后检查涡轮增压器，其工作性能良好，进出管路内壁上清晰，未见上油现象。再打开气门室罩盖，发动机气门上竟然没有气门油封。也许是一种新技术，然而查看该车维修手册，维修手册上很明确地写着气门上是有油封的。于是再打开汽缸盖（因客车发动机舱结构紧凑，先要拆卸发动机支架，把发动机下沉15cm，然后才能拆卸汽缸盖），检查活塞、汽缸壁和汽缸垫都完好，排除了汽缸盖损坏漏油的可能，逐个安装上气门油封后装复总成，试车运转良好。为了进一步证实气门油封的必要性，维修人员拆检了另一辆客车的气门室盖对比，另一辆同型号发动机是有气门油封的，再次验证了气门上是必须安装油封的。跟踪该车运行3个月来再也没有发生漏油现象，故障排除。

据了解这种发动机是在国内组装的，因高档客车发动机的需求量很小，不可能有生产线安装，只能是人工安装，装配时过程检验的疏忽就漏装了气门油封，导致上述故障，而且这一故障很难在出厂检验时发现排除，对客户造成了较大的损失。所以不要有进口车或新车一定没有问题的偏见，细节决定成败。同时本故障也告诫修理工，在对车辆进行排故时，要全面分析可能会引起此故障的原因，并从表面到内层，从简单到复杂，逐个排除原因，千万不能忽略任何一个小小的故障原因和细节。

127. 宇通客车发动机气泵连续损坏

故障现象：一辆东风日产柴UD底盘的宇通客车在行驶途中突然发生发动机气泵损坏，连杆弯曲、缸体中部破损。检查气泵的冷却水进出水管和润滑油管后，更换了气泵中缸和连杆活塞后，起动发动机运转良好，但气泵压气，客车无法行驶。接着全面检查外部后打开气泵盖，活塞连杆组工作正常，气泵盖上的出气阀良好，但是气泵盖的安装方向装错了，处于常排气状态，故无压力。因其缸盖在设计时没有前后标志，导致位置错装。故障排除了运转情况良好，然而运行5天后又发生了气泵损坏，仍是连杆弯曲，中缸破损的机械事故，原因何在呢？

分析排故：检查气泵（图5-1）出气管路和空气干燥瓶有严重堵塞，出气管和调压管中有许多结胶积炭。再次更换中缸及活塞连杆机构总成，清除了积炭，疏通了出气管和调压管，更换了空气干燥瓶，从此该车气泵工作良好。上述故障真正的原因是出气管、调压管堵塞，导致气泵始终处于超负荷状态工作，当储气筒充足气后，气泵不能卸载。后经详细了解才知该车一直存在气泵充气慢的问题，气泵上油严重，调压阀管路损坏后也没有及时修复。为此汽车修理前一定要询问驾驶员，了解车辆的动态技术情况，尤其是运行客车更要强化日常维护，发现故障及时修复，确保良好的技术状况，减少客车途中抛锚，降低运行成本。

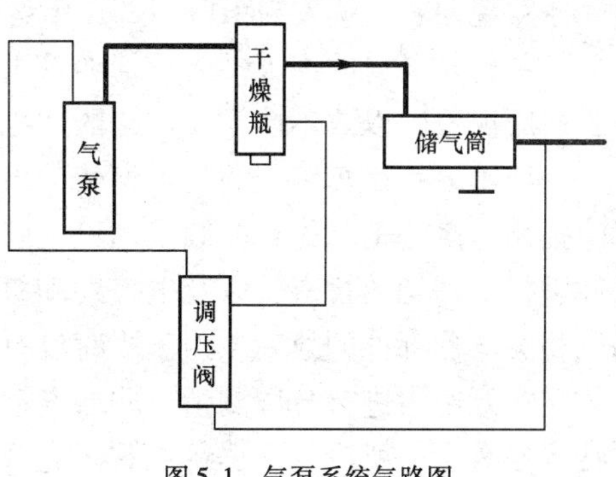

图5-1　气泵系统气路图

128. 客车突然熄火引发交通事故

故障现象：在修理一辆金龙客车（日野J08C发动机）事故车时，车主要求修理厂一定要查明发动机熄火的原因。因为该车在高速公路上行驶中曾突然熄火，发生了后车追尾的交通事故，事故造成该车尾部及底盘、大梁严重变形，发动机冷却系统和空调系统损坏，客车车损达9万元。令驾驶员不解的是，自己驾车20余年均没有误操作，怎么会无缘无故熄灭呢？

按事故车的修理程序，拆卸发动机，校正、修复车身和大梁后，在接下来的检修中，发现发动机的油水分离器、柴油滤芯有堵塞现象，给予更换后，试车正常，故认为突然熄火的原因就是油水分离器、柴油滤芯堵塞。但该车出厂运行不到200km后又出现同样的故障，发动机突然熄火，且在熄火前发动机明显感觉动力不足。熄火停车用手油泵泵油后，能起动，但行驶不到20km又突然熄火了。

分析排故：根据故障现象，经过认真检查，发现油水分离器上的手油泵按钮被吸住，进油不畅，管路一定有堵塞，拆卸油箱出油管发现出油管堵塞，清洗油箱、疏通油管后重新安装试车良好，从此后使用正常，故障排除。

仅仅是由于油箱出油管的堵塞，造成了车辆在高速公路上突然熄火停车，导致这次直接经损超过10万元的重大交通事故，这引起客车维修的企业高度重视。有的故障可能是多个原因引起，如油路堵塞或管路漏气等，都可能同时多处发生，所以在车辆维修时一定要强化检验，彻底排除故障，提高一次修复率，确保维修质量。导致车辆抛锚最大的隐患是危及行车安全，提高维修质量对安全行车至关重要。柴油发动机的进油系统最怕进空气和油路堵塞，清洁工作和防漏尤为重要。因为柴油发动机的供油系统管路连接口多，油泵工作时对进油管产生真空吸力，接口处易进空气，而我国的柴油中杂质又多，平时一般不清洗油箱，所以经常会产生管路进空气或堵塞现象。除上述原因外，柴油滤清器或油水分离器堵塞，油泵回油阀回油压力过低，油箱回气孔堵塞，或高压油泵、喷油嘴故障，柴油质量不达标等都会引起发动机起动困难、在运行中自动熄火或加速无力。

129. 德国曼发动机在高速行驶中动力不足

故障现象：一辆安凯 HFF6123K01 客车在行驶途中有时会发生发动机故障警告灯偶尔点亮，一会儿又自动熄灭，之后伴随着出现加速过程中提速反应迟钝，发动机动力上升明显有滞后现象，以致不能实现灵活的加挡变速。

分析排故：该车装用的是电控柴油发动机（曼 D2866LOH25 发动机）。根据驾驶员的故障描述，修理工首先对控制发动机电脑（ECU）相关的电源、各种传感器、信号电路接插件进行了仔细的检查，以及电控发动机电脑的自检诊断检查，并没有发现与电控柴油发动机相关电器部件的故障。由于当时没有专用的检测仪检查发动机的动态运转情况，只能用数字式万用表进行分段测量，测取发动机在静态、动态以及特定转速时的相关数据，对照技术参数表，所测的数据都在许可范围内。然后对该发动机的燃油系统的管路、接头、柴油滤清器、油水分离器等进行了仔细检查，也一切正常。然而发现手油泵活塞盖处有渗油现象，高压油泵的燃油限压阀有卡滞现象，因此对上述故障件进行了更换修复。同时检查发动机的进气系统的涡轮增压器、中冷器，管路接头等性能良好。

试车检验故障没有排除，发动机运转声音发闷。经过分析发现：增压式柴油机的响应快慢，除了供油系统外，还与空气的增压有关。前面排除故障时所采取的一系列检查，都是针对发动机供油相关的电路、油路及废气涡轮增压的输出端连接管道做的检查工作，那么在废气涡轮增压器动力输入端的驱动气源的排气管路压力方面有没有故障，即排气歧管是否存在漏气现象呢？于是重新起动发动机，开始对排气歧管的接口等相关部件进行漏气检查，终于发现有两个汽缸的排气接口垫处有不明显的漏气（只是在急加速时，才会有轻微的黑烟渗出），停机后便紧固排气歧管固定螺栓。后来又从安凯公司借来曼电控发动机的专用检测电脑解码仪对该车进行了全面仔细的检测，又排除了电控燃油控制电脑（ECU）专用的水温传感器存在的隐性故障：当出现传感信号失真，显示的温度数值相对高于正常值时，却给电控电脑（ECU）提供了高温信号，使故障灯点亮，从而使电脑控制电控油泵减少供油量，造成发动机转速降低，因而发动机不能顺畅加速。更换了水温传感器后，试车发动机动力提升响应明显加快，变速器换挡自如，行车一切正常。

该车在出现加速滞后的问题之前，因汽缸垫损坏更换了二缸汽缸垫，修理工装复时疏忽，没有对排气歧管紧固螺栓进行二次复检。在发动机高温运转之后，该螺栓出现了不同程度的松动，经过一段时间工作后，引起排气歧管垫处的漏气，故障在日益加重后，导致废气涡轮增压器的工作效率下降而引起发动机在大负荷工作时缺氧，进气管道上的压力传感器的电信号就产生了变化。在发动机水温传感器损坏后，因其信号出现了偏差，当传感器的信号漂移超过了正常值的高温极限范围时，就出现了发动机的故障灯会偶尔亮一下的现象，引起发动机供油输入减少，动力下降，加速不畅。为此对待电控增压柴油发动机的故障分析排除必须借助于电脑检测仪，首先要排除机械部分的问题，尤其是在汽车维修时一定要按技术规范作业，强化三检（自检、互检、专检）制度，综合分析逐一排除故障。

130. 大宇客车发动机疲劳损坏

故障现象：8 月的一天，一辆大宇 GDW6900E 客车（杭州—合肥班车），在距合肥

5km 时，驾驶员发现低速时机油压力报警灯有时闪亮，后来好像又正常了，所以继续前行。到合肥车站后，向合肥修理厂报修，修理厂认为要拆检发动机才能确诊，并没有进一步检查。驾驶员回家心切，擅自正班发车回杭。车至芜湖境内驾驶员又发现机油压力灯闪亮，于是打电话回修理厂，修理厂检验员告知要密切关注机油压力表及报警灯工作，如压力太低或机油报警灯常亮不能行驶。在车至宣城时，驾驶员说发现机油压力灯常亮，于是停车等待救援。修理厂的人赶到后，拆下油底壳发现该车发动机缸体已损坏，无法修复，于是联系拖车返厂。

分析排故：解体发动机发现该发动机第 4、5 道曲轴主轴瓦下瓦盖断裂，第 3、4 道主轴瓦瓦座螺栓孔处断裂，第 6 道主轴瓦座也已开裂，2 只主轴承座螺栓在螺纹处断裂，其他螺栓的螺纹状况良好，曲轴减振盘与壳体圆周方向有 1/5 的陈旧性裂纹。活塞连杆机构、所有曲轴瓦及其他部件工作良好。

该发动机是桂林大宇公司 DE08TIS 型发动机，已行驶里程 126 万 km。该车曾于当年 6 月 21 日换过活塞连杆四配套件，曲轴机构工作良好所以未拆卸主轴承座盖，7 月 13 日报修机油压力低，检修时发现机油泵出油管有裂纹，更换出油管后机油压力正常。从事件经过、损坏情况分析判断是因为长期使用导致金属疲劳损伤，主轴瓦盖螺栓松动后，轴承间隔增大使机油压力下降，同时活塞的冲击力作用使轴承座断裂和螺栓断裂。螺栓的螺纹情况良好，其松动的时间是在出现机油灯闪亮前，所以该故障是突发性发生的。

综合分析比较德国与韩国生产的发动机，因材料质量的差异性，其发动机的使用寿命就有很大的差距。像韩国产的大宇或现代客车的发动机行驶里程超过 100 万 km 后（德国生产的发动机 160 万 km 不大修，这是完全没问题的），常常会发生发动机疲劳损坏。因此韩国产的大宇或现代客车当发动机的动力性、经济性明显下降或机油压力偏低时，就要及时对发动机进行大修处理，从而对曲轴及其轴承的配合状况和发动机的冷却系统都作全面修理，使各部件技术性能和使用寿命的综合平衡，达到技术与经济的最佳结合。

131. 错装轴承导致宇通客车发动机损坏

故障现象：一辆宇通 ZK6600DE 客车（玉柴 YC4102BZLQ 发动机），因离合器损坏拖到修理厂，拆卸离合器总成后发现离合器压盘、离合器片、分离轴承、飞轮及变速器第一轴前轴承（6205 导向轴承）都已损坏，需全部更换。

因时间紧迫，修理厂日夜班人员连续作业，日班修理工拆卸、解体离合器部件，并做好清洁准备工作，夜班人员安装导向轴承、离合器和变速器总成，装复后试车检验离合器工作良好。但仅运行一天，回场检查发现发动机底部后端漏油，变速器第一轴及套管上都有油，认为是变速器第一轴油封损坏，于是更换了油封。第二天运行后检查仍然严重漏油，仔细检查认定是发动机后端油封处漏油，拆下油底壳却发现曲轴的后止推片已脱落，并且曲轴和曲轴主轴承盖上的止推片定位销均已磨损。经加工定位销后，更换了止推片和油封，重新装复。行驶半天后检查仍然是发动机后部漏油，再次拆下发动机油底壳检查，发现发动机缸体和曲轴的最后一道主轴承座及曲轴端面已严重磨损，磨损量达 4mm，后止推片又脱落了，油封已损坏，缸体与曲轴都不能再使用。为此只能更换了新的汽缸体和曲轴，日班修理人员进行清洗安装，组装完成后进行台架试验，运转一切正常，后转交夜班人员安装到车上，调试后出厂。运行一天回场检查仍然有严重的漏油现象，为什么全是新的材料，发动机台架试车很好，离合器分离、接合也正常，却总是漏油呢？

分析排故：再次拆检发动机总成，解体后技术人员仔细观察，发现曲轴和止推片都是后片单边磨损，造成曲轴后油封损坏，从而发生漏油现象。后止推片与曲轴端面非正常磨损，说明曲轴有向前的推力作用，导致后止推片与曲轴端面在常态下有严重的摩擦。检查离合器的工作状态良好，可能是变速器的输入轴顶住了飞轮，使飞轮和曲轴产生向前的推力，曲轴与后止推片之间有压力，造成曲轴与后止推片的严重磨损。由于导向轴承是安装在飞轮中心沉孔上的，仔细检查发现变速器第一轴与导向轴承的接触端面有受力摩擦现象。经过技术人员的分析和询问才知：白班修理工在拆解飞轮后再拆下了导向轴承，该轴承是安装在曲轴后端沉孔上的，而轴承的位置装错了，夜班修理人员把导向轴承安装在飞轮中心沉孔上，导致了变速器第一轴顶住了导向轴承，使飞轮和曲轴向前推，从而导致止推片和曲轴及缸体的严重磨损。查明了原因，重新更换曲轴，然后先把导向轴承安装到曲轴后端沉孔上，再安装飞轮，装复后故障彻底排除。

该车型号发动机飞轮中心孔内径和深度都与变速器第一轴前轴承的外径和厚度相一致，但飞轮中心孔前端又有2mm的一台阶（如图5-2所示），阻止了轴承前移。变速器第一轴通过导向轴承压迫飞轮和曲轴，使曲轴前移产生上述后果。日夜班工作交接时没有交代清楚，再加上该型号发动机飞轮的结构在设计上也存在缺陷，易误导安装。大部分商用车的变速器第一轴前轴承是安装在飞轮中心孔上，但也有的是安装在曲轴后端沉孔中。

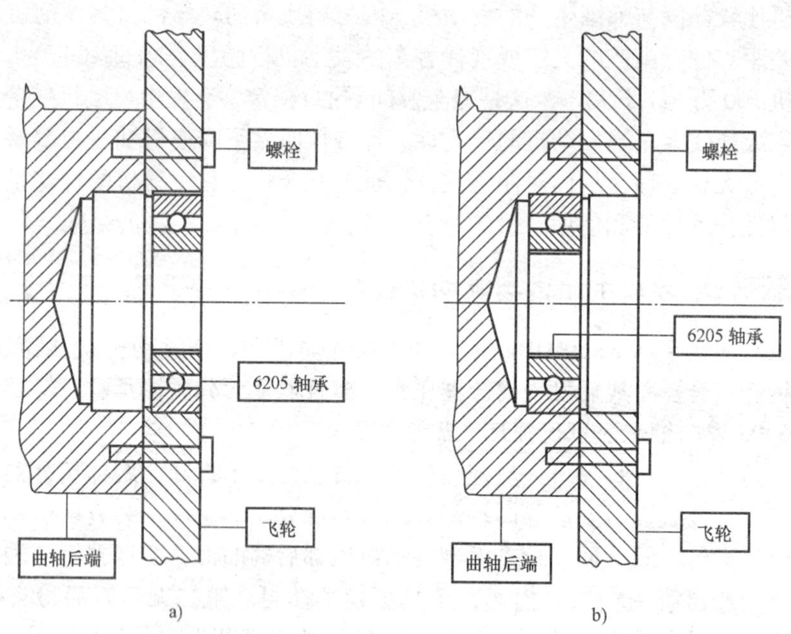

图5-2　变速器第一轴6205导向轴承安装位置比对图

a)错误安装；b)正确安装

这次的教训非常深刻，因错装了变速器第一轴前轴承，导致一只汽缸体和二只曲轴报废，多次反复检查修理，费时费力。工作人员在检查排除故障分析原因时一定要认真仔细检查，尤其是返修工作更要综合分析，找出原因，千万不能就事论事地修理。弄清车型编号，拆装部件时要做好记号，旧件不要马上抛弃，以便比对。同时在修理工作交接时一定要办好移交手续，对结构或技术要求不清时，要多查阅维修资料或请教其他人员，不能凭传统经验作业，强化维修过程检验，减少返工返修，提高维修质量。

132. 发动机汽缸套（砂眼）漏水导致连杆弯曲变形

故障现象：一辆已行驶了 160 万 km 的安凯客车（奔驰 V8 发动机），驾驶员反映该车早上冷车起动困难，往往要使用两三次起动机后才能起动，期间先后更换过起动机和蓄电池，但过后不久早上根本无法起动，修理工检查蓄电池、起动机都正常，然后用工具摇转发动机，曲轴不能转动，怀疑是发动机曲轴被卡住了。于是对发动机进行拆检，先拆下右边 4 只汽缸盖，只有第 6 缸稍有一点水渍，经验判断这点水渍不至于影响起动的，又拆下左边的 4 只汽缸盖，发现第 3 缸有较多水渍，缸套表面有锈斑。当时根据故障的表象认为是汽缸垫损坏而产生的渗漏，于是就更换了汽缸垫。但是该车运行两天后，又出现同样的毛病。

分析排故：起动发动机，发现其运转不平稳。熄火检查：摇动曲轴，在摇到一定位置时摇不动，但用撬棒用力拨动飞轮能转动，在沉重的位置处做好记号，检查气门、摇臂、顶杆和气门间隙良好。再次摇转曲轴，摇到有记号的地方又卡住了，于是决定拆检油底壳，当旋出放油螺母时，发现大约有 600mL 的水，放出的机油良好，水油不混。拆下油底壳也看不出有漏水现象，再仔细检查缸体，发现第三缸连杆弯曲变形，抽出活塞，一看缸套并无漏水。装上汽缸盖，在水箱口用气加压查漏，结果在第三缸缸套距上平面 5mm 处有水渗出，该缸套上有一个很小的砂眼孔在漏水（冷却水长期腐蚀后穿孔）。当发动机运转时，轻微漏水，水汽可伴随废气从排气门、排气管排出。当汽车熄火停车过夜时，由于渗漏的水积存在汽缸套内（活塞处于中下部位置时，水刚好流在活塞顶上），旋转曲轴时，活塞上移压缩积水，发动机转动困难，所以当积水较多时就起动不了。短时间停车后漏水量少，起动机功率大强制起动把积水排出了，但很可能会带来车辆的损坏。此车属于轻微漏水，由于汽缸中积水，转动到一定位置就产生运动干涉，所以曲轴连杆机构在一定位置上会被卡住，严重时就导致连杆弯曲变形。后经更换缸套、活塞、连杆，装复后试车运行正常。所以当汽车发生不明故障时，不要随意起动发动机，否则会造成更大的机件损坏。

133. 更换了汽缸垫后却导致气门室内机件不能润滑

故障现象：一辆杭州—象山的大宇 GDW6900E 客车（DE08TIS 发动机）因汽缸垫损坏拖到修理厂要求更换汽缸垫，客户为了节省成本自已到汽配城采购了配件。该车换好汽缸垫后起动试车一切正常，第二天回到杭州再次报修：行驶中发动机有异响，机油压力与冷却液温度都正常。检验员试听后觉得是气门室内的声响，修理工打开气门室罩盖，发现气门室内清洁干燥，没有一点润滑油，摇臂因长时间的高温高压作用已变色发红。显然是润滑油没有进入气门室造成的，润滑油是起润滑、冷却作用的。

分析排故：因该车发动机前一天刚换过汽缸垫，所以马上怀疑问题出在汽缸垫。拆检汽缸垫，发现新汽缸垫与原旧的汽缸垫的所有固定螺栓孔位置都是相同的，但油道孔却错位了。汽缸体上的油道孔与新的汽缸垫上的油道孔对不上（如图 5-3 所示），新的汽缸垫隔断了缸体与缸盖之间的润滑油道，润滑油不能进入气门室内，使气门摇臂在缺油状态下工作，行驶了 600km，摇臂与摇臂轴发生干摩擦产生了异响。重新换上老式的汽缸垫后，症状消失，故障排除。驾驶员高度的责任心和良好的技能素质，避免了一次重大经济损失，如果没有及时发现，很可能将损坏发动机。因该车型的发动机经常发生汽缸垫损坏事故，对此发动机厂家根据使用情况对汽缸盖和汽缸垫进行了技术改进，老式汽缸盖上的滑润油是经过缸盖螺栓与螺栓孔之间的空隙通过的，而新式汽缸盖则专门设计了单独的滑润油道，新式汽缸垫只适用于新式汽缸盖，而老式汽缸垫是可以通用的。

上述故障现象说明：对于客户自购配件必须要严格检查其质量，由于一般客户对配件的专业知识了解得不多，维修人员要用专业技能把好质量关。在采购配件时一定要先弄清型号、编号，维修时拆下旧件后不要马上把旧件清理掉，以便新件安装前作一下比对，加强过程检验。汽车维修企业是服务性行业，为此一定要有全过程的服务意识，维修要实行质量跟踪服务。驾驶员对维修质量也要重点关注，加强途中检查，掌握汽车运行动态。

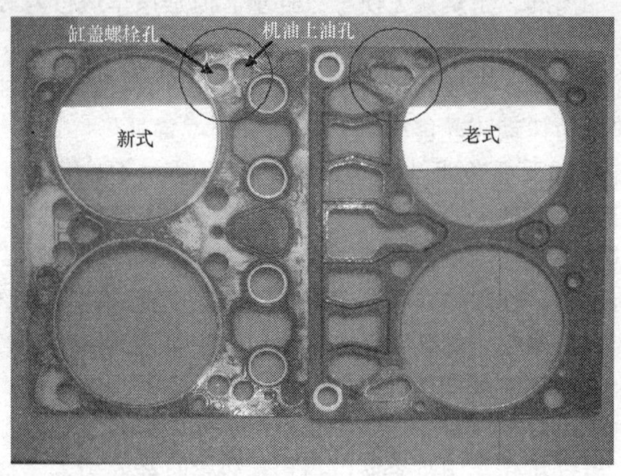

图 5-3　DE08TIS 发动机两款汽缸垫结构对比图

134. 因熄火电机故障引起发动机“断油”

故障现象：一辆大宇 GDW6900E 客车，在连续正常行驶约 100km 后会出现发动机慢慢自动熄火的故障，如发动机“断油”熄火，停车后用柴油发动机的手油泵泵油后车辆又能正常行驶。根据驾驶员对故障描述，检验员初步诊断是燃油管或燃油滤清器堵塞所致，但是经过检查后没有发现油管有堵塞，更换了柴油滤芯后进行试车，一切正常。次日该车行驶了约 200km 时，故障又出现，同样经过泵油后，车辆又可行驶。

分析排故：回场后修理工再次仔细检查，还是没有发现明显的故障点，于是决定派修理工跟车检查故障动态情况。第二天车在行至金华附近时又出现“断油”现象，修理工检查发现发动机的熄火电机已经自动工作，并造成发动机熄火。经紧急处理后，该车一切正常。后经更换熄火电机，试车正常，车辆没再出现类似问题。

该车由于熄火电机或控制线路问题造成熄火电机自动工作，而且熄火电机工作时也不是一步到位，而是逐步工作到位并造成发动机慢慢熄火，所以不容易被判断。当车辆出现“断油”熄火后，驾驶员总是先关闭电源开关，然后用手油泵泵油，重新打开电源开关再起动的。关掉电源开关后，熄火电机断电就自动复位了，这时发动机就可以起动。由于故障类似“断油”现象，所以开始的维修思路都是从油路去考虑，甚至考虑喷油泵和喷油器故障。

从本次维修过程来分析，车辆维修时，修理人员的分析思路一定要开阔，要学会透过现象看本质，系统思考分析排除故障。同时对于一时难以判断的故障要尽量采用跟车检查的方法，从故障动态现场了解第一手信息，便于及时做出判断和分析。

135. 如何检查区分发动机、变速器油水相通的故障

故障现象：因部件的损坏，有时会发生发动机冷却液中有机油，或机油里有水，或两者都发生的故障。

分析排故：如何判别此类故障的原因，因发动机的结构存在差异：如大宇 DE12TIS 发动机的水泵是用齿轮驱动，如果水封损坏就有可能造成冷却液流入机油里，而大部分发动机由于是用皮带驱动水泵的所以就不会发生该故障。还有像青年、安凯等高档客车配置机油冷却装置或液力缓速器，发动机、变速器和液力缓速器都通过冷却液强制循环冷却，发动机机油散热器和变速器、液力缓速器齿轮油散热器都通过散热器循环水冷却（散热器内层管通过机油或齿轮油，而外层散热片则通过冷却液，其油与水的流向相反）。如散热器管路腐蚀或机械损坏就会出现水里进油，这是因为发动机和缓速器工作时，其油压高于冷却水的压力。综合分析发动机、变速器油水相通的问题，其故障的现象和原因有：

(1)发动机冷却水里有机油或机油里进水故障可能出现的部位：

①发动机汽缸垫是上述故障频发的部件。在外部不漏水的前提下，起动发动机怠速运转，冷态时打开水箱盖观察水箱口有无喷水现象和漏气声，如有喷水现象和漏气声说明汽缸垫有损坏。有时轻微的汽缸损坏，也可以用手压捏水管，看橡胶水管压力高低来判断有没有冲坏汽缸垫。因为汽缸垫结构的特殊性，损坏部位和严重程度的不同，产生故障的现象和后果就不一样，这就有可能会出现水里有油、油里进水或油水互渗。汽缸套上平面应高于缸体平面 0.05～0.15mm，如汽缸套位置太低就很容易发生汽缸垫损坏。

②大多数柴油机都装有机油散热器部件，如机油散热器损坏则是水里面会渗入机油。如何检查机油散热器，要看其是内装式还是外装式。内装式机油散热器是和发动机水套连为一体的，外装式的是散热器的进、出水管和发动机冷却系统连接一起。因安装位置的原因，检查内装式机油散热器要更换部件来对比判断，而外装式的就可以把机油散热器的进、出水管短接，起动发动机试车，看其散热器的水管处有没有机油漏出就可判定。

③湿式汽缸套也是容易发生漏水的地方。湿式汽缸套外壁下面装有 2～3 个 O 形密封圈，如果 O 形密封圈装配不良或长期使用后老化，O 形密封圈的效能下降或失效，水套里的冷却水很容易漏入发动机的油底壳，机油里会有大量的水浸入。另外，因汽缸套外壁沉浸在冷却液中，长期与高温的冷却水接触会渐渐被氧化，或是缸套上的砂眼被水腐蚀后很容易被腐蚀贯通，使缸套发生穿孔现象。冷却液流入汽缸里面进入油底壳，如穿孔部位在汽缸中上部，当压缩行程或做功行程时气就会冲进水道里，水箱盖处会有喷水现象。

④有的汽缸盖上表面有水道闷盖，水道闷盖处于气门室盖内。长久使用的发动机如发生水道闷盖腐烂损坏，则冷却液从水道闷盖处进入机油里。这种情况只要打开气门室盖，起动发动机观察气门室盖内水道闷盖处有否漏水即可。

⑤柴油发动机还有一种喷油嘴带隔水套，如隔水套裂损，冷却液从喷油嘴孔渗漏到燃烧室，再从汽缸壁漏到油底壳。

⑥缸体、缸盖中的油道或水套上产生细小裂痕，只有少许进水或进油的现象就比较难检查。可通过拆下油底壳，给水箱加压到500kPa以上（在水箱里加热水效果更好）并保持5min以上，观察哪个部位会渗水，根据渗水点就可以找到裂损部位。

(2)装有液力缓速器的变速器，通过检查变速器和缓速器的油平面来判断，在变速器、缓速器外部不漏油情况下如发生油平面明显下降，齿轮油肯定会漏进水道里。如散热器损坏则一般都是水里进油，因为工作时油压高于水压。

136. 出油管脱焊漏气导致发动机断油故障

故障现象：一辆大宇GDW6900B客车，总行驶里程超过了170万km，驾驶员反映：近期该车经常发生发动机断油现象，起动后正常运行不到半小时就会出现断油现象（突然间动力不足，踩踏加速踏板发动机不提速），但只要松一下加速踏板，发动机又能恢复正常。曾经有一次，出现故障时，驾驶员认为可能是缺少柴油，停车检查油箱，想打开油箱盖检查却难以打开，打开后发现油箱内有足够的柴油。回杭后，检查油箱的通气装置有堵塞现象，更换了油箱通气装置和油箱盖，故障仍未排除。后来故障发展成车辆一发生断油现象，发动机就无法再起动，只有重新用输油泵泵油才能起动。

分析排故：针对这些现象，修理工认为应该是油路故障。于是反复检查了油管的密封性与畅通性，更换了柴油滤芯，但没发现明显故障原因；也检查了熄火电机、燃油泵、高压油泵和喷油器等部件，一切正常，但试车故障现象仍时有发生。分析查找原因，据驾驶员反映在发动机出现断油现象时油箱盖无法打开，于是检查油箱出油管（俗称油箱直接管），发现出油管有漏气现象，就将油箱的出油管和回油管调换进行对比试验，试车检查故障消失了。拆下出油管进行水压试验，出油管的焊接处有脱焊而产生严重的漏气，重新焊接后装车故障彻底排除。

维修心得：本次维修，开始只针对常规的油路、电路检修，忽略了故障现象中的两点——出现故障时可以通过松加速踏板缓解故障现象，而且伴随无法打开油箱盖，对此一开始没有认真分析。后来才认识油箱盖之所以无法打开，其实就是油箱出油管有漏气现象，而且油箱的通气装置工作不良，致使油箱的密封性增加，油箱内空气产生负压，吸入油管中的空气量不是很多，因此有时还可以通过松加速踏板来缓解该故障。通过此次维修经历，维修人员应该认识到：在对车辆的故障进行判断、排除时，千万不能忽视或轻视任何一个故障现象和细节，“细节决定成败”是一定要牢记的。

137. 五十铃客车发动机重复“拉缸”的故障

故障现象：一辆五十铃客车因发动机拉缸来修理厂修理，拆检发现活塞、汽缸套均已损坏，于是更换了汽缸套、活塞、活塞环和活塞销（俗称四配套件）。装复后先进行台架试验，然后装车上进行路试，机油压力、冷却液温度等一切正常，也没有任何异响，顺利出厂。该车出厂后大约运行600km时，驾驶员打电话反映发动机有异响，不敢再行驶了，等待救援，但行驶中没有出现冷却液温度高、机油压力低等现象。该车型配置的是日本原装五十铃6SB1TC发动机。

分析排故：修理厂立即派员赶赴现场检查发动机外部无漏油、漏水现象，根据驾驶员描述异响的症状，起动发动机怠速运转，听察发动机声音，确有沉重的敲击声响，并在检修中发现发动机曲轴箱通风管有较多废气冒出，且有滴油现象，打开加机油口盖，发现有严重窜气。再对发动机进行常规的断缸法进行检查，二、六缸断缸后，异响明显减弱。根据以上故障现象初步判断是：发动机第二、六汽缸可能发生了拉缸。将该车拖回修理厂拆检，拆下发动机油底壳就发现第二、六汽缸已拉缸损坏，连杆、曲轴未受损，油底壳内有金属磨粒。拆下活塞连杆机构的滑润、冷却喷嘴，经检查已严重堵塞，清洁、检查了润滑油道，更换了发动机汽缸套、活塞、活塞环和冷却喷嘴。在安装前认真仔细测量汽缸与活塞及活塞环的各项装配间隙，按技术要求装复试车，发动机运转良好，冷却液温度和机油压力都正常。出厂运行后进行了维修质量跟踪，发动机运行一切正常。

到底是什么原因导致发动机连续出现"拉缸"故障呢？经过分析认为是润滑系统出现故障引起的。小功率发动机的活塞连杆机构和汽缸壁的润滑和冷却是通过连杆上油道喷油和曲轴曲柄将滑润油飞溅方式来保证的，而大功率的柴油机则采取缸体下曲轴箱上的专用喷嘴将来自主油道的滑润油喷射和曲轴曲柄将滑润油飞溅方式来润滑和冷却的。该发动机装有活塞润滑、冷却喷嘴，由活塞冷却喷嘴喷出高压润滑油对活塞和缸套进行冷却和润滑。因第一次发生发动机拉缸后，修理时没有仔细检查、清洁喷嘴，拉缸后产生的金属杂质颗粒堵塞了冷却喷嘴，导致发动机活塞连杆机构和汽缸壁不能正常滑润和冷却，活塞在汽缸内高速运转，高温促使活塞过度膨胀导致拉缸。因此，在发动机进行大修时，应加强对冷却、润滑喷嘴的检查，保证喷嘴不卡滞不堵塞。如果发动机、变速器或主减速器等部件发生异响时，在没有明确排除隐患前千万不能随意起动发动机行驶，否则会造成重大的机械损坏。汽车修理工在工作时一定要认真仔细，绝不可以随意简化作业，严格按汽车维修规范和技术要求执行，确保维修质量。

138. 日野 P11C 发动机机油压力低及窜气的故障

故障现象：一辆青年客车配置的是日野 P11C 发动机，在行驶途中驾驶员突然发现该车发动机机油压力明显降低，仪表显示只有 100kPa，但报警灯未闪亮（该发动机机油压力的最低压力报警值为 80kPa），随之而来是发动机动力急剧下降，并伴随有排气管冒黑烟，曲轴箱窜气严重等现象。经停车检查，机油液面处于正常位置，在确认机油量充足的情况下，继续行驶回场。

分析排故：客车回场后对该发动机的机油压力用外接压力表进行直接测量（在传感器接口位置），怠速时测得的压力数据为 50kPa，机油压力报警灯闪亮，此时在没有确定造成机油压力太低原因的情况下，不能再起动发动机检查，于是拆卸油底壳作进一步检查。在放机油过程中发现此时的机油异常稀薄，且伴有油焦味。说明该车在回场途中发动机的温度是较高的。于是再到机油的沉淀物中寻找杂质，但未发现任何金属和合金杂质，这样至少能说明曲轴的大、小轴瓦以及凸轮轴轴瓦并未磨损。因此造成该发动机机油压力低的原因应该说与机体无关，参照该车润滑油路（见图 5-4），应该仔细检查机油泵及外部管路。同时考虑到该发动机已严重窜气，必须对该发动机解体检查。在解体后检查发现有 3 个异常现象：一是机油泵工作时有机油从机油泵的主、被动齿轴溢出；二是涡轮增压器叶轮轴松动严重；三是活塞环弹性变弱。于是更换机油泵，涡轮增压器及活塞环，装复后试车。机油压力、发动机动力正常，发动机窜气也消除。

原因分析：根据诊断结果，造成该发动机油压降低、动力急剧下降以及窜气严重等最根本的原因在于机油泵主、被动齿的轴孔磨损而引发机油外溢，导致机油泵功效下降。由于油泵功效的下降，首先受影响的是涡轮增压器的风叶轴润滑不良，从而导致风叶轴的过度磨损。进而涡轮增压器得不到正常工作，而产生发动机无动力症状。其次由于机油压力的降低，缸套与活塞环得不到有效润滑和冷却，密封性受到严重破坏。新型发动机缸套与活塞环的润滑是采用油嘴喷射润滑，并不是采用连杆圆周运动的飞溅润滑实现的（飞溅润滑的曲轴连杆的大头有飞溅油孔）。由于得不到良好的润滑，首先是发动机温度增高，随之而来的就是活塞环弹性变弱，密封性能下降，这样必然会产生严重的发动机窜气现象。

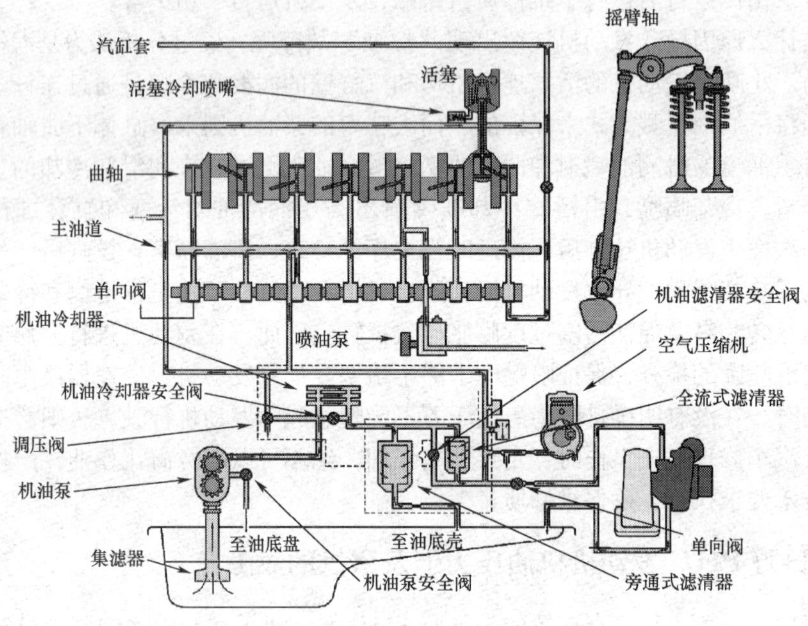

图 5-4 日野 P11C 发动机润滑系统

如何正确判断发动机机油压力降低的原因（不考虑机油压力传感器及机油油量）时。如果发动机机油压力降低，油管破裂、接口床垫密封不良等因素除外，首先应该检查的是机油泵工作效能是否正常。但检查机油泵的效能必须在发动机的正常工作温度下进行，也就是说机油温度需在 85 ~ 90℃时进行检测，这样才能正确地判断机油泵的好坏。其次必须检查涡轮增压器风叶轴是否严重松动，如果松动必然导致机油压力的明显下降（从机油压力表上反映）。这是因为机油压力传感器与涡轮增压器风叶轴润滑为同一管路，对于这一点必须引起重视，使诊断维修少走弯路。最后需要特别提醒的是日野 P11C 发动机修复后，其排气门间隙由于配气相位以及机械结构的缘故必须调整为 0.6mm。曾发生过因排气门间隙调整过小而造成排气门与活塞顶部撞击的现象。

139. 安凯尊荣 400 客车曲轴皮带轮松脱的故障

故障现象：金秋十月气温宜人，一辆行驶了 48 万 km 的安凯 HFF6121K35 客车（尊荣 400），在行驶途中驾驶员突然发现发动机冷却液温度偏高现象；途中，发电机充电指示灯时有闪烁，停车检查外观无漏水、漏油情况，冷却风扇及其他部件良好，工作正常。

分析排故：修理工检查水箱上下进出口处温度差较大，怀疑是节温器出现问题，于是先拆除节温器，但发动机冷却液温度仍然是偏高，又把电子风扇的调整螺栓拧到底，使电子风扇处于常工作状态，冷却液温度还是没有下降。检查发电机输出电压只 11V，于是更换了发电机总成，但输出电压仍然低于蓄电池端电压 12V。再次全面检查，首先拆卸水泵检查其工作状况良好，然后同类型车对比，发现两辆车发动机在相同工况下曲轴皮带轮的转速不同，尤其是在加速时，对比车的曲轴皮带轮的转速随发动机转速同步增加，但故障车辆的曲轴皮带轮的转速没有随发动机曲轴转速同步增加，存在较大的速度差。该发动机曲轴皮带盘带动 2 只发电机和 1 只空调泵，因 10 月份天气气温在 20℃以下，行驶途中不必开启冷空调，所以空调效能没有显现出来。

拆检曲轴皮带盘，原来其中 6 只传动螺栓已全部断裂，因为是磁力减振器皮带盘所以仍能承受一定的负荷，当发动机处于中小负荷时，由磁力减振器带动皮带盘的转动传递转矩，当超过磁力减振器所能承受的负荷时，皮带轮就发生打滑现象。通常，汽车发动机曲轴皮带轮与曲轴是用螺栓或键的钢性连接，这种结构发动机的平稳性稍差。高档商务客车性能要求高、车身重、空调负荷大，配置大功率的柴油发动机，为了提高发动机起动和熄火时的平稳性和客车的舒适性，奔驰 OM457LA 发动机曲轴皮带轮的设计采用了最新技术的磁力减振器，其结构原理是：曲轴皮带轮分内、外圈组合，内、外圈之间采用磁铁柔性连接，N 极与 S 极的磁铁紧紧地吸合连接，当扭转瞬时吸合扭力超负荷时产生相对滑动。

找到了原因后，更换了螺栓，但该类车曾先后 3 次发生曲轴皮带轮螺栓断裂的故障。进一步分析断裂的原因，原产德国的发动机的曲轴皮带轮负荷过大，单靠 6 只 ϕ8mm 螺栓固定其强度是远远不够的。由于我国夏季气温较高，尤其是南方地区高温酷暑，发动机冷却系统负荷和客车的空调负荷大，需要 2 只发电机承担用电负荷，而在德国本土上的空调负荷较小，其曲轴皮带轮螺栓的设计负荷不能满足我国南方地区的需求。技术分析后，提出了如下解决方法：

(1)将曲轴皮带轮螺栓由原 8. 8 级改为 10. 8 级，直径由原来的 ϕ8mm 改为 ϕ10mm，原来的橡胶缓冲圈改为牛筋材料的缓冲圈以提高强度。

(2)加工螺孔后一定要做好清洁工作，安装螺栓时要涂上乐泰 290 螺纹胶后再拧紧。每次客车二级维护作业时必须拆卸后保险杠检查螺栓的松紧度。

(3)要求驾驶员在操作空调时，先开动发动机，运转平衡后才可打开空调开关，发动机熄火前必须先关闭空调，怠速运转后再熄火。加速踏板要轻踏缓抬，加速、减速要平稳，正确使用是发挥车辆效能的关键因素。

改装后的曲轴皮带轮使用良好，从此再也没有出现损坏现象。

140. 更换机油滤芯不当损坏发动机

故障现象：一辆大宇客车一清早来修理厂要求更换机油，因客车维修的时间紧迫，一修理工匆匆作业更换了发动机机油，之后仅行驶了 40km 时，驾驶员发现机油灯亮和机油压力报警器响，随后就是“嘭”的一声响，发动机汽缸体破损了。拆检发动机，汽缸体左侧曲轴箱处被第三缸连杆击破，产生 8cm×7cm 的孔洞，曲轴、凸轮轴、3 缸连杆和活塞及缸体等报废，直接经济损失 2. 5 万元。

分析排故：拆检损坏的发动机，发现是机油滤清器上的 O 形圈损坏，客车高速运行时，高压机油冲破 O 形圈，导致机油滤清器漏油，发动机机油压力随之下降，不能满足发动机的润滑和冷却作用，缺油状态下运动的活塞连杆机构产生干摩擦，迅速升温造成拉缸和曲轴、凸轮轴等损坏，因驾驶员发现异常情况后没有及时停车，导致连杆打破汽缸体的事故发生。事故原因是安装机油滤清器时过紧或过松造成的。在日常的客车维护中，许多人会在拧紧螺栓、螺母时常有宁紧不松的习惯，如发动机油底壳螺母或机油滤清器螺栓等，其拧紧力矩就达 150～200N·m，不按规定要求作业就会使机件加快损坏。更换发动机机油看似一项简单的作业，但要真正做好，必须要严格按技术规范要求作业，了解掌握机油的特性、换油周期和作业规范要求。

机油具有润滑、冷却、密封、清洗、防锈和缓冲的作用。

柴油机机油的等级：目前我国常用的柴机油有 CF-4、CG-4、CH-4、CI-4 四个质量等级（字母按顺序越往后等级越高）。

换油周期：根据目前我国的客车运行条件和发动机的技术性能，如选用的是 CI-4 级的美孚或壳牌机油，换油周期为 25000～30000km。如选用 CH-4 级的美孚或壳牌机油，换油周期为 20000～25000km。过于频繁的维护作业或任意延长维护周期，对节能减排和发动机的使用都是不利的。良好正确的车辆技术维护是确保车辆技术与经济相结合的前提和保证。

更换发动机机油的作业规范包括：

(1)放油时先将发动机熄火，打开机油加注口盖，放好接油盘，热车状态要防止烫伤，放油要放干净。

(2)安装滤清器和油底壳螺母要一次完成，以防忘记拧紧而发生漏油；油底壳螺母按技术要求拧紧，拧紧力矩一般约为 50N. m。机油滤清器安装的拧紧力矩按发动机说明书要求执行。

(3)查清机油容量及使用等级，选用良好品质的机油，每次换油同时必须更换机油滤芯，安装机油滤芯前，先在 O 形密封圈上涂上机油，防止安装时损坏，滤芯内加入少量机油，按规定力矩拧紧。加油时要小心，以免外溢，加完油要做好清洁工作。检查机油量后起动发动机运转 2min，并适当加速，检查机油滤清器接口有否漏油，同时在怠速和中、高速时检查机油压力值。发动机熄火静止 5min 后再检查机油平面必须在标线范围内。

(4)换下的废油、滤芯要统一回收，不得随意乱放污染环境。

141. 高速运转的依维柯发动机非正常损坏

故障现象：1998 年月 10 月杭州某客运公司购买了 6 辆依维柯商务车，用于杭州—衢州班线的快客运输。新车使用了半年后，6 辆车的发动机先后出现严重的烧机油冒蓝烟现象，动力性、经济性大大下降，为此对发动机进行了大修。但大修后的发动机使用了两个月，行驶约 3 万～4 万 km 后又出现烧机油冒蓝烟现象，由于大修时对发动机的维修是严格按照厂家维修技术要求进行的，开始怀疑是否是配件质量有问题。更换了其他厂家生产的缸套、活塞和活塞环，并专门请了南京依维柯厂的技术人员会诊，仍未找出原因。半年来，发动机大修达 13 次，每次大修仅工料费就达 2. 5 万元，加上停班损失和救援费用，损失惨重。

分析排故：针对依维柯发动机非正常损坏，修理厂组织了技术攻关小组，查阅资料，跟车观察使用情况，每次解体发动机测量检查中发现都是第 4 缸缸套和活塞环严重磨损后窜气，大量机油窜入燃烧室，再从排气管排出，导致严重冒蓝烟。分析研究后发现：意大利原厂设计该型车是城市商务用车，正常使用车速为 70 ~ 90km/h。发动机第 4 缸的水道较窄，冷却水流量小，发动机纵向布置，尤其是夏季冷却效果更差，第 4 缸工作环境恶劣，所以发动机第 4 缸磨损特别严重。因该车用于快客运输，车速一般在 100km/h 以上，长时间高速全负荷运行，新车和发动机大修后没能按走合期减载限速的规定，大修时因时间仓促也没有按技术要求进行冷磨热试，从而导致非正常损坏。此后采取了限速和规范维护措施，在加速踏板处设置了行程限位，最高车速限定为 90km/h，发动机大修时冷磨热试 3 小时以上，严格执行走合期限载减速的规定，一级维护间隔里程为 1500km，二级维护间隔里程为 10000 km，加强日常维护尤其是冷却系统的效能检查，确保了发动机的正常工作温度控制在 95℃以下，此后汽车运行良好，发动机大修里程达到 30 万 km 以上，使问题彻底解决。

任何机械设备只有正确地使用和科学地维护，才能确保良好的技术状况。

142. 金龙 XMQ6891 客车火灾事故

故障现象：1999 年杭州某客运公司购买了 30 辆金龙 XMQ6891 高档客车（德国曼进口底盘），2001 年 2 月、6 月有二辆金龙客车先后发生发动机自燃事故，其中 2 月份发生事故的车辆后部、上部烧毁，直接经济损失 11 万元；6 月份又发生自燃，幸亏驾驶员发现早扑救及时才未酿成大祸。2002 年 6 月江苏某长运公司也发生过金龙客车自燃事件，全车烧毁。之前修理厂也专门请金龙客车厂技术人员会诊，检查后认为是因油管漏油的偶然事件，所以没有从根本上找出原因排除隐患。2004 年 4 月 3 日杭州某客运公司的一辆金龙车再次发生自燃，事故的发生不仅会造成车辆损失，更严重的是会危及旅客的生命安全。客运部门明确指示要求修理厂尽快查明原因，消除事故隐患。

分析排故：接二连三的客车自燃事故，令人胆战心惊，为此修理厂成立了专题攻关小组，开展了分析研究查原因，最后认定原因是：金龙 XMQ6891 客车的油、电路管线混合在一起，包扎不合理，固定不牢固，管线与车架易发生摩擦损坏导致漏油、漏电；蓄电池与管线相距太近易产生火花；发动机右侧检视口太小不便检查，不能及时查清漏电、漏油等情况。反复论证后确定的改装措施是：对全车油、电路作全面检查，清理油管和电线分别包扎后固定牢固，用橡胶外加包扎减振并绝缘；把蓄电池前移 50cm；拆除加热器，扩大检视窗口；发动机回油软管改为金属管；对易产生电火花的发电机、起动机、蓄电池接头处进行重点防范加强维护；每天车辆回场进行日常检查时要仔细检查四漏情况，确保良好的客车技术状况。改装措施实施后使用至今未发生火灾事件，金龙 XMQ6891 客车火灾隐患终于排除。此后客车厂在发动机舱安装了烟感报警器和自动灭火装置。这些措施被厦门金龙、郑州宇通等客车厂纷纷采纳。

因为大、中型客车大部分采取后置式发动机布置，发动机的冷却效果较差，机舱内的温度较高，其位置又远离驾驶室，驾驶员不能及时发现机舱内的火险情况。另外，随着客车安全性、经济性、舒适性的大大提高，附加配置和用电设备大大增加，漏电、漏油、漏气、漏水的几率也随之增加，尤其是漏电和漏油后极易发生火灾事故。安全责任重于泰山，为此如何防范客车火灾自燃事故的发生，必须从客车的设计制造、材料选用、使用和维修各个环节把好安全质量关。交通运输部《营运客车类型划分及等级评定》（JT/T 325—2010）标准中已明确规定：特大及大型各等级客车后置发动机舱内应装自动灭火设备；客车安装缓速器的部位应设置温度报警系统或自动灭火设备；特大及大型的高二、高三级客车都必须采用 CAN 总路线技术。这些规定和要求从技术和设备上提升了客车的安全性能。

143. 现代 HK6124 客车因机油泵轴承磨损导致发动机损坏

故障现象：一辆行驶了 121 万 km 的现代 HK6124 大客车，在高速公路行驶途中驾驶员突然发现机油压力报警灯亮起，待停靠后发动机自动熄火，检查发动机润滑油量足够，油质良好，也没有漏油现象，发动机冷却液温度正常，期间没有出现发动机异响，再次起动发动机则无法起动，只好等待救援。

分析排故：修理工初步检查后，撬动发动机都无法转动，判断可能是曲轴轴承抱死了。拆卸油底壳和曲轴主轴承，确认为曲轴抱死损坏。解体发动机后发现，曲轴第 2 道主轴颈与轴瓦已经黏合，第 3、4、5 道主轴颈表面有不同程度的拉伤痕迹，第 2、3、4、5 道主轴颈轴瓦走外圆磨损，导致第 2、3、4、5 道主轴承座孔磨损失圆，第 3 道连杆轴颈与轴承都严重拉伤。按常规的汽车修理技术要求，汽缸体的主轴承座孔损坏后必须更换新的汽缸体，因为汽缸体的曲轴轴承孔同心度和轴与轴承的配合间隙要求很高，一般加工很难确保质量。汽缸体的价值较高，而该车已经行驶了 121 万 km，为了节约材料成本，根据以往的维修经验，宜采取汽缸体修复技术，即先对汽缸体曲轴轴承座孔磨损处进行堆焊，再以未损坏的第一、七道曲轴主轴承座孔为基准，一次性进行镗削加工修复，确保其符合原尺寸和同心度。缸体修复后，更换了第 3 道连杆和曲轴，按发动机维修技术要求装复试车，性能良好，跟踪运行 1 万 km 一切正常。实践证明缸体损坏是可以修复的。

原因分析：外观检查机油泵情况良好，为什么突然之间会发生曲轴轴承的损坏，机油压力报警灯亮，说明是机油压力偏低。因为机油压力太低，不能满足曲轴的润滑和冷却，所以在很短的时间内就可能导致曲轴轴承和曲轴轴颈的损坏。为此用手工方法检测机油泵出油压力，将机油泵进油口浸入机油中，一只手压住出油口，另一只手快速转动机油泵驱动齿，出油口的压力明显不足，同时发现在驱动齿一侧沿机油泵主动齿轮轴的轴颈处有机油流出来，说明主动齿轮轴颈与轴承之间的配合间隙已经过大。于是把机油泵解体，测量检查其中的各个间隙和配合情况。主动齿与壳体的间隙为 0.15mm（其标准间隙为 0.11 ~ 0.18mm，使用极限为 0.2mm），主动齿轮轴与轴承（铜套）的配合间隙为 0.09mm（标准间隙为 0.04 ~ 0.07mm，使用极限为 0.15mm），主动齿轮轴轴承（铜套轴承）走外圆，走外圆磨损后，主动齿轴轴承外圆与轴承孔之间间隙已达 0.6mm，按技术要求主动齿轴轴承外圆与轴承孔之间是过盈配合（过盈量为 0.02 ~ 0.04mm）。可见导致机油压力低的真正原因是机油泵主动齿轴轴承外圆与轴承孔之间磨损松动。因轴承外圆与座孔磨损失圆，当机油泵齿轮高速转动时，主动齿轮轴承外圆作不规则的转动，所以机油压力会出现时高时低现象，当机油压力持续过低时间较长时，就会发生发动机损坏事件。

防范措施：当行驶 120 万 km 后的韩国产大宇或现代客车的发动机，多次发生汽缸体曲轴主轴承座盖断裂或机油泵轴承磨损超限，导致机油压力降低损坏发动机事故。其原因是，长久使用后金属材料发生疲劳损坏，可能韩国产大宇或现代客车的发动机其设计使用寿命就只有 120 万 km。根据“定期检测、强制维护、视情修理”的客车维修原则和目前道路运输企业客车的实际报废使用年限（一般 6 ~ 10 年或 150 ~ 200 万 km），为此就韩国产的大宇或现代客车的发动机，当行驶里程达到 100 万 km 后，必须对发动机进行一次全面维护。维护检查的内容是：检查曲轴轴承座、连杆轴承座螺栓的松紧度和曲轴轴颈与轴承的配合间隙；检查曲轴止推片的磨损情况和曲轴的轴向间隙；检查机油泵主动齿轮轴承的配合情况，确保良好的泵油压力。在行车途中万一发生报警灯亮，无论是机油压力、冷却液温度、制动报警灯或报警器报警，都必须及时停靠检查。停车后首先要做好安全防护措施（如在高速公路上必须在 150m 以外设置车辆抛锚停车警告标志，并做好旅客的疏散和车辆抛锚报警工作，高速公路上严禁修理汽车），防止次生交通事故的发生。

144. 柴油发动机途中自动熄火的故障

故障现象：一辆江淮中型客车，在行驶途中自动熄火后无法再起动，拖回修理厂检修。当时初步判断可能是柴油机低压油管内进空气，仔细检查进油管路没有发现有渗漏现象，按压手油泵排放空气，油管内有空气排出，排净空气后起动发动机，加速、减速反复试机、怠速运转一切正常。但第二天故障重现，检修时发现柴油变黑并有杂质，更换柴油和柴油滤芯后，试车正常。但第三天出车后又自动熄火，最后决定清洗油箱。在拆卸时发现油箱内的直接管下端装有一只过滤网，滤网上吸附了大量的杂质，将其彻底清除后从此该车故障消失。

另有一辆金龙大客车一旦车速达 100km/h 时会自动熄火，熄火以后用手油泵泵油可以重新起动发动机，但驾驶员反映车速在 90km/h 以下行驶时均正常。修理工只简单地换了柴油滤芯，就让该车出厂了。没过几天该车又被送回修理厂检修，故障依旧，修理工对该车的低压油路彻底的检查和清除各个滤网的脏物，以为这次肯定会好了，可是没几天它又被送回了，还是跑高速会自动熄火。故障的真正原因是什么呢？经过认真检查发现：该车回油管时发现回油量太少，表明供油量不足，肯定还有地方有堵塞。重新清洗低压油管的各个滤网，试车回油量还是较少，再更换了油水分离器滤芯（第一级柴油滤清器，平时修理工很少关心油水分离器），起动发动机试车，回油量明显增加，加速、减速、怠速马上就正常了。一个星期后，回访该车运行情况反馈一切正常，在跑高速时也没再发生自动熄火现象。

分析排故：反思上述两车发动机自动熄火的故障检修，要提高汽车维修一次修复率，必须要系统分析故障原因，逐项排查，一个故障的发生不一定只有一个故障点，可能有两个或更多个，因此不能简单地就事论事检查，尤其是柴油发动机的供油系统故障。

由于柴油发动机的供油系统和燃烧方式的特殊性，并且由于我国的柴油品质一般，油品中的机械杂质和化学杂质较多，柴油机自动熄火的故障发生频率较高。柴油机自动熄火的故障点多，通常都是低压供油系统渗漏空气或堵塞造成的，而且供油管路接点多，排查困难，故障若不能彻底排除就会接二连三地造成抛锚。

由于低压油管渗漏空气或油路堵塞都会出现动力不足和自动熄火的现象，所以要快速判明故障是比较困难的，通常可进行如下操作（假设高压系统正常）：

用按压手油泵泵油的方法来断定。先放松柴油滤芯上的放气螺塞，按压手油泵压力一直不增加，且排出的柴油里都有空气混合，基本上是管路中空气渗漏。否则，当排放柴油中的空气会逐渐明显减少，或按压手油泵时，也会感觉到手油泵回程时有吸力现象，则是油路堵塞。

在区别故障部位时可以用外接低压油管的方法直接给输油泵供油，这样可以迅速判断故障是在低压管路中，还是在其他部位，或是管路中是否有空气（透明胶管上看流动的柴油）。如果外接低压油路后一切正常，说明问题在低压油管上。如果外接油管后故障仍无法排除，就说明可能是输油泵、高压泵止回阀等故障。

当排除了低压油路不渗漏空气，但仍有熄火的现象，就是低压油路有堵塞。低压油路堵塞有机械杂质堵塞和结冰堵塞两种。一般都是低压油路中发生堵塞，但如当气温在零度以下时发生的堵塞现象，可能是柴油中的水分结成冰晶或柴油固化产生的。温度越低柴油的流动性就差，因此要及时更换成低标号柴油。低压油管管路经常会发生的堵塞地方是油箱的油管滤网、油水分离器、输油泵进油口滤网等。所以一旦低压油路堵不是只更换柴油滤芯和油水分离器，而是要把上述滤网清洗一遍才行，否则故障不能被彻底排除。

对于机械油泵的柴油机，可以通过起动发动机观察高压泵回油管的回油量来判断油路是否堵塞，如果回油量正常则说明柴油低压油路不堵。反之，说明柴油低压油路还有堵塞的地方没找到（前提是输油泵正常）。另外，有时低压管路轻微堵塞，试车很难试出来，低压油路有没有堵用回油量来判断是比较准确（限机械高压泵型）的，由于电控或电喷柴油发动机柴油的控制方式不同，不可通过回油量来检测低压油路故障。

柴油机的定期维护是非常重要的，修理工一般只关注定期更换机油及机油滤芯，往往忽视柴油滤芯和柴油油水分离器的工况。很多修理工认为驾驶员没有报修进油系统的异常，就不必更换柴油滤芯，并对柴油油水分离器进行维护，其实是完全错误的认识。欧Ⅲ、欧Ⅳ排放的柴油机对燃油的清洁度和品质要求更高，强制维护供油系统就更加重要了。定期更换滤芯、清洁滤网，柴油滤芯的更换周期一般以30000～40000km或3个月为妥；每次一级维护作业时必须检查油水分离器的性能；定期清洁燃油箱，新车第二年后每年清洁一次较宜。坚持预防为主，强制维护，就可以大大减少客车途中抛锚现象的发生。

145. 不按技术要求修理导致发动机缸体损坏

故障现象：2009年9月23日，杭州某客运公司的一辆大宇GDW6900B客车发生发动机缸体破损的事故。经解体发现：发动机缸体第5缸右侧被击穿，该缸活塞碎裂、连杆弯曲、两根气门推杆弯曲，但活塞销在连杆销孔上可以转动灵活、活塞销卡簧被拉伸扭曲（图5-5）。该发动机型号为大宇D1146TI。据驾驶员反映，事前未发现机油压力、水温等异常情况，但近期多次报修发动机故障。

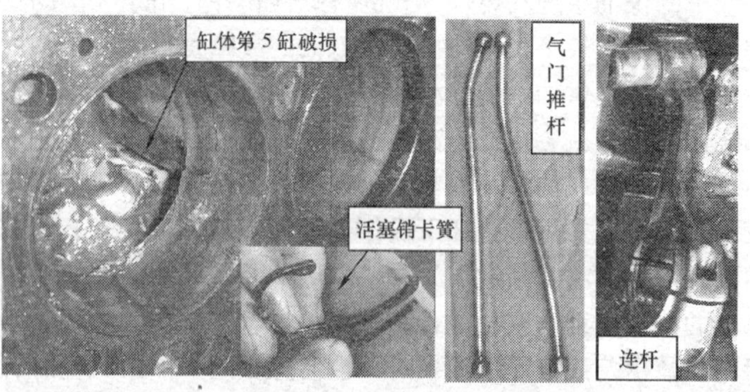

图5-5 发动机缸体破损

分析排故：查阅维修记录，9 月 6 日晚的日常检查（营运客车每天回场后的专业检查）时发现该车发动机有异响，综合诊断分析认为是发动机缸内的异响，必须拆检，打开发动机缸盖发现第三缸活塞和缸套破裂、连杆弯曲、曲轴第 4 道主轴承瓦盖中间断裂、气门挺杆弯曲。因该车累计行驶里程已达 170 多万 km，原计划年内准备更新报废，为了节约维修成本，所以只更换了第 4 道主轴承盖（旧件）和第三缸的部件，并清洗了曲轴箱内的 6 只润滑油喷嘴，按规定力矩拧紧各部位螺栓，修复经试车后正常出厂。5 天后，该车做二级维护作业，驾驶员报修冷却液温度过低，要求装节温器（原已拆除）。二级维护后的第二天驾驶员报修冷却液温度正常，但机油压力过低，怠速时有机油压力低的报警现象，在确认机油压力表及实际油压情况后，拆检油底壳发现曲轴第 5 道主轴承盖发生断裂，因此导致机油压力低故障。又用上述方法更换第 5 道曲轴主轴承盖，并拆检其余曲轴轴承盖，修复后试车，当发动机水温正常后，怠速机油压力过低报警。再次拆下油底壳，拆检清洁机油滤清器旁通阀后，并更换了机油泵，经反复试车，机油压力正常，然后运行至 9 月 23 日出现缸体破损。

该车自 2001 年投入营运以来，使用年限已达 8 年，行驶里程超过 170 多万 km，根据修理和现场查看情况，造成发动机缸体破损的原因分析有两种可能：其一是该发动机长期工作后，造成活塞疲劳碎裂损坏，机件撞击导致活塞连杆、气门推杆等弯曲，打破缸体。因为韩国产的大宇和现代客车当行驶里程超过 100 万 km 后就会产生机械疲劳，近年来已多次发生缸体破损事故。其二是根据维修记录分析，该车在 9 月 14 日报修机油压力偏低，且连续发生第 4、5 道主轴瓦盖断裂，并分别单独配置了主轴瓦盖。由于单独配置主轴瓦盖，主轴承孔的同心度和轴与轴瓦间的配合间隙不能完全达到技术要求，因单配轴瓦盖的轴承配合间隙过大，由此导致机油压力低，同时单配轴瓦盖受到连杆的冲击载荷使浇铸而成的轴瓦盖断裂，进一步造成活塞断裂，引发事故。这次发动机的机械事故完全是因为修理方法不当，达不到技术要求所造成的。

不按技术要求修理导致发动机缸体损坏，这是一起典型的维修质量事件。发动机是汽车的核心总成，其价值一般占客车价格的 1/4。发动机性能的好坏直接影响车辆的动力性、经济性、舒适性和运行的安全性。汽缸体是发动机的核心，其价值又是发动机总成价格的三分之一，由于汽缸体的许多沉孔加工精度高，如一旦缸体轴承孔损坏都必须更换缸体来修复。有时为了节约维修材料费，可采取同型号发动机缸体的旧件配置，采取单配轴承盖的修理方法就必须要拆卸解体发动机，仔细测量轴承与轴的配合间隙和滑动轴承的啮合面，否则不能确保维修质量。

146. 大宇斗山 DL08 发动机动力不足

故障现象：一辆安凯 HFF6120KZ-4 客车，配装大宇 DL08 共轨电喷发动机，运行了 45 万 km 后，发动机经常出现故障灯闪亮、动力明显下降。因没有大宇斗山共轨电喷发动机的故障诊断仪，修理厂只能根据传统维修经验来排故，先后更换高压油泵、涡轮增压器、校正喷油器等，花费金额达 4 万多元，花费了大量的人力、物力，但故障依旧。

分析排故：当时维修厂没有大宇 SCAN-200 专用故障诊断仪，不能利用故障诊断仪读取数据流分析和判断故障点。接修后，通过人工闪码读得的故障码为：“3. 2—燃油压力波动过大”（见表 5-1）。

大宇 DL08 发动机出现该故障码的可能原因是：

(1)喷油器出现故障。

(2)喷油器回油量偏大。

(3)喷油器和连接器没有安装好。

(4)连接器损坏。

依据故障代码分析判断故障原因，在没有专用故障诊断仪时可以用断缸方法来判断哪一个喷油器有故障，然而如果6个喷油器回油量都偏大或喷油器和连接器没安装到位，就很难用断缸的方法测试判别，而用故障诊断仪就可以对读取油泵的供油量的数据流分析判断，发动机怠速供油量在12~20mg/s之间是正常的，太大或太小都会使发动机运转不良。

针对大宇 DL08 发动机，使用故障码排故方法时要特别注意的是：

(1)用断缸的试验方法只能确定1个或2个喷油器损坏，不能确定多个喷油器损坏。

(2)如用断缸法检查不能确定是哪个喷油器损坏，可以看喷油器回油管回油量是否过多。如果回油量过多说明有多个喷油器不正常；如果回油量不多则可能是进油管堵塞或柴油滤芯等其他问题。

(3)如果用该方法不能确定故障原因只能用故障诊断仪读取数据流，通过系统分析再确定故障点。

大宇斗山 DL08 故障代码表（部分） 表5-1

故障代码	故 障 特 征	显示灯	发 生 条 件
1.1	冷却液温度传感器关联部件异常	C	传感器/线束异常 冷却液温度过高
1.2	燃油温度传感器关联部件异常	C	传感器/线束异常 燃油温度过高
1.3	进气管温度传感器关联部件异常	C	传感器/线束异常 中冷气后进气温度过高 发动机/涡轮增压器/中冷器异常
1.4	进气管压力传感器关联部件异常	C	传感器/线束异常 中冷气后进气温度过高 发动机/涡轮增压器/中冷器异常
1.6	大气压力传感器异常	C	安装在 ECU 的大气压力传感器异常 ECU
1.7	机油温度传感器关联部件异常	N	传感器/线束异常 机油温度过高
1.8	机油压力传感器关联部件异常	C	传感器/线束异常 机油压力异常（泄漏等）
2.1	蓄电池电压异常	C	蓄电池/交流发电机/ECU 异常
2.2	燃油压力传感器关联部件异常	B	传感器/线束异常
2.3	加速踏板关联部件异常	B	加速踏板传感器/开关/线束异常
2.4	加速踏板关联部件异常	B	脚制动器和加速踏板在驾驶时同时工作 脚制动开关/线束异常

续上表

故障代码	故 障 特 征	显示灯	发 生 条 件
2.5	车辆速度传感器或车辆里程表异常	C	传感器/车辆转速计/线束异常
2.7	离合器踏板关联部件异常	C	离合器踏板开关/线束异常
2.8	踏板制动开关关联部件异常	C	踏板制动开关/线束异常
2.9	巡航控制开关关联部件异常	C	开关/线束异常
3.2	共轨压力波动过大	B	共轨压力异常

147. 4例发动机冷却液温度高的故障分析

故障现象：为了使发动机处于最佳工作状态，发动机冷却液的正常工作温度一般在85～95℃之间，如冷却液温度过高不仅使发动机的动力性和经济性下降，更严重的是将导致发动机机件损坏，发生重大机械事故。

(1)一辆大宇GDW6120K客车，驾驶员报修冷却液温度高，并有水进入机油现象。更换汽缸垫后试车，故障依旧。再次检查发现水箱处冷却液温度很低，而发动机处冷却液温度却很高，因此怀疑冷却液没有循环。进一步检查，节温器正常，检查水泵时发现水泵轴已断裂。大宇GDW6120K客车的水泵由正时齿轮带动，如果水泵轴断裂，极易引起冷却液进入曲轴箱，并且冷却液得不到循环，冷却液温度会迅速升高。

(2)一辆青年JNP6127F—1客车安装的是曼共轨电控发动机，驾驶员报修客车行驶中冷却液温度偏高，仪表指示将近100℃了，接近红色警戒线。检查发现：电子风扇在工作，但转速较慢，只有第一挡工作转速。因为青年车的电子风扇当冷却液温度在84℃时风扇第一挡就开始工作，冷却液温度在94℃时第二挡转速工作。为什么将近100℃了还只有一挡工作呢？由于检查发现冷却液温度传感器阻值和电子风扇线圈阻值都正常，因此怀疑会不会是冷却液温度表不准。用水温直接表测量发现：当客车仪表上水温显示98℃时，用外部直接表测量的冷却液温度只有88℃，二者相差10℃。为进一步查清原因，就借了一台青年客车专用检测仪来检测发动机实际温度，检测结果表明，实际温度和仪表相差10℃，而这10℃刚好是电子风扇一挡工作温度。看来问题就出在冷却液温度表上了。

(3)一辆金旅客车配置康明斯发动机，新车只行驶了2万km左右，5月某一天该车行驶在高速公路上，驾驶员发现发动机冷却液温度偏高，仪表指示接近红色警示区。回场后检查冷却液、风扇、水泵、节温器、传感器和仪表都未发现异常情况。因还可享受康明斯的质保，就到康明斯特约维修站检查，检查了仪表、水泵和发动机点火正时也未发现故障，一切正常，水箱有否堵塞呢？驾驶员说新车买来后使用至今，从未在水箱中添加过水。维修站只想先把水箱疏通一下再说，拆下水箱发现，在水箱和空气中冷器中间的表面存积了大量泥土，泥土封堵了散热片，使水箱和空气中冷器的散热效果大打折扣，因而导致发动机的冷却液温度偏高。据驾驶员说前一段时间的行驶区域由于大搞基础建设，又逢连续雨季，工地上的泥土飞溅而入，平时清洗客车时只对外部清洗，没有注意水箱部位。彻底清洗水箱和中冷器外表面后，冷却液温度高的问题就解决了。

(4)一辆大宇客车使用70万km后，在高速公路上行驶途中突然冷却液温度上升，冷却液温度报警红灯闪亮，驾驶员紧急靠边停车要求施救。检查其原因是水泵轴断裂了，水泵失效所致。更换新水泵正确使用了3个月后驾驶员反映冷却液温度又高了，检查外部部件都良好，仪表正常，但水箱部位温度较低，说明又是水泵出问题了。检查水泵轴正常，拆解水泵发现叶轮的叶片已全部污蚀损坏，如破碎的薄纸片，正常的叶轮是铸铁浇铸而成，叶片厚度4mm以上。更换新水泵后的第18天再次发生冷却液温度高现象，检查发现仍然是水泵叶轮的叶片污蚀损坏了，于是测量冷却液的酸碱性，其pH值为5.5，查阅壳牌防冻液的pH值应在7.5~9.0之间，说明该车水箱内冷却液是偏酸性的，是否是酸性物质导致了铸铁叶轮的腐蚀损坏，一直仍不得其解。

分析排故：修理工要掌握发动机冷却循环系统的工作原理，冷却液是通过强制循环流动把发动机的热量通过水箱传导给空气，实现热量的传递，达到控制冷却液温度的作用，节温器的开闭控制冷却液流速和流量，起到调节温度的作用。在日常的客车维修中，经常会遇到发动机水温过高的故障，根据先易后难的检查方法，应首先检查外部设施部件是否完好有效，如冷却液液面高度，冷却系统管路和汽缸垫处有否漏水，水箱的表面清洁，然后再检查水温仪表、水泵和节温器的工作性能。如使用3年以上的客车冷却液温度偏高还有可能是冷却系统内有水垢或脏物堵塞，必要时要清洁疏通水箱内部管路。节温器是不允许随意拆除的，冷却液要定期更换，一般使用周期以2~3年为宜。

148. 点火时间太早导致发动机经常冲坏汽缸垫

故障现象：一辆新购的大宇GDW6900E客车（配置DE08TIS发动机），使用不到半年，行驶里程8万km时发动机高压油泵正时齿轮轴断裂，于是更换高压油泵正时齿轮轴。之后的2个月内该车发动机连续5次发生汽缸垫被冲坏的故障，客车频频在途中抛锚。由于该车还处在保修期（JT/T325—2010行业标准规定：高二、高三级营运客车质保期为14万km或2年），客户向客车厂要求退车赔款。

分析排故：该车更换高压油泵正时齿轮轴之后的2个月内，发动机连续5次发生汽缸垫冲坏的故障。每次更换汽缸垫，修理工都认真检查汽缸体和汽缸盖平面的平面度，检查缸盖螺栓的性能，而且都使用正厂的汽缸垫材料。在安装时做好清洁工作，螺栓的拧紧工艺严格按技术要求执行，修复后试车检查合格后才让客户接车。而且期间该车发动机水温都正常，发动机也没有明显的异常感觉。发动机冲汽缸垫是一般性故障，为什么会反复发生冲汽缸垫故障呢？客车厂的技术人员也无法解释。

老款大宇GDW6900型车配置的D1146TI发动机冲汽缸垫是比较普遍的，但像这样连续不断地发生并不常见。驾驶员所述此车以前一直很好，但更换了高压油泵正时齿轴后就这样了。难道是发动机的点火提前角有问题？检查后发现：该车的点火正时与老款大宇D1146TI发动机一样，点火提前角为9°（大宇发动机飞轮上有0~30°的角度刻线，但没有其他安装标记）。经查找得知新款大宇DE08TIS发动机的点火提前角是3°，老款的是9°，相差6°。原来该车在更换高压油泵正时齿轴时是按老款发动机的点火提前角装配的。于是把喷油点火提前角重新调回到3°，试车后交给客户使用，故障排除。

柴油发动机的点火提前角的变化对发动机的起动、冷却液温度、动力和排气烟度等影响不明显，通常在维修中极少遇见因点火提前角而发生汽缸垫损坏的故障。新款的DE08TIS发动机加装了涡轮增压器，其燃烧室的结构有改进，所以在设计时点火提前角只有3°，客车生产厂家也没有及时将有关客车技术参数变动情况告之售后服务人员。修理工对新产品必须要查实维修技术参数和装配要求，不能用惯性思维和经验来判断和排除故障。

149. 输油泵损坏导致发动机工作不良

故障现象：一辆金龙客车，安装的是无锡6113发动机，驾驶员反映汽车高速（90km/h）行驶时发动机有时会自动熄火，停车用手油泵泵油后又可起动发动机，并且该车早上发动机不易起动（起动机性能良好）。

分析排故：根据上述现象初步确定是燃油系统出了故障，所以首先检查发动机进气和供油系统及蓄电池、起动电机、熄火开关等部件，一切正常。于是更换柴油滤芯，试车良好。几天后故障再现且故障比以前更严重，之前车速在90km/h以下都没问题，现在80km/h时就会有自动熄火的现象发生。由于是第2次进厂维修，修理工就彻底检查了燃油进油管和油箱直接管，油箱直接管口虽有少量脏物吸附，但不会有问题，反复按压手油泵排除进油管路上的空气，起动发动机试车故障不复出现，以为故障已经排除，客户接走了该车。

可是第2天客户又把客车送回修理厂，说故障依旧没有明显改善，还是会有自动熄火，特别是早上难起动和以前一样，需要用手油泵按压以后才可以起动发动机。因为该车发动机的手油泵和输油泵为安装在一起的组合式结构（客车发动机通常是分开布置的），检查手油泵工作正常，就没再检查输油泵。因冷车起动困难，修理工就直接拆下高压油泵进行调试，调试结果高压油泵正常，说明故障是另有原因，反复检查后怀疑是输油泵的问题。手油泵经检查是正常的，于是拆下回油管起动发动机，然而此时发现回油管不回油，提高发动机转速，回油量很少，可见是输油泵供油量明显不足，终于找到问题所在。拆卸解体输油泵总成发现输油泵单向阀的弹簧已经折断，从而导致供油量不足。更换新的输油泵后，试车一切正常。跟踪该车使用情况，此后驾驶员反馈：冷车难起动和自动熄火的故障都消失了。该车修理过程表明，任何机械部件都可能损坏，修理时一定要检查仔细不可漏检。

150. 因劣质机油导致发动机损坏

故障现象：一辆金旅客车装有玉柴发动机，使用50万km后，因动力性、经济性明显下降，车主决定对发动机进行一次大修。修理厂根据大修技术要求，全面解体了发动机，清洁测量检查后，更换汽缸套、活塞、活塞环和活塞销，随后按玉柴发动机维修的技术要求装配，装复后加注了从汽配市场上购买的玉柴专用机油。起动发动机试车后竣工出厂，虽然由于新装配的发动机摩擦阻力大，第一次起动有点困难。然而出厂后的第二天行驶途中发动机发生了抱死。

分析排故：拆检发动机发现严重拉缸，缸体、曲轴和活塞连杆机构损坏报废，油底壳内的机油很稠，比变速器内的齿轮油还要稠，认为可能是发动机高温后使机油变稠。检查发现缸体下曲轴箱内的机油喷嘴有堵塞现象，说明造成拉缸的原因是机油喷嘴堵塞，使缸体得不到良好的润滑和冷却，高速、高压的机械摩擦产生大量的热量，从而造成拉缸损坏。更换了发动机配套件后只行驶了70km就损坏了，说明是维修时没有清洁机油喷嘴，修理厂全额承担了直接经济损失 3 万多元。修复了发动机，然后更换了美孚 CG-4 级的机油，之后运行良好。

几天后，另外一辆装有玉柴发动机的客车来修理厂做二级维护作业，由于曾更换的是同一批次的玉柴专用机油，驾驶员反映起动困难，原来是一次起动成功，二级维护作业后就得 2 ~3 次才能起动。发动机的维护作业只更换了机油、机油滤芯和空气滤芯，其他仅是做检查而已。车主要求去特约服务站查找原因，玉柴的特约服务站技工认真检查后并没有发现异常情况，蓄电池、起动电机、供油系统、点火正时一切正常，更换了特约服务站的玉柴专用机油后起动良好，说明是机油质量问题。再次询问修理工，修理工说当时加注机油时就发现油质太稠，但认为是天气冷的原因，而且玉柴专用机油不会有问题的，所以才大胆地把机油加入了。原来造成发动机损坏的原因是这批从汽配市场上采购的玉柴专用机油，这种机油使机械运动阻力增大，所以出现冷车起动困难的现象，机油太稠还易使机油喷嘴堵塞，从而造成缸体拉缸。

目前市场上供应的汽车配件有正厂件、副厂件、修复件和假冒产品，质量差别很大。汽车配件的质量检验至关重要，如润滑油有质量等级和使用环境温度的区别。配件采购时要货比三家，严格把好汽配材料采购的质量关，必须与配件供应商签订协议，明确质量保证要求，做好自我保护。修理工维修作业时要加强汽配材料的质量检验，新配件与换下的旧件可先比对一下，避免无谓的返工作业和维修质量问题。

151. 发动机冷却液流失的故障

故障现象：一辆金龙 XMQ6820F 客车，配置康明斯 6BT 增压柴油机。该车在运行过程中，时常会发生冷却液丢失。当冷却液液面低于额定标线时又会引起水位报警器报警，并伴有动力下降，每隔二三天驾驶员就要添加一次冷却液，但外部检查没有发现有渗漏水现象。

分析诊断：为了确保发动机正常工作温度，现代客车发动机冷却系统的设计时不仅设有冷却液温度报警器，而且增加了水位报警器。水位报警器安装在膨胀水箱的底部，当冷却液液面低于额定标线时会及时报警，以提醒驾驶员添加冷却液。

该车驾驶员当发现冷却液丢失时，首先检查了发动机冷却系统各水管、连接处并检查水箱是否密封，有无渗漏。然后拔出机油标尺查看机油中是否有水珠和机油液面的变化。然而该发动机的油平面并没有上升，机油也没有乳化（冷却液与机油融合变化成奶白色的现象），说明机油中并没有渗入冷却液。检查膨胀箱盖的密封性良好（热车打开膨胀箱盖检查时，要注意冷却液的温度，以免高温水蒸气灼伤）。然后打开膨胀箱盖，起动发动机，观察膨胀水箱内的冷却液液面，没有气泡冒出的翻水现象，表明发动机的汽缸垫没有损坏，密封良好，进、排气道与冷却液水道没有窜通现象。

因天气进入冬季，已经使用了暖空调系统，所以再检查客车供暖系统的密封性。客车制暖系统有独立制暖和非独立制暖，金龙 XMQ6820F 客车采用的是非独立强制水暖系统，利用冷却液温度升高后的热量给客车车厢供暖。关闭了车厢供暖系统，车辆行驶了一定的里程后冷却液水位警报器又报警了，冷却液缺少的故障现象仍然存在，则说明冷却液的渗漏不在空调制暖系统。

再仔细研究该车柴油发动机的冷却系统，发现 6BT 系列增压柴油机，配置金龙大客车使用时，在冷却系统中并联增加了一个“水对空”的中冷器（增压器和柴油机进气歧管之间的中间空气冷却器）。在柴油机进气系统中增加了一个“水对空”中冷器，作用是对经增压以后进入柴油机进气歧管之前的高温、高压空气进行冷却，降低了柴油机的进气温度，提高被吸入柴油机的空气密度，增加了充气系数，从而使柴油机的功率和转矩能得到较大的提高，并减少了尾气的排放。“水对空”中冷器是利用柴油机冷却系统中的冷却液来冷却空气的，康明斯6BT系列的“水对空”中冷器是安装在进气歧管上的，中冷器进水口是接在水泵的出水口上，中冷器出水口接在缸体水套进水口处。

如果“水对空”中冷器上有渗漏，那么冷却液漏入进气歧管里，轻微渗漏时，冷却液进入汽缸燃烧蒸发后随废气排出，严重时排气管冒烟，并有大量水滴排出，并且因冷却液进入汽缸（液体不可压缩性，会阻止活塞上行）造成柴油机起动困难，动力下降，冷却液会缓慢减少，而这些现象与驾驶员反映的故障现象相符合。

综上分析后认定中冷器有渗漏，于是将安装在进气歧管上的中冷器拆下，进行了水压试验，其步骤如下：

(1)将拆下的中冷器放入水中浸没。

(2)将中冷器进水管接口接入150kPa压缩空气，出水口用轮胎内胎橡皮密封堵住。

观察水中有无气泡，发现中冷器在水中不断地有一串串气泡往上冒，找到了中冷器的渗漏处，更换中冷器后，就不再有冷却液流失现象。这辆金龙XMQ6820F客车的中冷器冷却液泄漏的情况应还属于轻微状态，故障征兆不特别明显，所以故障较难判断。

现代客车发动机冷却系统的功能越来越多，除了传统的要保障发动机正常工作温度外，还要保障空气中冷器、液压缓速器的冷却和车厢暖气系统等工作，因此当发生汽车故障时，要先全面分析柴油发动机冷却系统及相关的系统，再进行故障分析诊断。

底 盘 部 分

152. 安凯HFF6123K01客车挂挡困难故障

故障现象：安凯客车以操纵轻便、性能卓越而著称。但有一辆安凯（HFF6123K01）客车从新车投入营运后驾驶员一直反映该车起步挂挡困难，报修多次，反复检查，同时还二次拆卸变速器检查变速器和离合器，更换离合器总成，就是没有找到故障原因。

分析排故：查阅该车配置情况，因用户需要装配德国曼发动机（安凯公司第一次选配曼MAN发动机）和六挡的綦江变速器。该车不起动发动机时挂挡正常，而起动发动机后挂所有挡位都比较困难，且有碰齿响声。根据现象分析断定是离合器分离不彻底引起的故障，而不是变速器问题，因为如果是变速器故障一般不可能所有挡位都不正常。再次拆下变速器和离合器，检查离合器压板、离合器片、分离轴承、拨叉等部件都正常，变速器第一轴前轴承完好。抱着试试看的心态，更换离合器片后装复试车，故障依旧存在。再仔细检查离合器的传动系统工作情况，发现离合器助力泵气室推杆在自由状态下已推出30mm（全程约70 mm），离合器工作行程不足，从而导致离合器分离不彻底。对比其他安凯型号车辆，发现该车的飞轮壳形状不一样，拆下离合器助力泵支架，将飞轮壳安装助力泵支架的平面切去8mm，装复试车挂挡容易多了，但还没有彻底解决，认定助力泵工作行程还是不足，离合器分离稍有不彻底。再次拆下变速器检查离合器传动系统，分离轴承拨叉在自由状态时，已向前运动过度，到真要工作时的行程却不足。由于拨叉无法改动，所以只能在分离轴承安装到轴承座的轴径间加装一只厚度为5.5mm的隔套，装复后挂挡顺畅自如，进行场地试车加减挡都能轻松挂入，故障彻底排除。

对此因我国客车品种多而杂，配置五花八门，在使用和修理时不要片面认为新车一定没问题，客车上一些不成熟的配置会导致非常见的故障，所以购车时一定要选购配置良好并经客户使用反馈较好的产品，千万不要只贪便宜或一些试制产品，否则客车的故障率高，使用成本高，安全隐患多，会得不偿失。

153. 3例离合器工作不良的故障

1）泥污侵入使离合器工作不良

故障现象：一辆青年JNP6127F-1商务车行驶了78万km后，踩踏离合器时出现离合器沉重、起步发跳现象。了解故障情况后，检验员试车检查，当慢慢松开离合器踏板客车起步时，脚上感觉一轻一重，起步不稳，好像有卡滞的现象。

分析排故：首先是检查离合器踏板和分离轴承座是否卡住，并对轴承座加注润滑油（因青年客车离合器分离轴承座上没有润滑装置，离合器分离轴承座与变速器第一轴护套之间是干摩擦的），故障现象仍然存在。再拆检离合器总泵和离合器助力泵，发现总泵完好，助力泵的防尘套破裂导致助力泵汽缸的内壁和活塞皮碗有干燥结垢的现象。将上述污垢清洗干净，涂上润滑油脂，更换防尘套后试车，结果离合器踏板变轻，起步平稳，故障排除。

其原因是防尘套破裂后泥沙的侵蚀，离合器助力泵汽缸内壁和活塞皮碗干燥结垢，在踩下离合器踏板时，助力汽缸与活塞皮碗摩擦阻力增大，引起离合器踏板过重。而在慢慢松开离合器踏板时，由于汽缸内的气压逐渐降低，在离合器压板弹簧的作用下，助力缸内活塞皮碗在克服了摩擦助力后，回到一定位置就卡住了，离合器分离不彻底。在离合器压板弹簧的继续作用下，活塞再次克服摩擦阻力回到一定位置又被卡住，这样的工作过程引起离合器压板与摩擦片产生快速结合，从而造成起步和换挡时会跳车，脚松开踏板时感觉一轻一重。

此后，又有多辆同类商务车发生了类似的故障，用以上检修方法清洁离合器助力泵、清除活塞皮碗上的污垢，加润滑油脂修复后，皆“手到病除”，修理后的车辆使用客户一直反映良好。因此维修技工一定要研究维修规律，定期检查和强制维护，从而减少故障的发生和途中的抛锚。

2）设计缺陷造成离合器分离不清

故障现象：三辆新的安凯HFF6120KZ-4客车，驾驶员反映这批车都有离合器踏板时高时低、离合器分离不彻底的现象，而且故障主要发生在早晨冷车起步阶段。

分析排故：该车离合器采用的气动液助，即油顶气的原理操纵。具体过程是：踩动离合器踏板驱动离合器液压总泵，由液压总泵产生的油压来顶开离合器助力泵的气路阀门，再由压缩空气推动助力泵的推杆及转臂来操纵离合器的结合和分离。

修理工检查离合器的传动系统良好，采取了调整离合器总泵、助力泵推杆的自由行程、排放空气等措施，但其效果均不明显，而且排放离合器油路中的空气非常困难。拆检了其中一辆车的离合器总泵，经解体检查发现它的进油孔的设计方式与常规的不一样，通常的进油孔是一个直接与缸壁垂直的小孔，而这种总泵的进油方式是小孔经缸壁内侧一横向通道后进入缸内的，离合器总泵活塞皮碗容易压盖进油通道使进油通道截面减小，造成进油不畅。特别是长时间停车后（如车停了一晚上）启用时更容易产生以上现象。由于活塞皮碗的压盖使通道截面减小，该离合器总泵排放空气困难也就在情理之中。找到了故障的原因，要解决根本问题，就要解决确保通道畅通。分析离合器总泵的工作原理，离合器总泵皮碗是橡胶制品，缸壁上有缺口型的通道，不可能限制皮碗的变形，提出了在离合器总泵进油口处增加一处 ϕ2mm 进油小孔，于是在相距原进油孔前 12mm 处增加了 ϕ2mm 的进油小孔（图 5-6）。改装后的离合器总泵试车检验效果良好，而且大大提高了离合器总泵自动排放空气的功能，离合器分离彻底、操作良好，故障彻底排除。之后对另外两辆车的离合器总泵也进行了同样的改造，驾驶员反映效果很好。在客车的日常维修中，千万不要有“新车一定没问题”的认识。目前我国客车生产是根据客户的需求来装配制造的，其许多总成部件的技术性能的匹配状况不一定很理想。汽车维修是技能性工作，修理技工必须掌握汽车的工作原理，才能分析找出故障的原因，然后解决实际问题。为了提高竞争力，作为服务性行业的汽车维修技工必须要用心、专心、尽心地去工作。

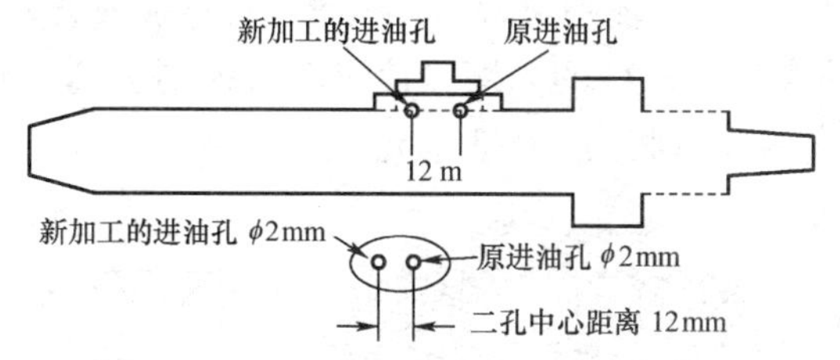

图 5-6　离合器总泵改装示意图

3）错加离合器油使其分离不良

故障现象：一辆青年 JNP6125 客车，驾驶员在检查离合器总泵工作油时发现液面在储液罐的中部，认为制动液太少了（液面高度应在上、下标线之间），于是领用一瓶美孚 ATF 220 油加入其中，行驶了 10 多天，驾驶员感觉离合器不能完全分离。修理工询问了解故障情况后，检查离合器的传动系统，发现离合器储油罐内的油液进出不顺畅。驾驶员拿出剩余的离合器油，修理工发现是美孚 ATF 220 油（自动变速器油），美孚 ATF 220 油是用于转向系统，而离合器必须用制动液，原来是加错了油。

分析排故：于是先将离合器总泵系统内的油更换为美孚制动液，使用效果良好。否则还要更换油管和离合器总泵皮碗等。当在离合器管路上加入自动变速器油后，离合器总泵皮碗发生膨胀，皮碗在缸内运动不畅，所以会导致离合器分离不彻底现象。如长时间使用，橡胶制品件都会发生提前损坏，从而造成车辆抛锚和重大经济损失。

客车上使用的油液有燃油、机油、防冻液、蓄电池液、齿轮油、自动变速器油（转向助力器用）、制动液（制动器和离合器总泵通用）、液压缓速器用工程液压油以及空调冷冻液和制冷剂，各种油液的成分和作用不同，是不能混用的。混用后则会发生化学反应，不仅其相应的功效被破坏，同时对一些部件尤其是橡胶制品侵蚀损坏。即使是同一类不同品牌的制动液、机油、齿轮油等一般情况下也是不能混用的（应急救济车辆时除外），因其不同品牌的产品其各种添加剂各不相同，质量等级也有很大差异，混用后不能保证质量要求。

154. 未放松离合器压盘上的预紧螺栓导致离合器损坏

故障现象：一辆中宇客车行驶了50万km后，驾驶员感觉离合器有打滑现象，回场检查离合器片已严重磨损，需要更换。当晚修理工更换了新的离合器压盘总成和离合器片，装复后试车正常，可在第二天行驶了80km后，驾驶员告之离合器又打滑了，不多久该车就在途中抛锚了。

分析排故：修理工到达现场检查外部连接良好，但新的离合器片已磨损报废了。拆卸离合器总成，检查发现是新的离合器压盘总成上的4根预紧螺栓未拆除，导致压盘不能起到良好接合的作用。由于是新装的离合器片比较厚，装合后离合器压盘与离合器片刚巧处于轻微接合状态，使用初期可勉强使用，但终因接合力太小而发生了途中抛锚。

大部分型号的新离合器压盘上是没有预紧螺栓的，而桂林大宇客车则在设计时考虑为了方便安装离合器总成，离合器压盘总成用4根预紧螺栓把压盘拉紧（如图5-7所示）因此大宇客车装用新的离合器压盘总成后必须拆卸这4根预紧螺栓（有的会有涂色明示），否则压盘始终处于预紧状态，不能把离合器片压紧，会造成离合器打滑、烧蚀。拆除4根预紧螺栓后，同时要检查分离杠杆的高度，使飞轮端面与分离杠杆之间的间隙为（17±0.7）mm，离合器踏板的自由行程为25~35mm。

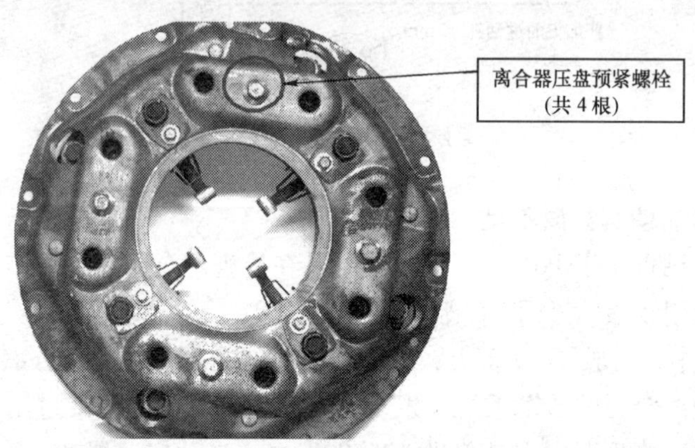

图5-7　大宇客车离合器压盘

155. 宇通 ZK6752H 客车离合器的改装

故障现象：2004年9月杭州长运集团公司购买了14辆宇通ZK6752H客车，用于杭州市区站际免费接送旅客。新车使用不久，这些车的离合器频频发生故障，据统计2005年一年共发生车辆途中抛锚高达16次，更换离合器压盘总成25只，离合器片32张，离合器压盘平均使用寿命12081km，离合器片平均使用寿命10068km，还有许多分离轴承、变速器第一轴护套等材料损坏，单位材料消耗高达139.9元/千车·km，小修频率1.1次/千车·km。

分析排故：该车型系新开发车型，底盘是宇通自制的，发动机为一汽锡柴，离合器是一汽长春生产。对比分析损坏特点主要是离合器片快速磨损，自由行程很快消失，导致压盘钢片和分离轴承长期压迫摩擦损坏。其原因有三：一是市区行驶驾驶员经常半联动操作离合器；二是离合器总成质量太差；三是离合器设计承载负荷太小（离合器压盘的压紧力、摩擦片的面积和半径）。几次暗中跟客车观看驾驶员的操作规范，排除了半联动操作因素；更换不同生产厂的部件仍没有好转，最后建议宇通厂加大离合器直径以增加力矩，并选用进口材料增强抗磨性。经过宇通厂同意，修理厂进行了第一辆客车离合器改装，将直径 ϕ350mm 的一汽产离合器换成上海外资企业生产的萨克斯 ϕ362mm 离合器总成。与此同时，针对驾驶员多为新手的客观情况，专门给驾驶员讲解离合器的结构原理和使用要求，并每周检查调整离合器的自由行程，跟踪使用结果表明改装效果良好。接着对其余 13 辆宇通车进行全面改装，使用一年未发生任何离合器故障。

156. 随意更换离合器总成，返工又失信

故障现象：一辆金龙客车因挂挡困难，送到修理厂修理，并且驾驶员表示：如果离合器不好的话就更换总成，次日下午来接车。修理工拆卸离合器总成，清洁后检查离合器压盘、离合器片和离合器传动机构，没有发现异常情况。因报修故障是挂挡困难，所以修理工还是更换了上海产的萨克斯离合器压盘和离合器片总成，价值 6000 多元，作业完工后等待驾驶员接车。第二天驾驶员来接车试车发现故障依旧，并责问修理工为什么更换了离合器压盘和离合器片总成后会故障依旧。修理工只好再把原车的离合器压盘和离合器片重新装上。检查离合器接合、分离操作正常。

分析排故：重新装上原车的离合器压盘和离合器片，故障现象如旧，从而排除了离合器的原因，就可确定挂挡困难的故障在变速器上，然后打开变速器盖检查发现第一轴的前、后轴承松旷，更换轴承后试车，故障就排除了。

该案例的经验教训是：驾驶员报修故障后，检验员必须进行路试或检测诊断故障，了解掌握故障现象，分析其原因，然后提出修理方案。变速器挂挡困难的原因有离合器问题，也有变速器的问题，这两个总成工作不良都会导致挂挡困难，所以进厂检验员必须首先判明是挂所有挡都困难还是只挂某一两个挡困难。从离合器和变速器的结构和工作原理上分析，如是挂所有挡都困难则是离合器或变速器第一轴有问题，如只是少数挡位困难则原因在变速器上。在检修过程中，不应随意更换配件，检修人员必须掌握离合器压盘和离合器片总成的使用技术要求，修理工和检验员的自检和专检工作要落到实处，同时修复后出厂检验也应该认真地把好质量检验关。

157. 接二连三地发生离合器损坏造成抛锚

故障现象：杭州某客运公司的一辆上海班线客车，其车型为安凯 HFF6123，使用了 3 年，机械状况一直良好。在一名新驾驶员接手这辆车后，曾一个月内两次在上海市区发生离合器损坏而抛锚，一个月内更换了 3 张离合器片和 2 个离合器压盘总成，因客车抛锚导致旅客投诉并赔偿经济损失，直接经济损失达 2 万多元。什么原因会导致接二连三地发生离合器损坏呢？

分析排故：汽车离合器的作用是保证汽车平稳起步，实现平顺的换挡，防止传动系过

载。汽车离合器的使用寿命不仅与设计、材料和维修有关，但更主要的是驾驶员的操作使用方法，新驾驶员或代班驾驶员的不当操作极易损坏离合器。优秀驾驶员操作的客车离合器片和压板总成可使用 70 万、80 万 km 以上，但对有些不良操作的驾驶员只能使用几万 km，甚至于只用上几天就报废。为什么大部分客车厂家或轿车生产厂，对出售的新车离合器的质保期只限 3000km，正是因为离合器的使用寿命与操作者是否正确使用密切相关。客车因离合器故障抛锚约占抛锚总数的 1/4，客车途中抛锚不仅影响旅客运输的服务质量，会给企业带来经济上的损失，更重要的是会危及行车安全。

大多数客车的离合器是全封闭式的，无法直观检查。现代客车发动机的储备功率大，二挡起步发动机也不会熄火，高速公路行运道路条件好，客车离合器大都有助力装置使操纵轻便。不正确使用导致离合器早期损坏的原因有：二挡起步，拖挡升挡，脱挡行驶，动作粗暴；或习惯于把脚搁在离合器踏板上，离合器经常处于半联动状态；或是想二挡起步，却错挂在 4 挡上，使离合器处于超负荷运行状态；或者对离合器故障不及时维修，造成带病行驶；或者因离合器或变速器操纵杆连接部件严重磨损或挂挡次序位置不清晰，导致错误挂入高速挡强行起步或换挡；或者因变速器故障使进或退挡困难，发动机转速与行车速度不匹配情况下行驶导致离合器过载损坏。大型客车其总质量达 16000 ~ 18000kg，车上使用的又是单片式离合器，所以离合器的非正常损坏很难预见和预防。

自该车第二次由于离合器故障抛锚后，修理厂对该车进行了重点跟踪检查。由于以往每次装复离合器总成后都是按技术要求检查、调整离合器的自由行程，检查系统工作状况的，使用的离合器片都是质量上乘的萨克斯（上海外资企业生产）产品，故排除了汽配材料质量和修理原因，从而对驾驶员的操作产生了疑问。该车抛锚都是系同一名新驾驶员操作，为此专门安排检验员暗中跟车观察驾驶操作方法，第一次跟车途中发现驾驶员总是用二挡起步，在进入上海市区后，也用二挡行驶，近半小时都只是离合器与加速踏板之间的配合：起步—加速—减速—停车，在市区复杂的行车环境下都没有及时变换挡位，因此拖挡现象非常严重，离合器长期处于半联动和超负荷运行状态。事后向驾驶员指出其不良驾驶习惯。第二次跟车发现其虽然改变了二挡起步的不良操作方法，但他对换挡的时机把握不准，很少换挡，拖挡现象相当严重，导致离合器的严重超负荷运行。从跟车情况可知这辆车的离合器故障原因完全是驾驶员的操作所为。

驾驶员必须了解掌握离合器的工作原理，离合器的自由行程是为了确保离合器的分离或接合时正常工作。随着使用里程的增加，离合器片及压盘都会逐渐磨损，其自由行程也会越来越小，对此要及时调整；而且弹簧的弹力也会逐渐下降，严重时离合器就会发生打滑。离合器的故障通常有分离不彻底、打滑和异响。

离合器是一个非常“娇气”的部件，驾驶员必须养成良好的操作习惯，操作要求是：一挡起步，逐步升挡；轻踏缓抬，平稳结合，分离彻底。发觉离合器有异常情况要及时修理。挡位不清晰的必须先搞清挡位位置。正确使用，定期检测，强制维护，视情修理是确保良好的客车技术状况的前提和保障。专业汽车修理人员要定期检查离合器的技术状况，在更换离合器总成时必须要检查飞轮平面和压盘的平面度，必要时对飞轮端面要修磨后使用。

158. 长期失保失修，酿成“客车爆炸”事故

故障现象：2009 年国庆前夕的一天下午，一辆客车从某汽车站缓缓驶出，当经过出站门

口检查时，车尾部喷射出大量黑烟，其发动机转速突然加快，接踵而来的是客车后部发生了猛烈的爆炸。所有车站内员工和旅客都被这突发事件惊呆了，车上旅客更是惊慌失措，现场一片狼藉。鉴于公共场所严峻的安全形势，于是马上有人向110报警。经过防爆警察一个多小时的紧张排查，人为爆炸的嫌疑排除了，原因是发动机离合器压盘和飞轮壳破裂，高速旋转的离合器碎裂后的金属物向四周飞溅，造成4名旅客受伤和一辆中型客车的损坏。

分析排故：该车为金旅XML6108E2A客车，配置玉柴6108发动机，2004年9月购入营运，至事故发生时行驶里程为773614km。在春运前做过二级维护作业后就没有再进行二级维护的作业，春运前的维护作业后到事发时累计行驶了约10万km。该车为个人承包经营，为了节省维修费，车主总是故意拖延维修。驾驶员反映在6月份车辆动力明显下降，每隔两天就要补充机油。

事故发生后在拆下的涡轮增压器的连接管内有约500mL机油积浸，拆检发现涡轮增压器已损坏，因此在发动机工作时有大量机油吸入汽缸。因不能完全燃烧而排出大量黑烟。在出站口停车检查时，驾驶员拉紧手制动并连续急踩了两下加速踏板，而由于加速踏板拉线有弯曲变形，使加速踏板不能复位，导致发动机高速运转。据驾驶员讲当时已关掉钥匙，但发动机不能熄火，有飞车现象（从拆检和试车情况看，该车电源开关钥匙、熄火开关和发动机工作等均正常），随即采用了挂挡强行熄火的方法。发动机通过飞轮、离合器输出的动力与手制动作用下两后轮的制动力相互作用，且制动力大于输出的动力，使得离合器片与压盘之间产生相对运动。在发动机高速旋转下，造成离合器片即刻被损坏，并使温度迅速升高，又由于当离合器工作时片与压盘接触时产生的作用力超过本已存在隐患强度大减的压盘强度时，压盘随即破裂，并将飞轮壳、进油管、起动机等损坏。最终由于进油管的损坏，断绝了柴油的供给，使得发动机熄火。从破损的离合器压盘和离合器壳的照片（图5-8、图5-9）中可见，该车离合器压盘和飞轮壳存在多次陈旧性龟裂，并有纵向贯通，离合器爆炸的原因很明显就是机件疲劳损坏而引发。

图5-8　离合器破损

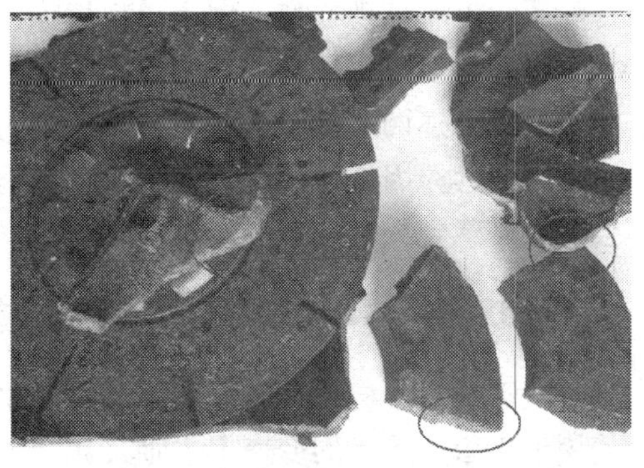

图5-9　离合器壳裂片

根据交通部13号令规定，对道路运输车辆必须实行“定期检测，强制维护，视情修理”的维修制度，浙江省道路运输条例也明文规定从事营运的客车至少每季度必须要进行一次二级维护作业，二级维护作业后再到交通行业管理的车辆检测站检测。但事实上有许多承包营运车辆，车属单位对承包车辆存在以包代管或只有布置没有检查考核的管理办法，承包者重使用、轻维护，重生产、轻技术，片面追求眼前利益，对安全生产总存侥幸心理，因此发生事故就实属必然。如上述车辆的涡轮增压器早已损坏，但车主一直未及时修理，从而酿成事故。发动机高速运转时，涡轮增压器的转速达 15000 ~ 20000r/min，它是一个精密部件，必须做好清洁、润滑工作。

159. 同步器滑块脱出导致变速器损坏的故障

故障现象：一辆金龙客车使用的是綦江变速器，在行驶途中发现挂在 6 挡上无法摘挡，当时驾驶员打电话来咨询如何应急处理，检验员告知驾驶员处理方法：如果确实是同步器滑块脱出，让当地修理人员将滑块拿掉即可。后经当地修理人员检修发现，确实是滑块脱出将齿套卡住，使挡位不能进退。该修理人员没有将脱出的滑块拿掉，而是将其复装原位，经试车挡位一切都正常。然后第二天在行驶途中该故障再次出现，而且停车前变速器有异响。拖回修理厂拆检变速器发现中间轴（俗称副轴）上的齿都被打掉了，原因是滑块脱出所致。

分析排故：变速器同步器上的滑块（也称齿圈锁块），一只齿圈上装有 3 只锁块，它的作用是为了固定同步器齿圈，起到齿套的定位作用，从而使车辆在行驶中能顺利、平稳的进挡、退挡。

在实际维修中经常遇到：变速器滑块脱出，造成变速器卡在某个挡位上，既不能进挡也无法退挡，导致行驶的车辆抛锚。如果在确诊同步器滑块脱出，快速的救急方法是打开变速器上盖将脱出的滑块拿掉，此时千万不能将有一半脱出的滑块重新装入，否则用不了多久就会产生相同的故障，甚至产生严重的后果。因为同步器上的滑块有了第一次的脱出，说明机件已有一定量的磨损，就会出现第二次脱出。

其实碰到类似情况，尤其在路上，不妨将其脱出的滑块拿掉，问题一般就能解决。曾有一辆安凯车在嘉善抛锚：变速器在挂挡位置上不能脱挡。维修人员发现 5—6 挡同步器有一滑块脱出，从而将齿圈卡住造成不能脱挡。当时修理工就将脱出的滑块拿掉，故障就排除了。该车到现在变速器未出现故障，还在继续使用（已使用半年以上），驾驶员反映感觉良好，没有明显的换挡困难。

通过上述两个例子可以看出，相同的故障由于采用了不同的修理方法，得到是不同的结果。究其原因从理论上讲将滑块拿掉是不应该的，因为齿圈上少了一个滑块，在换挡时会有阻滞感觉或者响声等。

160. 现代 HK6124 客车变速器主轴及倒挡拨叉易损坏

故障现象：杭州某客运公司购买了 30 多辆现代 HK6124 客车，加装了电涡流缓速器。使用半年后，该车的变速器主轴（第 2 轴）经常损坏，同时也时常出现变速器倒挡拨叉折断现象。

分析排故：该车型原本是不配置电涡流缓速器的，为了提高客车的安全性、舒适性和经济性，许多客户会要求增加电涡流缓速器的装置，一般是选配泰尔玛的产品，而泰尔玛 FN72-20 电涡流缓速器的质量就达 174kg，最大制动力矩可达 2200N · m。该款车的设计源于韩国，在韩国国内生产使用的车上都没有配置缓速器，变速器的负载能力没有考虑缓速器的负载，国内加装了缓速器造成变速器不堪重负，经常使用缓速器导致变速器处于超负荷运行状态，势必加速变速器的损坏，所以变速器非正常损坏也就不足为奇了。为解决这一问题，最简便的方法就是拆除缓速器，更换加长的传动轴，否则就要更新设计变速器了。在选购客车时不要一味求新，擅自选配辅助装置，关键是一辆客车各总成件的性能要相匹配，从而达到最佳的性价比。最好不要购买厂家的试制产品，要多从客户中了解客车产品的性能状况，尽可能购买成熟、实用的客车。

现代 HK6124 客车时常会出现变速器倒挡拨叉折断现象，损坏的原因是：倒挡拨叉太单薄，结构强度不够导致疲劳损坏。为了操纵轻便，该车型的变速器操纵系统都采用空气助力装置驱动挂挡，如驾驶员粗暴操作挂挡，拨叉就经常会过载，尤其是在车辆起步或倒车挂挡时，1—倒挡主、从动齿没有同步不能进挡时，此时如不放弃强硬挂挡动作，变速杆在助力装置作用下强硬推动拨叉，这样很容易发生拨叉疲劳折断。在车辆使用中，要经常检查调整离合器自由行程，使其达到标准值，保证分离接合彻底。起步或倒车挂挡时动作要轻柔，挂不进挡时，放松离合器，再重新挂挡。当遇到1—倒挡挂挡困难时，要特别注意这种现象是否越来越明显，而其他挡位都正常，就要考虑检查1—倒挡拨叉是否断裂。

161. 长期空挡滑行导致变速器提前损坏

故障现象：杭州某客运公司先后购买了30多台现代HK6124客车，根据客户要求交车前加装了电涡流缓速器，然而这批客车使用半年后变速器的故障频频发生，严重地影响了正常的使用。根据故障现象，修理厂成立了专门的技术攻关小组，分析研究其损坏原因。虽然上述故障的发生是由于该车型在变速器结构上存在着技术性能不匹配问题，但拆除了缓速器后发现变速器的损坏情况竟不尽相同。统计分析，有的驾驶员习惯于空挡滑行操作，这些客车变速器损坏频率较高，而不操作空挡滑行的车辆其损坏频率就很低。这究竟是什么原因呢？

分析排故：现代 HK124 客车变速器的结构是直列式布置，即第 1、2 轴在上面，中间轴在中间的位置，变速器润滑油的油平面高度在其中的位置，静态时第 1、第 2 轴的轴承得不到润滑和冷却。而 ZF 变速器和綦江变速器的结构是横向布置的，即第 1、2 轴和中间轴处在同一水平位置，变速器润滑油的油平面高度在上部位置，静态时第 1、第 2 轴和中间轴的轴承都能得到良好的润滑和冷却。

由于汽车燃油价格原因，有些驾驶员为了片面追求节油或不良驾驶操作经常把汽车加速到100km/h以上，然后挂空挡滑行到70~80km/h，再加速，再挂空挡滑行，反复进行。事实上，虽然采用这种方式可少量节油，但这样的操作方法实在不可取，不仅危及行车安全，又会造成汽车底盘部件的提前损坏，而且影响旅客的舒适性。这是因为：

(1) 目前中高档大客车大都是采用气压制动（制动力大），为了减轻转向器、离合器、变速器的操纵，上述这些机构都增加了空气动力助力或发动机取力装置，从而使操纵轻便，大大减轻了驾驶员的劳动强度，提高了制动性能。当客车空挡滑行时发动机怠速运转，气泵则充气缓慢，万一发动机熄火，制动气压不足、助力或动力装置失效，后果不堪设想，直接会危及行车安全。

(2) 虽然汽车挂空挡滑行时变速器不承载负荷，但汽车受惯性作用高速滑行，变速器第2轴（输出轴）处在高速旋转状态，此时中间轴不受外力作用处于自由状态，从而中间轴上的齿轮无法把齿轮油飞溅到第1、2轴上，高速旋转的第2轴上的轴承和齿轮不能得到正常润滑和冷却，会发生干摩擦，机械温度快速升高极易造成变速器第2轴上的轴承和齿轮的损坏。频繁地摘、挂挡，离合器频繁地分离接合，会大大降低离合器的使用寿命。发动机转速忽高忽低，离合器和万向传动装置正反交替受力，很容易造成离合器和十字节的损坏，会增加机械损坏导致车辆抛锚的几率，使维修成本大幅上升。节省了燃油但损坏了机械，实在是得不偿失。

(3)经常加速滑行会严重影响车辆行驶的平稳性，旅客乘车的安全舒适性难以保证，服务质量大打折扣。同时还会影响其他车辆的正常行驶，也有违驾驶员遵守交法、文明行车、优质服务的职业道德。行车途中万一遇到紧急情况驾驶员会措手不及，存在安全隐患。

(4)如果下坡时挂空挡滑行后果会更严重，汽车下坡行驶时因重力的作用车速会越来越快，为安全行车需要经常采取制动减速，长时间使用制动会使制动器发热，制动效能降低，安全隐患增加，并加剧轮胎磨损。如挂在挡位上行驶，则可充分利用发动机转动阻力减速，可大幅减少制动器的使用频率，确保制动气压和制动效能，既安全又经济。

节油必须以确保汽车安全运行为前提，首先是要维护好汽况，确保良好的技术状况，合理装载正确驾驶，养成良好的驾驶操作习惯，才能达到安全、舒适、经济的目的。

162. 变速器漏油和异响的故障

1)綦江变速器漏油

故障现象：綦江变速器是引进德国ZF变速器的先进技术，综合性价比较高（ZF变速器价格昂贵），因此目前高档客车普遍安装S6-150和S6-90綦江变速器，同时高档客车配装缓速器后，大大增加了变速器输出轴（第2轴）的负荷，从而经常发生变速器输出轴后端漏油的故障。其中有一辆客车修理变速器，更换了第2轴前轴承，仅使用了两个月该车变速器后端就又发生了漏油现象。

分析排故：漏油问题看似一个小问题，其实不然。变速器后端漏油的主要原因是：

(1)第2轴凸缘油封损坏；

(2)第2轴后轴承损坏；

(3)凸缘轴承损坏；

(4)凸缘紧固螺母松；

(5)凸缘齿齿套与第2轴花键齿松旷等。

上述客车的变速器修理后仅使用两个月就又漏油了，驾驶员和修理工都很不解。拆解变速器检查，发现变速器第2轴前轴承已磨损松旷，第2轴油封磨损损坏，其他部件良好。当第2轴前滚柱轴承严重损坏时，同时会造成第1轴和第2轴的损坏，如不及时维修会造成更大的经济损失。

由此可见，故障原因就是第2轴前轴承磨损后导致第2轴松动，进而使后油封损坏导致漏油。为什么更换了轴承仅使用了两个月就会损坏呢？查阅维修记录发现，该轴承是一只国产的606滚柱轴承，其材质相对较差。之后更换了一只进口的同型号轴承，装复后使用两年来都表现良好。

因高档客车变速器后端都装有缓速器，变速器负荷会大大增加，这对变速器内部的零配件材质要求会更高。更换第2轴前滚柱轴承时，最好换用进口的606滚柱轴承（国产价格便宜130元，进口的要900元），统计数据表明，进口轴承的使用寿命是国产轴承的近10倍。而且国产滚柱轴承损坏很容易造成主轴轴径的异常磨损而损坏，还会容易造成连环影响。如，主轴后端轴承损坏、主轴承损坏、长柄齿损坏及同步器锥环损坏等。综合分析，换用进口滚柱轴承可大大降低故障发生率，性价比反而高。

2) ZF变速器“嗒、嗒”的异响

故障现象：一辆青年客车，配置曼MAN发动机，安装ZFS6-160变速器，客车累计行驶了60多万km，驾驶员偶然发现该车怠速时变速器有明显的异响。经修理工仔细听辨声响，变速器怠速时确有明显“嗒、嗒”连续的异响声，踩下离合器后异响马上就消失，路试检验又不明显。

分析排故：高档客车都是后置发动机和后桥驱动结构，客车的密封性又比较好，所以在车厢内很难听到发动机或底盘的轻微异响声。驾驶员在行驶中一直感觉该车的整车技术状况良好，并没有关注变速器的声响。怠速时变速器处于空挡状态，只有常啮合齿轮在发生空转。“嗒、嗒”连续的异响声很像是变速器的轴承或齿轮的声响。当得知有异响后，只有排除隐患后才可继续运行。拆解变速器总成，仔细检查未发现有明显损坏的地方，轴承、齿轮、轴等部件都良好，齿轮油中也没有什么异物存在。检查第一轴和中间轴常啮齿齿轮间隙，凭经验判断其间隙偏大（因机构位置的限制无法用百分表测量），可能就是常啮齿齿轮的异响，但不影响传动效率和工作的可靠性，因ZF变速器的配件都是进口件，价格非常昂贵，所以决定不更换部件，按分解顺序重新装复变速器，试车感觉与拆装前一样，于是交付给驾驶员继续运行。

虽然该车行驶了一天后又返场，驾驶员反映变速器声音更大了，但经检验员、修理工会诊复查后确认可能是驾驶员的心理反应过度，正常使用没有问题。之后继续运行已近两年依旧如故。

变速器维修时要注意事项：

(1)变速器有许多齿轮、轴承和轴组成，传动负荷大，因此清洁、润滑工作非常重要，尤其是针对滚针轴承和同步器。必须检查油孔、油道和通气孔的畅通。定期更换齿轮润滑油，一般中、高档客车选用GL-5级齿轮油的更换周期为150000km或一年。油平面高度要适当，油量太多易漏油，太少则难以保证正常润滑。

(2)检查测量齿轮、轴承的磨损情况，不能凭感觉和凭经验判断，必须用专用检测器具来检测。严格按技术要求装配变速器，并要注意装配记号，相互啮合的齿轮要求成对更换，否则会产生异常，并影响传动的平稳性。

(3)选购变速器材料时一定要购买正厂配件，千万不能贪图便宜采购质量没有保证的副厂件，因变速器部件的工作负荷大，维修费时费料。关键部位的轴承必须用质量较好的进口件，材料质量与加工工艺和精度存在较大差距。

(4)必须用专用工具拆装，必须严格保证规定的拧紧力矩和有关调整数据的要求（表5-2列举了綦江S6-90变速器的调整数据和拧紧力矩），对耐油橡胶石棉衬垫可不涂密封胶，对那些不装衬垫的接合面，应使用一种耐油的密封胶，如乐泰公司的平面密封胶。

綦江 S6—90 变速器的调整数据和拧紧力矩 表 5-2

名　称	数　据	量　值	说　明
输入端轴承的轴向间隙（轴承外圈）	00mm	深度尺	允许 0.05mm 的预紧量
输出端轴承的轴向间隙（轴承外圈）	00mm	深度尺	允许 0.05mm 的预紧量
第一轴滚柱轴承前半圆挡环的轴向预紧量	0.01 ~ 0.02mm	千分尺、厚薄规	0.01 ~ 0.02mm 预紧量相当于中等程度的紧配合
中间轴的轴向间隙	0.14 ~ 0.17mm	千分尺、厚薄规	在中间轴拧紧力矩 150 ~ 200N · m 条件下调整
6 挡斜齿轮的轴向间隙	0.15 ~ 0.5mm	千分尺、厚薄规	仅对超速挡变速器，检查给定的间隙
5 挡斜齿轮的轴向间隙	0.15 ~ 0.5mm	千分尺、厚薄规	对直接挡变速器，检查给定的间隙
4 挡斜齿轮的轴向间隙	0.15 ~ 0.5mm	千分尺、厚薄规	检查给定的间隙
3 挡斜齿轮的轴向间隙	0.15 ~ 0.4mm	千分尺、厚薄规	检查给定的间隙
2 挡斜齿轮的轴向间隙	0.15 ~ 0.4mm	千分尺、厚薄规	检查给定的间隙
1 挡圆柱齿轮的轴向间隙	0.15 ~ 0.4mm	千分尺、厚薄规	检查给定的间隙
倒挡轴上倒挡齿轮的轴向间隙	0.2 ~ 0.6mm	厚薄规	检查给定的间隙
倒挡拨槽的轴向间隙	0.5 ~ 0.7mm	深度尺、厚薄规	倒挡齿轮的导向槽或拨槽间隙随着磨损而增大
里程表轴的轴向间隙	>0.1mm	深度尺	用手感来检查
里程表齿轮的齿侧间隙	0.1 ~ 0.2mm	凭经验	用手感来检查
滑套拨叉槽中拨块的轴向间隙	0.4 ~ 0.9mm	厚薄规	拨块和拨槽的间隙随着磨损而增大
选择Ⅰ、Ⅳ：滚针轴承的安装尺寸测量从滚针轴承的前端面到换挡盖座面靠向拨块一面的距离	2 +0.5mm	深度尺	选择Ⅰ型意味着换挡摇臂和扇形自锁块在左边、选择Ⅱ型，意味着换挡摇臂和扇形自锁块在右边
选择Ⅳ、Ⅲ：滚针轴承的安装尺寸测量从滚针轴承的前端面到换挡盖座面靠向拨块一面的距离	1 +0.5mm	深度尺	选择Ⅱ型意味着摇臂在右边扇形自锁块在左边、选择Ⅲ型意味着摇臂在左边，扇形自锁块在右边
同步环或同步锥毂的磨损极限测量当锥体摩擦面无间隙接触时同步锥毂端面与环端面之间的距离	0.8mm	厚薄规	如果测量值小于给定值必须换个新的同步器或尽可能用新的同步锥毂
1 - 5/6 挡同步器的轴向间隙	≥0.6mm	厚薄规	0.8mm 的磨损极限是同步器的间隙极限，用垫片调调 5 - 6 挡同步器的间隙
1 - 6 挡同步器的压力	320 ~ 360N	拉力计	在两边反复检查几次
第二轴轴承内座圈装配温度	120℃	温度计或测温计	在第二轴配合面上涂 Molycot-G 胶（以便于拆卸）
中间轴上齿轮的热装配温度	160 ~ 180℃	温度计或测温计	冷却中间轴将有利于装配，配合面应去除油污
测试同步器的大弹簧压力	L = 26.25mm P = (94.5 ±9) N	深度尺、拉力计	L 为加载的弹簧长度 P 为弹簧压力

续上表

名　称	数　据	量　值	说　明
测试同步器的小弹簧压力	L = 27.7mm P = (32 ±3) N	深度尺、拉力计	L 为加载的弹簧长度 P 为弹簧压力
测试换挡盖连锁块的定位弹簧	L = 61.8mm P = (238 ±24) N	深度尺、拉力计	L 为加载的弹簧长度 P 为弹簧压力
测试换挡轴上的弹簧压力（中央直接操纵变速器）	L = 32mm P = (64 ±7) N	深度尺、拉力计	L 为加载的弹簧长度 P 为弹簧压力
测试换挡轴上的弹簧压力（中央直接操纵变速器）	L = 29mm P = (121 ±13) N	深度尺、拉力计	L 为加载的弹簧长度 P 为弹簧压力
测试换挡轴上的弹簧压力	L = 20mm P = (96 ±1) N	深度尺、拉力计	L 为加载的弹簧长度 P 为弹簧压力
测试换挡杆上的弹簧压力（中央直接控制变速器）	L = 42mm P = (19.1 ±1.9) N	深度尺、拉力计	L 为加载的弹簧长度 P 为弹簧压力
测试换挡杆上的定位弹簧（箱侧直接操纵变速器）	L = 24mm P = (245 ±1) N	深度尺、拉力计	L 为加载的弹簧长度 P 为弹簧压力
测试互锁轴上的弹簧压力（箱侧直接操纵变速器）	L = 12.5mm P = (88.7 ±10) N	深度尺、拉力计	L 为加载的弹簧长度 P 为弹簧压力
测试互锁轴上的弹簧压力（箱侧直接操纵变速器）	L = 25.5mm P = (186 ±20) N	深度尺、拉力计	L 为加载的弹簧长度 P 为弹簧压力
测试互锁轴上的弹簧压力（箱侧直接操纵变速器）	L = 19.3mm P = (159 ±14) N	深度尺、拉力计	L 为加载的弹簧长度 P 为弹簧压力
输出端螺栓的拧紧力矩	60N · m	拧紧扳手	均匀的拧紧，并用钢丝紧固
磁性螺塞的拧紧力矩（放油螺塞）	50N · m	拧紧扳手	装配前清洗磁头不许超出给定值
螺塞的拧紧力矩（油面高度控制塞）	50N · m	拧紧扳手	不许超出给定值
箱体上双头螺柱的拧紧力矩	约 200N · m	拧紧扳手	装波型垫圈，用密封胶涂敷螺纹和垫片
第二轴上 5 - 6 挡同步器前开槽螺母的拧紧力矩	约 400N · m	拧紧扳手	用套筒加长开槽螺母的扳手长度

163. 电涡流缓速器摩擦异响的故障

故障现象：一辆青年 JNP6127F-1E 客车，配置的是德国曼 MAN 发动机、ZF S8-180 变速器和泰勒玛电涡流缓速器。该车在高速公路上行驶时因前方有车辆抛锚紧急制动时被后方车辆追尾，车后面部分严重变形，发动机风扇、水箱、水泵、缸体、曲轴等被撞坏报废，发动机前后支架裂损移位。由于撞击力的传导撞坏了变速器后面的缓速器上的转盘，使缓速器转子不能正常转动（转盘已经变形），检查变速器的外部没有损坏，就更换了缓速器上新的转盘，调整好转盘和定子的间隙后（定子和转盘标准间隙一般在 1.4 ~ 1.6mm 之间），待全车修复试车正常后交给客户使用。

然而客户在使用一天后就发现缓速器工作不正常，在使用缓速器时反应迟钝且有明显的摩擦异响。经检查发现缓速器转盘和定子有明显的摩擦痕迹，再次检查和调整转盘与定子之间的间隙，并特意调大了转盘和定子之间的间隙1.8~2.0mm（调大转盘和定子之间的间隙会使制动力下降）。再一次检查了变速器输出轴的窜动间隙（用大螺丝刀插入缓速器转盘与定子之间用力撬动，如果感觉转子有轴向窜动，就说明是变速器输出轴的故障）。经过检查确认都符合技术要求，本想经过这次检修应该没有问题了，但该车经过一天的运行故障依旧，没有丝毫的减轻反而更加严重。由于定子和转盘因摩擦已经产生的严重变形，缓速器已经不能正常使用了，因此只好把整个变速器一起拆下来再进行故障分析。

分析排故：分析电涡流缓速器，有异响的原因是：间隙过小，变速器输出轴大螺母松，变速器后凸缘松动，变速器后输出轴承损坏，凸缘轴承损坏，凸缘内齿损坏，主轴第一前轴承与主轴齿后轴承磨损等。之前已经两次检查调整了定子和转盘的间隙，并比标准的间隙大了些，故障依旧，因此怀疑是变速器的问题，故用螺丝刀插入缓速器转盘与定子之间用力撬动转盘，感觉转盘有轴向窜动（技术要求轴向间隙<0.3mm），故认为变速器没问题。为此需要检查变速器，于是放掉了变速器的齿轮油，检查发现齿轮油里有许多金属铝末杂质（变速器壳体是铝合金制造的），说明变速器内有部件损坏。对变速器后端盖进行拆解后发现后端盖上的轴承座挡圈已破碎，并导致轴承定位失效，输出轴产生轴向窜动，使转子随输出轴窜动，从而导致转盘与定子之间发生异常摩擦。这些均是在追尾事故中被撞击造成的。换上新的变速器后端盖，给定子和转盘做了平整加工，重新给定子和转盘调整到标准的间隙后，再用螺丝刀插入缓速器转盘与定子之间用力撬动，就感觉不到转盘有一点轴向窜动，装车试了后一切正常。

在高速公路上经常会发生追尾的交通事故，特别是高档豪华的大客车被后车追尾的事故更是多发（高档豪华客车制动性能好，跟车距离短，因客车高大的厢体会给后车的视线造成限制，导致尾随的后方车辆不明前方情况，当客车紧急制动时往往会措手不及）。现在的大客车发动机大都是后置式结构，一旦发生比较严重的追尾事故，就要重点检查发动机、变速器、转向机、电器线路等部件的损坏和移位，尤其是要排查一些隐性的损坏，做好保险理赔工作，减少返工，消除隐患。

164. 润滑不良导致传动轴损坏

故障现象：一辆金龙客车行驶了30多万km，驾驶员连续两次报修底盘有异响，当车速达到40km/h时客车就会出现发抖现象，并伴有大的噪声，如果再加速抖动和噪声会加剧，但车速降至40km/h以下后抖动和噪声就会消失。修理人员反复检查了发动机固定支架、变速器固定螺栓的紧固和传动轴的松动情况，检查部件良好，找不到故障原因。该车带“病”行驶了一段时间，一天在路上，突然“嘭”的一声巨响，紧急制动使客车很快慢了下来，但是突然发动机却自动加速，发生了“飞车”现象，驾驶员迅速将发动机强制熄火。但此时已经造成发动机整体移位，发动机传动皮带全部断裂脱落。该车的传动轴被掉在百米开外，且脱落的传动轴造成紧随其后的两辆轿车发生追尾事故。查看脱落的传动轴，发现万向节的滚针轴承严重缺油、润滑不良造成在高速旋转下滚针轴承高温烧蚀，万向节失效后机械发生运动干涉，万向节叉被扭断。同时巨大的惯性将变速器前的飞轮壳破裂，发动机移位后油量调节拉杆卡死造成飞车。

分析排故：检查损坏部件，传动轴的十字节轴承缺油干摩擦，严重磨损后松旷。传动轴的倾角过大或过小，伸缩节磨损松旷、传动轴弯曲和平衡块脱落等情况下工作均可发生抖动、异响和噪声现象，还有在发动机支架损坏、后桥移位和离合器或变速器损坏时也会发生抖动、异响和噪声现象。在维修传动轴时还要注意传动轴的角度和万向节叉的方向性。双万向节等速传动必须满足两个条件：

(1)第一万向节两轴间的夹角与第二万向节夹角相等。

(2)第一万向节从动叉的平面与第二主动叉的平面处于同一平面内。

第一个条件由发动机和后桥的位置来保证，第二个条件由传动轴和万向节叉的正确装配来实现。修理人员不能忽视这种现象。

目前大客车大都是采用后置式发动机，传动轴比较短，其动平衡要求高，传动轴裸露在外工作环境差，经常会受泥沙的侵蚀。在维修时如果没有很好地加注润滑脂，会加剧十字万向节的损坏。万向节上润滑脂嘴位置的局限性，加注润滑脂比较麻烦，所以修理工要加强工作责任心，在执行客车一级维护作业（每 3000～5000km 执行一次）时必须检查传动轴十字节和伸缩节的松旷程度，加注润滑脂必须确保充足良好。当报修客车底盘异响故障时，一定要认真检查、仔细分析故障的现象和原因，并做好维修质量的跟踪服务。同时要加强对驾驶员的机务常识的培训，如驾驶员对发动机飞车现象、轮胎爆破、火险、警报灯闪亮等突发事件的应急处理，预案训练有素可大大降低突发事件的损失。

165. 安凯 HFF6121K35 客车后轮毂油封漏油

故障现象：一辆安凯 HFF6121K35 客车（尊荣 400）其后桥装配的是 K315 车桥，车轮制动器为鼓式制动器，轮毂轴承用齿轮油润滑，自新车使用以来经常发生后轮毂内油封漏油，油封型号是 135×170×18 组合式油封。车桥油封漏油不仅影响轮毂轴承的润滑，而且危及制动器的制动效能。在新车使用的前半年中，修理工只得频繁地更换油封，一般只能使用 2～3 个月，工作量非常人，而且总是提心吊胆，经常地拆装制动器使其他部件的装配质量也随之下降，同时也花费了大量的人力、物力和财力。

分析排故：对此修理厂成立了专题技术攻关组，对该故障进一步的分析排查发现该故障通常是在客车进行二级维护更换油封后容易发生的，说明油封漏油主要是安装引起的。因客车厂没有维修作业规范和专用工具，在日常维护作业时没有拆装油封的专用工具，维修工只能采用简单的冲头一次次冲击安装，因此造成了油封的变形损坏，漏油因此而生。为此修理厂自己设计制作了专用工具（如图 5-10 所示），并提出了安装工艺规范。油封的安装工艺要求如下：

图 5-10　自制的安凯 K 桥油封安装工具

(1)安装油封必须使用专用的油封导向工具（自制），确保油封不产生变形。

(2)保证油封本身的清洁度，在油封的工作面预先注入相应的润滑油，以避免油封刚开始起作用时由于干磨引起的损坏。

(3)油封安装时，油封的内挡及外挡建议使用乐泰 680 胶水。使用胶水要适量，绝对保证多余胶水不流入油封的工作面。

(4)在安装轮毂时尽量使轴壳轴线与轮毂轴线相对重叠，及时用外挡轴承作为导向工具进行装正，这样可避免油封受到撞击变形。

(5)轮毂装正后，将轴壳螺母用力拧紧。轴承的预紧度调整最好在30min后进行，这是因为预先涂在油封内外挡的胶水已基本凝固。

166. 客车左右车轮承载质量偏差过大导致制动跑偏

故障现象：一辆厦门金旅客车（车型为XML6601C），制动器为鼓式气压制动，没有ABS系统，用于城市内接送职工上下班，一般是中速行驶，极少采用紧急制动。在一次长途旅行中，高速公路上70km/h时速紧急制动时发生严重的制动甩尾现象，幸未酿成交通事故。驾驶员报修：该车在中、高速行驶中踩紧急制动时会出现跑偏甚至甩尾现象。

分析排故：检验员对该车进行路试检验，确有制动跑偏现象，严重时产生制动甩尾，驾驶该车非常危险。通常汽车制动甩尾的主要原因是左右轮制动力不平衡产生的。外观检查车身左右高度一致，钢板弹簧及轮胎等部件良好，当时认为是左右制动器的制动片与制动鼓之间的制动间隙偏差大而导致制动跑偏，所以对4个车轮的制动间隙进行了全面调整，使其制动间隙均在0.25~0.35mm之间。调整好后进行试车，故障依然存在。之后拆下4个车轮制动器，测量制动片及制动鼓的厚度和内径均符合技术要求，检查制动片与鼓的接触面都达到75%左右，凸轮轴转动灵活，检查制动总泵、分泵及气路都良好，无漏气等现象。随后将4个轮胎进行左右换位，检查横直拉杆球头和主销，未见松旷现象，测量前轮前束为2 mm，符合要求。测量前后车桥的轴距，左右轴距差只3mm，符合轴距差≤9 mm的技术要求。再次进行试车，故障未解除。因该车还在质保修期内，报请金旅公司同意，更换了该车的后桥总成，更换后再进行路试检验，故障仍然没有排除。无奈之下，想到应去检测线测试一下，以测定到底其制动力如何，偏差有多大。上检测线检测结果表明其制动力、制动不平衡率和阻滞率都符合《机动车安全运行技术条件》（GB 7258）的检测要求，但该车的后轴左右重量相差则较大，右侧比左侧要轻2600kN，后桥左右重量的悬殊差距，也会导致左右制动力不平衡，从而使车辆在制动时出现跑偏甚至甩尾现象。于是在该车后桥右侧座位上分级加载100kg、200kg、250kg，制动甩尾现象渐趋好转，当加载到250kg时路试制动性能很好，最后在客车后桥右侧车身下部焊上了250kg的配重铁板，再进行路试制动查验，分别以30km/h、40km/h、50km/h时速制动时都无跑偏和甩尾现象，又上检测线检测，制动力、制动不平衡率和阻滞率都符合要求，故障终于排除了。

167. 五十铃客车二级维护后两后轮出现制动阻滞的故障

故障现象：一辆广州五十铃GLK6120D5客车在进行一次二级维护作业后，驾驶员一直报修制动时两后轮出现阻滞现象。

分析排故：检验员路试检验确认故障现象如驾驶员所述，静态检查制动总泵、制动分泵、制动管路工作正常，制动器机械部件工作良好，初步判断认为是制动器自动调整臂失效了，于是将该车两后轮上的自动调整臂全部更换，但故障仍未排除。向客车生产厂及其他用户询问都说没有发生过此类现象，找不到正确的答案，于是重新拆检该车后轮制动器。因该车型的制动鼓上没有制动间隙的检测孔，于是拆卸制动鼓后分别测量上、下制动片与制动鼓的间隙，检测结果发现上、下制动片与制动鼓之间的间隙相差有4mm之多，这就导致了自动调整臂始终处于工作状态，也就是制动阻滞现象的原因所在。为什么会出现这种现象呢？在安装时上、下滚轮都是按原标准相应选配的，在进一步检查时发现，该车型的制动凸轮轴上、下是偏心的（大头朝上，小头朝下，如图5-11所示），安装具有方向性。在二级维护更换制动片时修理工将凸轮轴的上、下方向调反了，所以出现上述较难排除的故障。

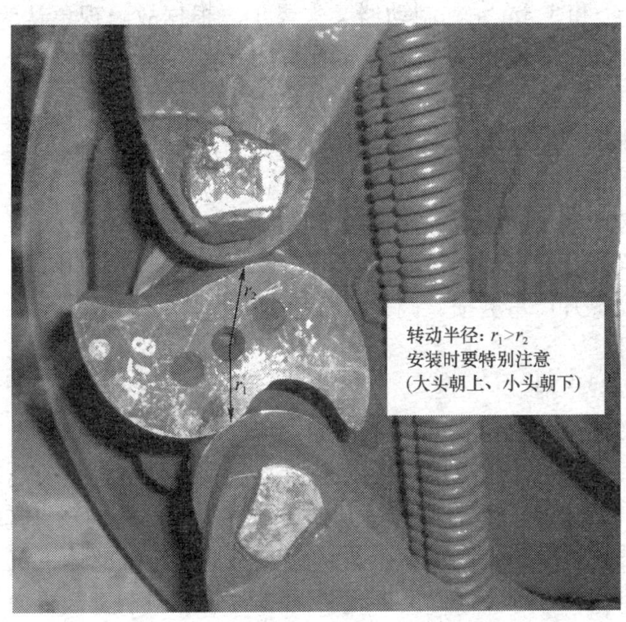

图5-11　五十铃GLK6120D5制动凸轮轴结构示意图

上述故障表明：作为修理工，一定要掌握一定的机械常识和汽车构造及工作原理，在对新车型的维修中，首先要认真阅读汽车使用维修说明书，拆装新结构部件时做好拆装记录，分析非常规结构的原因，从而确保正确的安装，这样才能在维修作业中少走很多弯路，减少浪费并消除隐患。

168. 现代HK6124制动力不足的故障

故障现象：现代HK6124客车以燃油消耗低、维修成本低的特点深受用户的喜爱。但一批行驶里程超过100万km的现代客车，平均每隔三天就要人工调整制动间隙，客户诉说在半年中的多次客车追尾事故都是因为制动性能太差造成的。

分析排故：现代HK6124客车的底盘为传统的鼓式气压制动器，标配了ABS和自动调整臂，因变速器第二轴难以承受电磁缓速器的负荷，先后拆除原先配置的缓速器。现代客车属于中等级的产品，一般应用于中短途客运班线上，进出城区比较频繁，制动器的使用频率相对较高，制动系统的维护周期一般在20000～25000km。拆除了缓速器后制动鼓与摩擦片的磨耗量较大，并且国产的制动鼓和制动摩擦片的性能不及韩国进口的产品。

根据《机动车安全运行技术条件》（GB7258—2004）中的7.13.1.2规定，大客车用路试检测制动减速度方法检验行车制动性能，当车速为30km/h时的制动减速度应≥5.4

m/s^2，制动稳定性的要求是制动过程中机动车的任何部位（不计入车宽的部位除外）不允许超出3.0 m宽的试验通道的边缘线。修理厂成立了专题技术小组，先对二辆客车用30km/h时速路试检测制动距离，其制动距离分别是8.0m和8.5m（制动距离≤9.0 m符合技术要求）。再用便携式制动仪进行检测，调整后试车制动减速度是4.8m/s^2和4.9m/s^2，不符合GB7258有关制动减速度的技术要求。于是先进行制动间隙调整再检测，制动减速度达5.8m/s^2和5.6m/s^2，符合技术要求。每天回场后都进行检测跟踪，第三天检测的制动减速度只有4.8 m/s^2和5.3m/s^2，制动器又失灵了。根据故障现象认为自动调整臂损坏，更换全车调整臂后再进行同样跟踪试验，情况有所好转，但仍然不符合国家有关制动力标准，存在安全隐患。

分析造成客车制动力不足的原因通常有：

(1)制动气压低；

(2)制动鼓失圆或制动鼓与摩擦片接触不良；

(3)摩擦片表面硬化或有油脂污渍；

(4)制动鼓与摩擦片严重磨损，调整臂行程过大；

(5)继动阀损坏；

(6)凸轮轴磨损或卡滞。

根据上述原因分析，排除了外部一些原因，拆卸制动鼓，发现上、下摩擦片磨损情况不一致，上片厚，下片薄。检查制动鼓与摩擦片接触情况良好，再对凸轮轴进行检查，凸轮轴与衬套的配合非常松旷，配合间隙达到2.0mm，拆下凸轮轴测量其轴颈（与衬套配合处），磨损量已经超过了1.5mm。综合分析认为：由于凸轮轴整体下沉，使上、下制动蹄摩擦片与制动鼓的间隙不一致，在制动时，下摩擦片先接触制动鼓再向上传递力，上摩擦片接触制动鼓要滞后下摩擦片，所以使下摩擦片作用时间长，磨损也就要快一些。检查凸轮轴的磨损情况发现，凸轮端面磨损不大，主要是衬套轴颈处磨损严重，于是采用堆焊后再车削、抛光加工的方法，修复了凸轮轴，然后更换衬套，装车后调整制动。制动分泵推杆行程调整为前30mm/后40mm，并用制动仪进行检测，分别以30km/h时速达到6.3 m/s^2和6.5 m/s^2的制动减速度，制动距离明显缩短。跟踪发现制动间隙自动调整良好，不再需要人工频繁调整，使工作量大大减少，同时加强凸轮轴和衬套的润滑，定期加注润滑脂，在二级维护周期内都能确保制动器的良好工作状态。成功排除了制动力不足的隐患，然后用这一方法逐辆检查修复，彻底解除了制动力不足的长期困惑。

按照客车二级维护的作业规范必须检查制动器凸轮轴凸轮的磨损和凸轮轴和衬套的配合间隙（其配合间隙应≯0.3mm），凸轮轴要转动灵活、无卡滞现象，润滑良好。但在实际作业中，往往是重点检查凸轮轴凸轮的磨损量，而忽视凸轮轴与衬套的配合间隙和润滑情况，长此以往，凸轮轴与衬套将严重磨损后其间隙过大，会造成凸轮轴的上下摆动，从而使上、下制动摩擦片与制动鼓之间的间隙浮动，制动效能会大大降低。任何机械无论任何一个部件的损坏，都会影响整体效能的发挥。对营运的客车必须坚持“定期检测，强制维护，视情修理”的维修制度。

169. 3例盘式制动器抱死卡滞的故障

故障现象：一辆行驶了80万km的高档客车，一次高速公路上行驶时，驾驶员突然发现右前轮冒出一股青烟，马上向右停靠在紧急停车道，下车时随手带上灭火器，发现右前轮整个制动盘都红了，用灭火器降温才避免了轮胎的燃烧。之前该车前轮没有异常前兆和修理作业，为什么会发生前轮制动器突然抱死呢？

另一辆客车因制动性能不良，驾驶员要求修理工调整其制动间隙，修理工曾根据驾驶员的要求人为调整过前轮自动调整臂，使其间隙缩小，结果调试后只行驶了 30km 时，驾驶员报告前轮制动器制动后抱死了。

还有一辆客车做过一次二级维护，因前轮制动片严重磨损，曾更换过两前轮的制动片。出厂行驶了 40km 后也发生了前轮制动器制动抱死的故障。

以上三辆客车的前轮制动器都是盘式制动器，配置自动间隙调整臂。

分析排故：配置自动调整臂的盘式制动器，以其制动平稳，散热性能好，制动效能好，维修频率低等优点，广泛被中、高档客车所采用。发生盘式制动器抱死的故障，不仅严重影响道路运输服务质量，更大的是严重威胁行车安全，高速公路上车辆发生这样的事故是令人胆战心惊的。

针对第一辆客车前轮故障，首先查阅维修资料，该车累计行驶了 70 万 km，自新车使用以来一直没有维修前制动器。然后顶起右前轮用手转动车轮感觉很沉重，转动阻力较大。拆检车轮及制动器，发现制动钳里面的活动推杆已经不能正常复位。解体制动钳总成，其中的两只滚针轴承已经生锈卡滞，长期使用后轴承上的润滑脂已经耗尽，防尘套有破损。防尘套破损后泥沙的侵蚀，就会使该杠杆运动阻力增加，复位困难，放松制动时制动器仍会处于摩擦状态，从而发生制动抱死现象。

第二辆客车因修理工人为调整过制动间隙，而且是凭经验估计调整了制动间隙，由于调整的间隙过小会造成不能自动修正（自动调整臂只能调小间隙，不能自动放大间隙），从而造成制动器的卡滞。

第三辆客车抛锚的原因是因二级维护作业不完整所致。维护检查前轮制动片已严重磨损，超过了使用极限，虽然更换了两前轮的制动片，但由于制动盘厚度在允许范围内，所以没有更换。修理人员没有认真检查制动盘的平面度，也没有修理制动盘边缘处的止口，在更换新的制动摩擦片后，反而导致制动片与制动盘的局部制动间隙过小，使制动器处于一定的摩擦状态。

盘式制动器制动不复位或抱死故障的原因有：

制动盘与制动衬块间隙过小；导柱、衬管磨损，滑动性差；活塞运动不畅，抱死、卡滞；轴承润滑不良或损坏；制动盘变形；以及制动总泵、分泵、继动阀、快放阀有故障。

盘式制动器维修注意事项：

(1)维修前必须认真查阅维修资料，掌握维修技术要求，千万不能凭经验、凭感觉作业。手工调整制动间隙或更换制动盘或制动摩擦片后一定要路试制动器，然后再顶起车轮检查制动间隙和轮毂轴承的松紧度。

(2)维护作业时必须检查手动调整装置的防尘套、导柱衬套的防尘套、活塞防尘套的密封情况，发现破损要及时调换，以防泥沙、雨水侵入制动钳内部；清洗、润滑制动钳滑动部件。

(3)检查制动盘和制动衬块摩擦片，其厚度不得低于各车型的标定值，检查制动盘是否存在沟槽、裂痕、热裂纹、划痕和发蓝，检查制动盘表面的平整度，对磨损后产生的边缘止口要进行修磨。

(4)高档客车上配置的盘式制动器的制动钳大多是进口件（目前常用的是ZF车桥和美驰车桥），进口制动钳价格昂贵，为了减少客车抛锚和节约维修成本，对于盘式制动器要实行强制维护作业，当行驶里程达70万km时建议对盘式制动器的制动钳进行一次全面维护作业，解体制动钳，清洁、检查、润滑活塞、轴承、导柱等部件，更换密封件修理包。

170. 金旅XML6120客车高速抖动的故障

故障现象：一辆金旅XML6120客车，驾驶员反映该车在时速刚超过80km/h时开始车身发抖，车身后部比前部抖动更严重。如果进一步提速，车身抖动就更严重，期间转向盘也有明显的抖动感，严重影响了行车安全和旅客的舒适性。

原因分析：这是一辆后置式发动机的客车，从客车的结构和工作原理方面分析，客车在高速行驶时出现行驶不稳、车身抖动，甚至出现转向盘摆振现象，发生这种故障的原因有：

(1)前轮定位失准，前束过大。

(2)前轮气压过低或修补、异常磨损等原因引起前轮动平衡失准。

(3)车圈变形，制动鼓平衡性差。

(4)飞轮与离合器的动平衡超标。

(5)传动轴弯曲、动平衡差。

(6)减振器、传动系统零部件有磨损或安装松动。

(7)主减速器异常磨损或间隙过大。

对此修理工首先在前轮处加塞安全三角木塞块，做好安全防护措施，架起驱动桥，使后轮离地50mm，然后起动发动机并逐步换入高速挡，当车速表达到80km/h时，观察车身有否明显的抖动。如果车身没有明显的抖动感觉，可以排除前桥部位的因素，因此时前轮前桥处于静止状态。若此时车身和转向盘出现抖动，则可确定是传动系统或后桥部位原因引起的振摆，可以从传动系、主减速器及后桥上找原因。若达到原先摆振的速度，汽车不出现抖动，则振摆的原因基本可确定是汽车前桥部分存在故障。要检查前桥的固定连接状况和前轮的定位及轮胎的结构性能是否符合要求，如失准应调整，架起前桥试转车轮，检查车轮动平衡情况及轮胎是否变形过大，必要时可换良好的车轮进行对比试验。

因该车后部比前部抖动严重，初步判断振动源在后部。因此拆下传动轴，起动发动机，当达到80km/h时，感觉车子还是有抖动感，然后拆下变速器起动发动机试验，故障依旧。最后拆下离合器压盘，起动发动机试验，车身就不抖了，发动机高速运转平稳，从而制定故障原因是离合器总成的动平衡性能差。于是更换新的离合器压盘总成和离合器片，装复后路试检验，故障排除。

171. 两例客车空气弹簧气囊的故障

1)客车右前气囊有时会升高的故障

故障现象：驾驶员反映一辆青年客车在行驶中其右前气囊有时会自动升高，也会自动调平，高速公路上行驶的客车车身上、下晃动是非常危险的。回厂后修理工检查该车的气囊高低已正常，调平阀升降、进排气阀工作正常。因此就对调平阀运动杆件的连接处加注润滑油来润滑，以增加运动的灵活性，试车后情况良好。可第二天驾驶员再次反映问题仍没解决，右前气囊还是会突然自动升高。

分析排故：由于该车进厂报修时无故障特征，修理工再次检查也没有找到问题点，分析认为可能是调平阀内部故障导致的，因此就先调换一只新的调平阀试试看，装复后试车，检验员左、右猛打转向让调平阀自动控制系统工作，试车一切正常。但突然间试车路面上碰到一小坑一振动，右前的气囊就慢慢地升高了，车辆向左边倾斜，同时调平阀开始排气，行驶五六分钟后车辆高低又返回正常状态。回到修理厂再次检查气囊的进气管路，排除了客车的前、后桥升降装置的问题，发现青年客车前桥左右气囊的进气管路中多装了一只阀(溢流阀)，故障可能出在这个阀上。查阅维修资料，这是一只单向溢流阀，针对气囊来说它是一只只出气而不进气的单向阀。正是这只阀当车身受到外部冲击时，气囊内的气压突然上升，打开单向阀泄气以保证气囊的安全。拆卸解体单向阀发现阀内的调正弹簧已断裂，使单向阀工作时会发生卡住和复位不畅的现象，这时气囊内的高压空气就会逆向从单向阀向气囊不断供气（正常是经过调平阀供气），从而造成气囊突然升高，此时的调平阀是不起任何作用的。更换单向溢流阀后反复试车，故障消失，跟踪几天运行情况良好。

2) 调平阀调整不当导致气囊漏气

故障现象：一辆行驶里程达 60 万 km 的大宇 GDW6120 客车，驾驶员报修车身左右有高有低，检查后确认气囊没有漏气现象。于是对后左侧气囊调平阀进行调整，使车身左右两侧的高度一致，可第二天该车行驶途经一段颠簸路面时，突然左后气囊发出了漏气声，车身很快就严重向左倾斜，只得抛锚等待救援。

分析排故：修理工到场后起动发动机给气囊充气，听到有明显的漏气声，认为是气囊破损了，但仔细检查气囊外观并无破裂现象，漏气是调平阀的排气口处于常排气状态造成的，经检查调平阀动作杆向下弯曲，使调平阀处在减压位置上，压缩空气从调平阀排气口中直接排出，造成气囊无气。调平阀总成在整个空气悬架系统中是起控制作用的重要部件，调平阀阀体安装在车架上，动作杆通过连接杆连接到车桥上。其工作原理是当车辆负荷增加时，车身高度降低，连接杆通过动作杆向上旋转一定角度，并通过隔膜总成打开进气阀，压缩空气克服调节阀弹簧弹力推开调节阀进入气囊，气囊上升就使车身升高。当车辆负荷减少时车身高度增加，动作杆往下移动，使轴往开启排出阀的方向移动，这样排出空气弹簧内一部分压缩空气使车身高度降低，从而保持车身左右两边的高度一致。车辆在平坦的路面上直线行驶时振动幅度不大，但在弯道或路面较差时，车身晃动幅度较大，所产生的力也比较大。当在调整气囊时，如连接杆与调平阀动作杆连接角度接近 90°时，车身晃动所产生的力，动作杆无法承受瞬间下降的压力就会产生弯曲。当把角度调整到小于 60°时，根据力的平衡原理分散往下的力，动作杆所承受的力就会变小，车辆的动作杆就不会弯曲。

维修气囊（空气弹簧）时应注意的是：

(1) 不要忽视对气泵的日常维护。如气泵油污严重或空气干燥瓶工作不良，油、水就会侵入气囊内，对气囊及气囊座圈产生氧化腐蚀，氧化腐蚀后很容易造成气囊座圈接合面凹凸不平，从而产生气囊漏气。如青年客车气囊的上、下座圈都是铝合金材料更容易氧化。

(2) 加强对减振器的检查，检查其固定情况及工作性能。减振器不仅起到减振作用，同时起保护气囊的作用。如减振器上、下固定松旷或其减振失效，当车身大幅振动时，由于避振器没有向上的拉力，造成气囊底座跳出，损坏气囊底座及支撑架。

(3)气囊高度要合适，根据各客车厂家的维修资料来调整。气囊左右差不大于2mm，不然要车身倾斜危及安全并造成啃胎。

(4)当拆气囊发现气囊内的缓冲橡胶已损坏，有细微的缓冲橡胶粉碎末，这是不要以为调换一只缓冲橡胶即可，这时还应该全部清洗气囊座、气管、直到调平阀气路。因为气囊的进、排气都要经过调平阀，如果气囊内部脏了，其进、排气控制的调平阀小针眼孔不是堵塞就是漏气。

(5)更换气囊前要清洁、检查气囊座圈，上下座圈不变形，要用专用工具（自制）压入，动作杆与连接杆之间球锁固定可靠。

172. 客车轮胎螺栓断裂原因的分析和预防

故障现象：某客运公司从杭州发往安徽屯溪的班车（车型为大宇GDW6120K客车），当行驶至杭徽高速公路朱村段时，车辆后部发生异响，随后一只轮胎从车辆的右前方滚过，驾驶员立即采取停车措施，并检查车辆，发现右后外挡轮胎不见了，幸亏其内挡轮胎卡在轮毂上，否则将发生翻车事故。当时天上下着雨，路面湿滑，发生事件路段是向左转弯并伴有下坡的道路。拆检该车右后车轮及制动器，8只轮胎螺栓已全部一次性断裂，断面处没有陈旧性裂纹（如图5-12所示），内挡轮胎钢圈螺孔磨损变形严重。轮胎螺栓突然断裂的原因是螺母松旷后螺栓受剪切应力损坏。

图5-12 轮胎螺栓断裂实物图

分析排故：轮胎螺栓的作用是把汽车轮毂和车轮坚固地连接为一体。为了提升客车的安全性、舒适性和可靠性，车上配置的装置越来越多，高档商务客车的总质量达18000kg。客车运行在高速公路上，一般情况下车速在90～100km/h之间，高速重载的客车在转弯或紧急制动时，车轮负荷会急骤增加。同时因客车的定期强制维护作业，轮胎螺栓频繁拆装，拆装时不严格按技术要求作业等，都会加速轮胎螺栓的早期损坏并留下安全隐患。轮胎螺母松旷或轮胎螺栓断裂都可能会引发重特大交通事故。

1)轮胎螺栓的受力分析

轮胎螺栓的作用是连接车轮与车轮轮毂，为刚性连接。为方便车轮安装，螺栓的外径一般比钢圈上螺孔直径小1mm以上。商用客车轮胎螺栓承受的力矩要达500～600N·m，正常情况下螺栓只承受轴向拉力，不承受径向的剪切应力。为提高轮胎螺栓的承载能力，轮胎螺栓的材料通常选用40CrMo、35CrMo、42CrMo等优质碳素钢，而金属材料承受抗拉强度远远高于抗剪切的能力。

2）客车上常用的轮胎螺栓、螺母的结构

目前中、高档客车上普遍使用的轮胎螺栓，根据垫圈分为碟形弹簧垫圈和平垫圈（与螺母活动铆接，便于安装）；根据螺纹螺距的大小可分为粗牙和细牙螺纹，粗牙螺纹又有左旋和右旋之分；引进韩国技术生产的大宇和现代客车都用的是粗牙螺纹，并且这些客车的左边车轮用左旋粗牙螺纹，右边车轮用的是右旋粗牙螺纹，因为汽车左右轮的旋转方向不同，采用左右旋螺纹是为了防止螺栓松动。其他厂牌客车大多采用细牙螺纹，细牙螺纹的（导程角小）自锁性能比粗牙螺纹好；后桥上双胎的连接又有双道螺栓和单道螺栓两种结构，随着螺栓技术性能的提高，大多是采用单道螺栓。

3）螺栓断裂的现象

螺栓的中部凸肩处为受力的支承点，内端与轮毂盘上的螺孔配合，近似紧配合，内螺母锁紧后一般不会松旷。而外端螺母需要经常拆装，当汽车在高速行驶中一旦螺母松旷则在外螺纹内端受到很大的剪切力作用，所以一般是在外螺纹内端附近位置处发生剪切断裂，断裂截面也是整体性的。断裂口比较平整，也没有缩颈现象，这就是轮胎螺栓被剪切断裂。如果是材料质量因素发生拉伸断裂的，则其断裂口不会很平整，同时会产生缩颈现象。

4）螺栓断裂原因的分析

当汽车轮胎螺母松旷后，螺栓的受力相当于一个悬臂梁，螺栓的受力从承受拉力变为承受剪切应力，根据工程力学分析，悬臂梁最危险的截面是在螺钉和螺纹孔端面相交处。汽车在转弯、制动和遇坑洼、障碍物受到冲击作用时，其螺栓承受的剪切应力会瞬间急骤增加，当超过其额定负荷时螺栓就被剪切断裂，从而发生轮胎飞出事故。除了轮胎螺栓材料质量和加工处理的原因外，导致轮胎螺母松旷和螺栓断裂的原因有：

(1)安装时未拧紧达到技术要求，或各螺母拧紧的松紧度差距较大，一旦有个别螺母松旷后不承载，其他螺母的负荷大大增加。

(2)轮胎钢圈螺孔磨损或变形，螺母扭力已达到要求，但轮胎钢圈却没有压紧。

(3)当螺栓、螺母长期使用后螺纹损坏，碟形弹簧垫圈失效，或平垫圈裂损变形都不能起到很好的螺母锁止作用，都会发生螺母松旷现象。

(4)轮胎螺栓定位套圈损坏或缺少，或钢圈内孔因螺孔挤压变形导致失圆；安装轮胎时简化作业，轮胎螺母没有对角拧紧操作，而是一次到位，逐个一次性拧紧，对没有中心定位套的螺栓，这种操作方法会产生螺栓偏离中心定位，装配时螺母虽已拧紧，但因螺栓、螺孔不对称布置，使轮胎转动半径不相等，当车轮转动不多久就会使螺母松旷。

(5)重使用、轻维护，驾驶员和修理工工作责任心不强，没有按规范要求定期检查，有的虽然有检查但极不认真。

5）如何做好防范工作

(1)购买新车时都会配装轮胎装饰罩，装上轮胎装饰罩虽然很美观，但不利于制动器和轮胎的散热，也不便于检查轮胎螺母的状况，所以必须拆除。在订购客车时如果明确不配置轮胎装饰罩还可降低购车成本。

(2)正确使用是关键。强化工作责任考核，驾驶员要加强日常维护检查，在出车前、行驶中、回场后都要检查轮胎和轮胎螺母的技术状况。如在外地检修时拆装过轮胎，回场后要重点检查并紧固。

(3)预防为主，强制维护。按客车说明书的技术要求执行强制维护作业，不得随意延长维护间隔里程。修理工的每天一检要认真负责，一级维护时必须要检查并紧固轮胎螺母。二级维护作业时必须清洁、检查螺栓、螺母的螺纹状况，清洁、检查钢圈螺孔的磨损、定位套、垫圈的性能和钢圈内圈的变形情况及钢圈端面的平面度。更换新钢圈时要检查钢圈壁的厚度。在检查时发现有部分螺母松旷的，一定要查明原因，防止其他螺栓过载后留有损伤隐患，要及时更换不良的轮胎螺栓、螺母。

(4)安装螺母时要确保车轮中心对称布置。在预紧螺母前要先检查车轮的中心位置是否对准，紧固作业必须对角轮流分2~3次完成，以达到正常力矩550~600N·m。螺母受力均匀，拧得过紧也易造成螺栓、螺母的提前损坏。对失效的弹簧垫圈、裂损的平垫圈、定位套圈和螺孔严重磨损的钢圈要及时更换，钢圈内圆变形可以进行修理。螺纹损坏超过3牙必须更换，从而确保客车车轮的定位和紧固。

(5)选用优质的轮胎螺栓，不能贪图便宜购买劣质产品。气泵要定期维护，排除储气筒中的水和油，减少油水对钢圈和轮胎胎体的侵蚀。同时要定期检查轮胎拆装机的技术性能，以免扭力不足。如有条件的最好采用气动扭力工具，使受力均匀。

(6)客车在行驶中如遇车轮有异响或车身左右晃动，必须停车检查排除隐患（但高速公路上是不允许停车检修的，如停靠在高速公路上必须要在车后方150m外做好警示标志，并报警要求施救）。如果万一发生轮胎螺栓断裂，不要猛转转向盘或紧急制动，要把握好转向盘，慢慢减速停车，然后做好相关防范措施，防止次生事故的发生。

173. 前轮胎异常磨损的故障

故障现象：汽车轮胎在工作时承受负载、传递牵引力和制动力，缓和吸收汽车行驶时所受到的冲击和振动。轮胎的技术状况是确保汽车安全行车的前提和保障，尤其是前轮。在客车的日常使用中往往会发生前轮的异常磨损，常见的异常磨损现象有：胎肩磨损、胎冠磨损、多棱磨损、局部磨损和个别轮胎磨损等。

图5-13　轮胎肩磨损

分析排故：为了提高客车的舒适性，高档客车的前桥都采取独立悬架结构（JT/T 325—2010对营运客车的要求），这种悬架结构使前轮定位（主销后倾、主销内倾、前轮前束、前轮外倾）更加复杂，而且不同客车生产厂的独立悬架的设计结构不完全一致，维修企业很少有客车的四轮定位仪设备，所以给检测维修带来了困难。前轮的异常磨损不仅影响轮胎的使用寿命，而且会导致方向不稳、自动跑偏和制动跑偏，直接危及行车安全。前轮异常磨损现象的原因分析：

1)胎肩磨损

胎肩磨损（图5-13），也就是轮胎胎肩的过度磨损。根据客车的前轮定位及前桥构造和轮胎受力原理分析，其原因有：

(1)车轮外倾角过大或过小，使轮胎往一侧倾斜。如外倾角过大，轮胎外侧受力增加，就会使轮胎外侧胎肩单边磨损；如外倾角过小侧反之。

(2)车辆左右气囊高低不等，或客车装载左右不匀，或左右轮胎气压差过大，导致车辆左右发生倾斜，造成轮胎单边磨损。

(3)车轮的前束失准也会造成轮胎单边磨损。按常理如车辆一旦有前束不准，驾驶员应会感觉转向沉重或操纵困难，但大型客车都配有转向助力装置，驾驶员不易发觉。独立悬架结构客车的前束的调整难度较大。

(4)车轮轴承松动和横拉杆球头松动，或是经常性急转弯造成重要因素。

2)胎冠磨损

胎冠磨损（图5-14）分为羽状磨损和胎面磨损。胎面羽状磨损的主要原因是前束不正确。如果轮胎中央部分磨损异常，则是充气量过大所致。适当地提高轮胎充气量，可减少轮胎滚动阻力，节约燃油。但当胎压过高时，不但会影响轮胎的减振性能，还会使轮胎径向变形量过大，胎面与地面的接触面积减小，因此轮胎与地面磨损只能由胎面中央部分承担，从而形成早期磨损。

3)多棱磨损

造成多棱（胎肩波浪状）磨损（图5-15）的原因是车轮轮毂轴承松旷或车轮安装不当，轮胎动平衡性不良，或在波浪形路面高速行驶，以及制动打滑或胎肩磨损。同时前束值不对、转向直拉杆球头磨损严重，松旷、轴距误差轻微超过标准、前轮摆振也会造成前轮胎肩波浪状磨损。子午线轮胎的前束值为0～3mm。

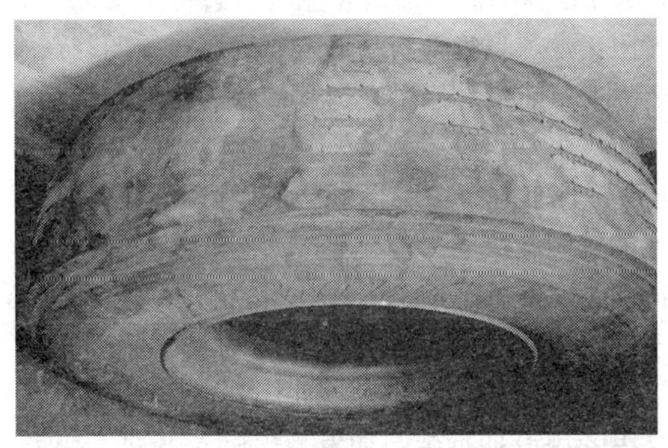

图5-14 轮胎胎冠磨损

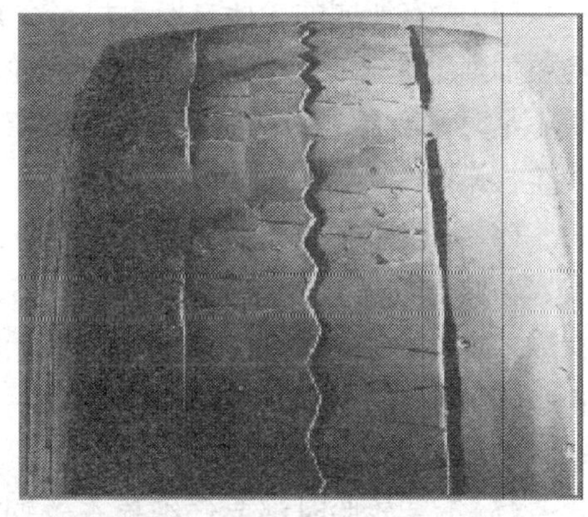

图5-15 轮胎多棱磨损

4)局部磨损

轮胎的局部磨损是因制动力不平衡，或过度使用制动，或车轮动平衡性差造成的。当不平衡的车轮高速转动时，个别部位受力过大，从而造成轮胎磨损加快。与此同时，车轮不平衡也会造成转向操纵性能变差。当轮胎局部瞬间受力过大时，就会产生局部磨耗且一旦有局部磨耗，会渐渐严重，发展成轮胎凹凸不平的局部磨损。产生瞬间轮胎受力过大的原因有：地面不平整对轮胎的瞬间冲击，一般在路与桥的接口处和破损路面；车轮轴承过松，轴距不正，轮胎气压不准及车辆高速行驶时对轮胎产生的驻波。

5）个别轮胎磨损

如果个别某个轮胎磨损量过大，则有可能是车轮的悬架系统失常、支承件弯曲或个别车轮不平衡从而造成个别轮胎早期磨损。

轮胎维修时要注意的问题包括：

(1)客车回场例检时，修理工必须绕车一周检查全车轮胎的气压和胎面情况。气压是轮胎的生命，气压过高和过低都会缩短它的使用寿命。气压过低，则胎体变形增大，轮胎刚性下降，橡胶内部摩擦加剧，胎侧容易出现裂口，胎面干裂，同时产生屈挠运动，导致过度生热，促使橡胶老化，帘布层疲劳、帘线折断。气压过低，还会使轮胎接地面积增大加速胎肩磨损。气压过高，则会使轮胎帘线受到过度的伸张变形，胎体弹性下降，使汽车在行驶中受到的负荷增大，如遇冲击会产生内裂和爆破，同时气压过高还会加速胎冠磨损，并使耐轧性能下降。

(2)定期检查前轮定位，前轮定位对轮胎的使用寿命影响较大，尤其以前轮前束和前轮外倾为主要因素。前轮前束是为消除因前轮外倾而引起的两前轮在向外侧滚动的同时向内侧滑动的不良后果，采用一定量的前束，使车轮外倾和前束所引起的侧向力相反，互相抵消或削弱的一种措施。前轮外倾角不当会加速胎肩的磨损；前轮前束过小或过大都会加速轮胎内外侧的磨损。由于高档客车前轮采用了独立悬挂结构，所以前轮前束的测量与调整是各自独立测量和调整的，结构不同所采用的测量方法也不同，必须按照客车厂家说明书要求进行测量和调整，加强检查独立悬挂的固定情况，检查橡胶支垫、衬套、球销等部件的松旷情况。

(3)时有所闻的轮胎自燃事故，究其原因就是制动器卡滞或轮胎气压过低造成的。为此要加强维修确保车轮制动器良好和轮胎气压正常。当车轮制动器咬死发热或轮胎气压严重不足时，双胎之间两胎侧胎体因摩擦会产生大量热量，当温度达到橡胶的自燃点后就会发生自燃。

(4)不仅子午胎与斜交胎不能混装，而且要整车所有轮胎（规格、生产厂、结构、层级、花纹、气压）要完全统一，同一车轴上的轮胎花纹磨损情况要接近一致，否则会影响操纵稳定性。前轮不能装翻新胎，其胎冠花纹深度不得小于3.2mm，后轮胎冠花纹深度不得小于1.6mm，备胎与前轮质量要求一致。轮胎花纹太浅还会降低附着力和抗侧滑能力，影响牵引力和制动距离。

(5)拆装轮胎时都要仔细检查轮辋，要用专用设备拆装，如发现轮辋有弯曲、变形、裂缝以及结合面尺寸变化时应及时维修或更换。高速运行客车的轮胎动平衡的检测与调整必不可少。维修场地要整洁，以免螺钉刺入或机械刮伤，不要让有机溶剂或油料污损轮胎，因橡胶遇有机溶剂或油料易老化。对发生车身移位的事故车修复后一定要测量检查前轮定位和轴距。

(6)定期进行轮胎换位，使全车轮胎磨损均匀，适当进行轮胎的翻新，以发挥其最大经济价值。轮胎最好应充氮气，因氮气是惰性气体，热膨胀量小，轮胎升温低，轮胎气压稳定，性能更优。

174. “三检”工作不落实导致二次前轮抛锚

1) 轮毂轴承太松险些酿成前轮飞出事故

故障现象：一辆金旅客车（鼓式制动器）二级维护后第二天只行驶了40km，驾驶员就发觉左前轮发飘，马上在高速公路紧急停车道上停车检查，左前轮轮毂轴承调整螺母已严重松旷，开口销已被螺母撞击得变形，幸运的是没有发生交通事故，一旦前轮飞出其后果不堪设想。拆检前轮制动器，零部件无一缺少，但转向节、轴承、调整螺母、开口销已报废。询问修理工说二级维护时调整螺母也是按技术要求拧紧后再退回1/4圈后装上开口销的，但是安装外挡轴承时觉得很紧，因螺母挡住了部分开口销孔，所以费了很大的力才装上开口销，完工后，因检验员外出救援不在场，所以该车就直接出厂了。

分析排故：轮毂轴承损坏的原因一般是轴承质量、润滑不良，装配太紧或太松等。通过认真观察、分析，排除了轴承质量、润滑情况和太紧的可能性，发现轴承损坏的根本原因是外挡轴承没有安装到位（外挡轴承内径与转向节轴颈的配合过紧）。安装外挡轴承时觉得很紧，当时并没有进一步查找原因就装上调整螺母和开口销，导致内外轴承之间不但没有预紧力，反而存在较大的间隙，轮毂轴承（轴承是圆锥滚柱）处于散架状态。当车轮高速转动时，轴承不是处于正常的滚动摩擦状态，而是受到不规则的冲击载荷的作用，调整螺母受轴向撞击力的作用又撞击开口销，开口销不堪重负被撞断失效，险些酿成车轮飞出事故，所幸是驾驶员经验丰富，发觉异常情况及时停车，避免了一次车毁人亡的重大事故。

汽车维修作业必须严格执行“三检”制度（修理工自检、主修工互检和检验员专检），树立下道工序为上道工序做检验的意识。这次事件究其原因是修理工没有做好作业的自检、互检工作，检验员的专项检验也形同虚设；按照技术要求，二级维护路试检验后必须再次顶起车轮，检查车轮毂轴承的松紧度和制动器性能。由于检验员外出，没有落实相关应急预案措施，没有进行出厂检验就放行了，从而失去了排除隐患的机会。

2) 漏装制动器压板造成两前轮损坏

故障现象：一辆青年客车二级维护后的第二天仅行驶了50km驾驶员就发现方向有沉重感并向右偏转，车身发生了向右倾斜的现象，马上靠边停车检查，结果是右前轮缺气（装用的是无内胎子午线轮胎），施救车辆到达后，调换了备胎继续行驶。行驶100km后在距目的地200m时左前轮又严重漏气了，到达目的地时，右前轮几乎没有气了，怎么回事？两只右前轮都发生了漏气现象，难道是一种巧合吗？

分析排故：拆检车轮制动器和损坏的两只前轮胎，发现右制动器上制动衬块压板（盘式制动器）没有安装，第二只轮胎因缺气行驶时间长，胎体内层橡胶都发生脱落而报废。原来造成轮胎漏气的原因是制动衬块压板没有安装，制动衬块上的弹簧有时与轮胎的气门芯杆碰撞摩擦，长时间的机械碰撞摩擦导致气门芯松动，从而发生漏气现象。修理工在安装制动片后忘记了安装制动衬块压板，并在清理旧件和工具时没有检查多余零部件（因制动衬块附件包内配备了压板，而原车上的压板没有损坏也可用），其自检工作不到位，主修工也没有做好互检工作。因盘式制动器结构的特殊性，制动衬块浮动在托架上，路试检验制动性能良好，失去了再次排除隐患的机会。

许多维修企业的客车维修工作都是晚间作业，有的为了省电费，灯光照明很暗，这怎么可能保证质量呢？如有可能，总成部件的修复安排在白天作业相对更可靠，从生理上讲，夜班作业使人更容易疲劳，身心疲惫，必定影响工作质量。为此，加强汽车维修的“三检”和签字制度就更加重要，在清理作业现场时一定要再次检查废弃物。年轻员工要养成良好的学习、工作和生活习惯，勤奋不可少，思路更重要，习惯造就未来。

有一个非常值得管理人员学习借鉴的海恩法则：任何严重事故都是有征兆的，每一起严重事故的背后，必然有29次轻微事故和300次起未遂先兆以及1000次起事故的隐患，要消除一次严重事故，就必须要敏锐而及时地发现这些事故征兆和隐患，并果断采取措施加以控制或消除。

175. 客车备胎不良造成班车脱班

故障现象：为了确保客车的正班率，一般运输企业要求驾驶员至少提前半小时到岗，检查车辆技术状况，做好发车前的各项准备工作。有一次驾驶员检查车辆时发现一前轮因漏气已严重缺气，表明轮胎有渗漏处，决定马上更换备胎。一看备胎发现，全成瘪胎了，修理工立马充气、更换，但为时已晚，造成了班车的脱班。另有一次一早驾驶员检查车辆时，也发现一前轮严重缺气，需要更换备胎，拆卸备胎，却是一只轮侧有严重刮伤的不良胎，不能作为前轮使用，找其他备用胎花了很多时间，结果也造成班车脱班，影响了运输企业的服务质量和企业信誉。备胎，顾名思义是要充分准备随时要用的，所以备胎的质量要求必须达到前轮的使用技术要求，以便有备无患。

分析排故：浙江快客以安全、快捷、舒适而闻名全国的道路运输品牌，杭州长运集团公司更是自我加压在2001年就向社会推出服务承诺：客车抛锚30min以上；客车空调失效；客车无故未准时发车，迟30min以上等现象向旅客赔偿票价的50%。树立服务品牌必须强化全员责任意识，事事处处把工作落到实处，细节决定成败。以上两次客车前轮故障导致班车误点，说明工作职责没有完全落到实处。按交通行业部门的有关要求，对营运客车必须执行驾驶员的日常维护工作，同时客车回场后修理工每天必须进行安全部件的例行检查，而且每隔3000~5000 km要执行一级维护作业，这些技术规范中明确备胎是必查项目之一，可是在具体的执行中却被忽视了，这就是制度的执行力问题。评价企业管理水平好坏，不是看制度的多少，而是制度的先进性和执行力，这是提高管理效能的关键。

轮胎要整车统一，子午线轮胎不得与斜交胎混装，同一车轴上不能混装两种不同结构的轮胎，也不能前轮装子午胎，后轮装斜交胎，因为两种轮胎的静半径和动半径不一样，在动负荷的作用下，会加剧斜交胎的超负荷运行，极易引起内伤和早期损坏。不仅子午胎与斜交胎不能混装，而且整车所有轮胎（规格、厂牌、结构、层级、花纹、气压）要完全统一，同一车轴上的轮胎花纹磨损情况要接近一致，否则会影响操纵稳定性。前轮不能装翻新胎，其胎冠花纹深度不得小于3.2mm，后轮胎冠花纹深度不得小于1.6mm，备胎与前轮质量要求一致。在湿滑路面上使用过度磨损的轮胎高速行驶，容易发生“水滑”，增加驾驶操控的风险，轮胎花纹太浅会降低附着力和抗侧滑能力，影响牵引力和制动距离。轮胎不仅影响汽车的动力性和经济性，更关系着行车安全，因此要倍加关爱。

目前有一些修理工存在一种驾驶员没有报修与我无关的意识和轮胎检查是驾驶员的责任，这是一种没有客户意识的表现。无论是内部客车的修理还是外部业务的修理，都是修理企业的客户，对定点维修的客车更要做好全面的服务和技术保障。客户的需求就是我们的职责，这是市场经济条件下汽车维修企业的服务宗旨。

电 器 部 分

176. 青年 JNP6125 客车发动机水温过低故障

故障现象：一辆青年 JNP6125 客车发动机（德国曼 D2866LOH23）的工作温度偏低，驾驶员反映正常工作时冷却液温度一直低于 80℃。虽然该车的动力性没有明显异常，但每 100km 单位油耗上升了 1L。

分析排故：如果发动机长期处于低温工作状态，对其动力性、经济性和尾气排放及发动机的磨损情况必定是有害无益的。汽车发动机的常见冷却方式为封闭式强制循环水冷却，冷却系统主要由散热器（水箱）、水泵、风扇、电磁风扇（或硅油风扇）离合器、节温器、汽缸体和汽缸盖内的水套等组成。根据冷却系统的结构和工作原理，分析发动机水温低的原因是：

(1) 节温器常开，不能实现自动控制。

(2) 风扇离合器故障，处于长期高速转动状态。其原因是：

①硅油离合器内的硅油不能正常返回储油腔。

②电磁离合器的轴承卡滞。

③电磁风扇长时间运转，自动温度控制电路出现故障。

该车装配的是电磁离合器风扇，针对不同情况下的发动机水温和空气中冷器的空气温度，其电子控制模块可以提供 3 种控制电磁离合器风扇运转的速度模式。针对上述的故障现象，检查冷却系统发现外部机件良好。拆卸节温器，检查发现节温器的主阀门处于常开状态（低于 76℃时应关闭），于是将原来配置的开启温度为 76℃的节温器改用开启温度为 83℃的节温器，安装新节温器后再检测客车仪表等电器的工作电压、控制温度传感器阻值，检查电磁离合器线圈连线情况，一切都正常。路试检测该车冷却液的温度，在正常行驶中仍然显示该发动机的工作温度偏低，经过实际测量工作温度只有 76℃。

再次查阅维修资料，对照比较发现，由于 JNP6125 客车发动机的冷却系统上配置的 3 速电磁风扇离合器，它利用 ECU 采集冷却液温度和进气温度来控制风扇的电磁线圈通电，控制发动机的冷却液温度，且其采用的冷却液温度传感器是正温度系数传感器（随温度升高而阻值也增加）。所以在工作状态时测量，发现此时显示的水温传感器电阻值已经达到 1360Ω，维修资料说明这时对应的水温应为 93℃（当发动机的冷却液温度为 76℃时，水温传感器的电阻值应是 1293Ω），此时仪表上的实际温度只有 76℃，表明了水温传感器的电阻值明显偏大。

检查水温传感器的连接插头接触不良，确定原因是因发动机冷却液外溢侵蚀机件，溢出的液体腐蚀了水温传感器的插头引脚，金属接触件随着温度热胀冷缩，造成接触阻值在冷态时刻正常，而热态时阻值会增加，信号失真引发了水温比正常要低的现象。

清除水温传感器引脚上的锈蚀，更换接插件，故障排除。

177. ABS 接线错误导致客车制动跑偏

故障现象：一辆新买的标配了威伯科 WABCO ABS 防抱死制动系统的安凯客车，在雨天高速行驶途中遇到突发情况，驾驶员采取了紧急制动，于是发生了严重的制动跑偏，幸亏驾驶员的防御性驾驶操作才避免了一次重大的行车事故。为什么全新客车会发生突然的严重制动跑偏呢?

分析排故：汽车制动时自动向左或向右偏离行驶方向称为制动跑偏。产生制动跑偏的主要原因：一是在汽车制动过程中，左右轮地面制动力增大的快慢不一致，左右轮地面制动力不等，特别是转向轮。二是汽车轴距差过大、悬架系统和转向系拉杆的运动不协调。试验证明，前左、右轮制动力之差超过5%，后轮制动力差超过10%时，将引起制动跑偏现象。为此用制动力法检测制动效能时，提出了左、右轮制动力平衡性要求（GB7258—2004 标准的 7.14.1.2)。路试检验制动稳定性要求是：制动过程中客车的任何部位不允许超出3m 宽的试验通道的边缘线。根据汽车制动系统的结构原理分析，产生客车制动跑偏的具体原因有：

(1)行车制动器的制动力不平衡;

(2)制动器管路有漏气或不通畅;

(3)制动分泵漏气或卡滞;

(4)ABS 电子控制系统部件有故障。

通过以上的分析，检查常规制动系统、制动气管、制动分泵、制动气管的压力以及它的工作性能都正常，然后将 ABS 电控系统从传统的制动控制系统中脱离，进行 30km/h 和 40km/h 车速的感应制动和紧急制动的路试检验，结果表明：该车的制动性良好，30km/h 车速时（空载）的制动距离为 7.5m（GB7258 标准要求≤9.0m)，并且没有发生跑偏现象。由此可见故障原因应该在制动器上的 ABS 防抱死制动控制系统上。因该车由经验丰富的老驾驶员驾驶，而且该车配置了电涡流缓速器，据驾驶员反映平时很少采用紧急制动，因此没有发生过严重的制动跑偏现象，也没有专门报修过制动器。

对照维修资料，对整车的 ABS 电控系统和气压管路布置先作了检查，气压管路上的连接正常可靠，接着检测 ABS 电控系统相关的电气连接和绝缘性能，检测各电磁阀的阻值、车轮速度传感器的阻值均符合规定的要求。由于是一辆仅使用了一个月的新车，ABS 闪码诊断也正常，没有故障码出现，所以认为可能是线路安装上存在错误。于是对客车底盘上安装的 ABS 线束进行分段排查，结果在后桥附近发现了两后轮的两只轮速传感器接插件相邻紧靠在一起，分别分离两组插接口后进行测量，终于发现的故障的原因是：客车制造厂的工人在装配线束时把左右后轮传感器接反了。恢复到正常的连接位置后进行反复试车，故障排除。

安凯客车的 WABCO ABS 防抱死制动系统采用了“X”形交叉的对角线控制制动方式，它能保证制动的平衡，不产生制动跑偏。但因该车的车轮速度传感器的连接错误，反馈到 ECU 的车轮速度传感器的错误信号使得 ECU 输出的控制制动器进、排气电磁阀的工作出现了错误，从而引起了制动跑偏的故障。

178. 两例 ABS 失效的故障

1)车厢漏水导致 ABS 灯常亮

故障现象：一辆宇通 ZK6120HW 客车回场后，驾驶员报修 ABS 灯常亮，ABS 失效。

分析排故：通过检测口检测，测得故障代码：8－1（ABS电脑控制盒上的输入电压过低）。查阅宇通客车维修资料，检查ABS控制电脑的输入电压，因为有两路电源输入，一路是常通电源为蓄电池直接输入，另一路则是通过电门开关控制的电源。使用万用表对两路电源进行了仔细的测试，得到的结果都是正常的输入电压，没有异常情况。于是怀疑是否是电脑的搭铁不良呢？又对ABS电脑的搭铁电缆进行检查，结果电线连接牢固可靠。由此看来故障的最大可能是在ABS控制盒内部，拆解ABS控制盒外壳，通过仔细的观察发现该ECU的印刷电路板上有锈蚀现象，电路板表面有绿锈，故极有可能是ECU表面的印刷电路板被腐蚀断路了。接下来按电路板电流的流动方向逐个检查接点的连接情况，终于找到了断路处。

清除锈蚀，用焊锡修补后并对表面作了防水保护处理，装复后试车正常。本故障的产生原因是一个月前曾发生ABS电脑控制盒因车厢漏水被侵蚀，当初没有引起足够的重视，只简单地清理了一下，使得ABS电脑板接点处印刷电路慢慢地被氧化，直至电器内部供电电路产生断路。

电器设备和线路最怕的就是油、水、酸、碱、盐的侵蚀，为此要加强日常维护，做好客车的防五漏（漏水、漏电、漏气、漏油和漏尘）工作。客车维修作业要提高一次修复率，不仅要排除故障，更要做好防范工作。

2）行驶途中ABS灯亮

故障现象：一辆安凯HFF6121K35型客车上配置了KNORR公司的CI12 ABS/ASR制动防抱死和防侧滑系统。驾驶员回场报修：客车在行驶途中ABS的警告灯被点亮，感觉ABS失效了。

分析排故：通过电脑诊断仪检测，得到故障代码322（左前轮轮速传感器信号丢失）。查阅维修资料，分析其原因可能在线路上的连接有断路或短路现象。参照KNORR公司的CI12 ABS/ASR型制动防抱死/防侧滑系统的电路图，根据以上的故障现象检查相关连接左前轮轮速传感器电路导线的绝缘性。发现左前轮轮速传感器的阻值在正常范围之内，大约为1700Ω（正常值在1750Ω±50Ω）。然后对电路的绝缘和线路外观进行仔细的检查，一切正常。由此清除故障代码后，重新起动，故障灯自检后熄灭。经过半小时的行驶试车，ABS警告灯又亮了起来，重新再读出的故障代码依旧同前，仍为322。

再次对外围连接电路进行仔细的检查，仍然没有发现异常的现象，就此，分析出在问题ECU内部，最有可能是ECU的内部电路板上有虚焊点或者是轮速传感信号处理的集成电路模块发生故障，引起工作时出现轮速信号传递丢失，使中央处理器CPU接收不到车轮转速信号，而点亮了ABS警告灯报警，导致ABS的功能失效。因此，决定打开ECU外壳检查它的内部电路，然而打开后却没有发现疑点，由于当时并没有可以替代的信号处理集成模块做替换试验，于是拆下故障车的ECU，将其安装到同一型号车况良好的客车上检测（在没有确认故障原因前，不允许将无故障的ECU安装到故障车上对比排故，这样容易损坏ECU），结果故障再现，确认了故障就在ECU的内部。

在更换新的ECU后，试车正常。由于ECU故障的特殊性，检查排除较难，而且进口的ECU电脑控制盒的价格不菲，所以只能够在做好全面的检查，完全确定故障点之后再做出更换的决定。

179. 大宇发动机冷车加速时冒蓝烟

故障现象：一辆大宇 GDW6120K 客车（配置 DAEWOO-DE12TIS 电控柴油发动机），在冷车加速时会有大量的蓝色烟出现，且故障灯亮一会儿后会熄灭，但热车时正常，无其他异常。

分析排故：该型客车配置的 DAEWOO-DE12TIS 电控发动机采用的是传统直列高压泵，高压泵的柱塞上装有可动的定时滑套，设置了预行程位置和齿条位移传感器，通过该传感器可根据发动机的冷却液温度、转速和负荷控制喷油定时和喷油量。当该车电器控制部分出现故障时，仪表板上的指示灯会自动点亮。

针对上述故障现象，首先查阅了原厂资料，检查了车上的线束，测量控制元件的电阻和工作电压，结果正常。因间歇性的故障只有在出现故障时才能做出正确的判断，故在该车再次出现故障灯点亮后，马上对其作闪码自诊断，得到的故障代码为：1－2（预行程控制器有问题）。

在油泵控制器的线束上，找出对应的连接线，使用万用表进行测量，结果表明该电路有断路存在，继续查找发现预行程控制器的内部电路存在断路。于是拆下喷油泵上的预行程控制器总成，对其进行测试，确认是控制线圈内有断路。认真清洗线圈上的锈迹后发现，电磁线圈上有一个微细的断路点。随后对该点进行焊接，使其恢复正常。重新装复后，清除了储存在 ECU 内的故障代码，起动发动机运转后，又进行了试车，加速时，排出的废气正常。

上述故障的原因为：预行程控制器的电磁线圈在加工时，其外面包覆的绝缘层可能就已经被损坏，加之多年使用，柴油的油水分离装置没有及时维护，会有水分沉积在油泵的控制器线圈及铁芯上，由此产生了电化学氧化还原反应，久而久之造成控制器内的电磁线圈损坏，形成断路。又由于热胀冷缩的缘故，冷车时会形成断路，热车时会形成某种程度上的连通，由此使故障灯闪亮。

180. 电涡流缓速器工作时好时坏

故障现象：一辆装有泰乐玛 Telma 电涡流缓速器的金旅 XML6108 客车，驾驶员反映在使用缓速器时时而效果明显，时而效果很差。

分析排故：泰乐玛 Telma 电涡流缓速器是一种装备在高档商用汽车上的辅助制动器，用于保证车辆安全正常地行驶。它的电器控制部分由手柄控制开关、气压开关总成、线圈组、速度通断开关（或 ABS 接口盒）和控制继电器盒等组成。

先检查缓速器的连接线路（图 4-27），然后测量 4 组线圈电阻值，结果均正常。手控开关和脚控气压开关通、断正常，检查控制继电器盒内的触点时，发现表面有轻微烧蚀。清洁后，试车故障依旧。接着检查缓速器的转子与定子的前后两端间隙，结果都在正常间隙要求（1.5 ±0.5）mm 范围内。询问驾驶员后，排除了因长时间使用缓速器而引起制动力的热衰减现象。对此又仔细检查了输入电源的各部分接点和搭铁回路，清洁并紧固搭铁点的螺栓，确保搭铁的可靠有效。再次试车，故障仍旧同以前一样。故拆下控制继电器总成，对控制继电器内部的对接线柱进行仔细检查，终于发现输入电源接柱的导电板后面的连接处有松动。这种松动使得缓速器工作时的大电流（高峰值达 200A）产生的电弧烧蚀接线端的后端，产生氧化物，使接触电阻增大，从而影响导电的能力。清除氧化物并紧固连接件，反复试车正常。

接触不良会使缓速器时好时坏，工作不稳定。接柱氧化后，电阻会大大增加，不仅会使缓速器工作不良，同时会产生大量的热，极易引起电火花，直接危及安全。

181. 并联电源起动发动机，导致 ABS 灯常亮

故障现象：一辆金旅 XML6108 客车，因蓄电池电量不足，起动机乏力，无法正常起动发动机。驾驶员报修蓄电池没电，于是修理人员就使用起动电源并联在蓄电池接柱上强制起动，顺利起动后中速运转使发电机对蓄电池进行充电。之后驾驶员反映，自使用外接电源起动发动机后该车的 ABS 警告灯就开始常亮了，ABS 失效。

分析排故：首先通过诊断开关检测故障代码，故障灯没有反应；接着检查 ABS 系统的连接线，都良好。根据现象分析，初步判断是因为使用了起动电源并联起动后损坏了 ABS 控制电脑的内部电路，引起了 ABS 警告灯常亮。之前的起动作业中也遇到过类似的故障，原因是 ABS 电脑内部的过电压保护二极管损坏。做进一步检查时，发现总熔断器内的 ABS 电源熔断丝已经烧断，更换相同型号的熔断丝后，再打开电源开关，故障依旧。于是拆开电脑盒盖，仔细检查中没有发现明显的烧坏痕迹；用数字万用表测量，过电压的保护二极管正常。再次检查，终于发现在过电压保护电路的二极管附近有一处印刷电路上的绝缘漆有微微地隆起，随后清理此处的接点发现已断路。

因为看不到明显烧坏的地方，可能会感到无从下手，但一般这种情况，过电压保护二极管在电路中跟电脑板的电源电路相并联，同时保护电脑板上的集成芯片，所以当供电电压过高或是电源极性接反时最容易损坏的是保护二极管和印刷电路。

因外接起动电源的电压、电流波动较大，易损坏电器元件，所以如需要并联起动发动机时，尽可能用外接蓄电池起动。

182. 青年 JNP6127F-1 客车冷却液温度表没有指示

故障现象：一辆青年 JNP6127F-1 型的豪华商务客车行驶过程中，驾驶员发现仪表板上的冷却液温度表指针没有了冷却液温度指示。其他的仪表显示都正常，所有的警告灯均没有报警，发动机运转正常。

分析排故：首先查阅该车的维修手册中的全车电器图，找到相互对应的冷却液温度表及传感器的线束，按照电器维修手册的电路指引，测试接线端口接插件上传输的冷却液温度表电压信号。先打开电源开关，使用数字万用表进行测量，发现连接冷却液温度表传感器的线束上面几乎没有电压，无法验证冷却液温度表信号电压。据以往的经验，认为可能就是仪表已经损坏。利用对比排除法，将故障车上卸下的欧科佳 CAN 总线仪表板安装到相同型号的且设定参数一致的车况良好的车上，结果冷却液温度表表显示的温度正常，说明故障不在仪表板上。再重新使用原车上的仪表总成，打开电源开关时，却发现仪表板上的电控柴油发动机的故障灯亮了，仪表面板上有文字显示：冷却液温度表表信息丢失。就此，对电控柴油发动机的故障进行自诊断，闪码结果：7 短。查阅电控柴油发动机的维修手册，发现是电控发动机专用的冷却液温度表传感器故障。通过测试确认是电控柴油发动机上的专用冷却液温度表传感器内部断路导致仪表板的冷却液温度表和电控柴油发动机的

电脑控制盒中同时都出现了冷却液温度表信号丢失症状。

更换电控柴油发动机的冷却液温度表传感器后，打开电源开关，仪表板上的冷却液温度表指示显示正常，故障排除。

183. 两例蜂鸣报警器响的故障

1) 青年 JNP6125 客车仪表报警蜂鸣器常响

故障现象：一辆行驶中的青年 JNP6125 客车仪表报警蜂鸣器发生常响，由于仪表和警告灯的工作都正常，驾驶员决定先用胶布封闭蜂鸣器，待送修理厂后再修理。

分析排故：青年 JNP6125 客车仪表信号报警蜂鸣器是对发动机的水温过高、水箱的水位过低、发动机的机油压力过低、贮气筒的气压过低传感信号的一种集中控制。修理厂接车后检查发动机的冷却水和机油液面正常，气压、机油压力也都正常。对照原厂提供的电路图，由此可认定至少有其中的某一个传感器出现了问题，因传感器的故障发生蜂鸣警告。

打开电源开关起动发动机，仪表指示正常，发动机运转正常后，警告灯也会自动熄灭，然而蜂鸣器报警依旧。然后分别对相关的电路及传感器作认真的检查，没有发现有短路现象存在。再对该车蜂鸣器相关的报警电路逐一进行测试，当加速运转时，用数字式万用表测量机油压力过低报警电路的电压，结果显示电压快速的变化，接着着重对该条电路又进行了隔离断路试验，结果故障消失，因此断定是该机油压力过低报警触点出现了粘连（正常情况下，机油压力低于 50kPa 时蜂鸣器报警），所以引起蜂鸣器报警，而机油传感压力表上的显示却是正常。

更换组合式机油压力及报警传感器总成，试车正常，故障排除。

2) 大宇 GDW6900E 驻车制动报警蜂鸣器常响

故障现象：一辆大宇 GDW6900E 客车在停车后，拉起驻车制动器时，驻车制动蜂鸣器常响，警告指示灯点亮。

分析排故：查阅大宇客车的维修手册，发现了与大宇 GDW6900E 的报警蜂鸣器有关的电路有：发动机冷却水温度过高、水箱冷却水位过低、发动机的机油压力过低、贮气筒的制动气压过低 4 条报警传感器电路外，还有与熄火停车时驻车制动杆未拉起也要报警的电路组成。

开始检查相关电路的绝缘性和外观没有发现异常情况。打开电源开关起动发动机，运转 2min 后仪表灯和警告灯都熄灭，此刻报警蜂鸣器依旧常响。根据此车的电路结构，熄火后又仔细检查各个报警电路和报警指示灯，发现驻车制动报警电路指示灯相比较其他的警告指示灯的亮度要稍微的暗一些，开始还以为是灯泡使用时间长了导致灯丝氧化，灯泡发黑引起。更换新灯泡后，依旧同前所述，因此决定对驻车制动警告电路再做全面的检查，终于在压力传感器引线的接柱上发现了疑点。由于驻车制动压力传感器是安装在底盘的后桥制动器的气压管路上，长期暴露在雨水泥沙的环境中，接线柱极易被氧化腐蚀，造成接触电阻的增大，导致驻车制动报警电路不畅，从而引起报警蜂鸣器的常响。

清除接线柱上的氧化物，更换驻车制动压力传感器的引线接柱，并使用锡焊固定了引线后进行试车，蜂鸣器的报警功能恢复了正常。

184. 玉柴发动机急加速时故障灯闪亮

故障现象：一辆金龙 XMQ6129Y 客车在上坡或急加速时，发动机故障显示灯闪亮，发动机有短时间熄火现象，转速不稳定，动力性明显下降。

分析排故：该客车上配置的是玉柴6M系列共轨电控柴油发动机，其共轨电喷系统采用博世（BOSCH）公司的产品。查阅维修手册，使用车载自诊断开关，读出故障码为：

444　轨压低于目标值；

455　轨压下降率过快；

544　超过最大车速。

根据检测得到的故障信息，结合驾驶员的描述进行分析，决定分两路检查，首先目测检查供油方面的相关部件，油箱、输油管、柴油滤清器、高压泵和高压油管，没有发现异常渗漏现象。然后对电路上的供电电源和电控发动机各个传感器接插件作了认真的检查，并对接插件进行了清洁后再安装，确保连接良好，再试车，故障依旧。再次检查、紧固了低压供油管路、高压油管、高压油泵和喷油嘴的相关连接管路及柴油的粗、细滤清器，在给柴油油水分离滤清器放水时发现有较多的水和一些淤泥状污垢，初步认为这是发生故障的原因。因为发现油水分离滤清器的滤网内部也存在较多的污垢，而滤网、滤芯被这些污垢堵塞后就会影响柴油的正常流动，在大负荷时的供油量得不到及时补充，就会使高压油泵内建立的共轨油压不能达到需要的额定值，导致共轨管内的油压下降，使加速踏板和供油量配合不成比例上升，而引发上面所述的供油轨压下降或超速的故障代码。

更换了柴油油水分离滤清器，清除故障代码。经过一段时间在不同路面上的试车，该车动力性恢复了正常。

对于共轨柴油发动机来说，做好“四清”（燃油、机油、空气和蓄电池的清洁）工作更为重要。除了油水分离器有报警显示，油路故障一般都不会产生故障代码。目前一些加油站的柴油品质不好，要加强自我防范，同时要根据发动机的技术要求定期更换柴油滤芯，定期清洁油水分离器。不要有燃油不堵塞就不必更换柴油滤芯的想法。

对于高压共轨柴油机的故障诊断，应该在诊断故障之前详细阅读高压共轨柴油机的维修手册和操作指南，严格按照维修工艺进行。先分析故障的可能原因，然后从外围设备开始检查，逐步寻找故障所在的部位，检查电控喷油器电阻、传感器的电压及执行器，最后才检查电控单元（ECU）是否正常。

185. 夏天经常发生发电机烧坏的故障

故障原因：一批大宇GDW6120K客车，装有大宇DE12TIS发动机、28V/180A大宇原装发电机、深圳科培电涡流缓速器。夏天时发电机线圈经常无缘无故地被烧毁，连续发生了4次。大宇客车厂的技术人员说可能是发电机搭铁不好，建议在发电机和电涡流缓速器的原有搭铁线基础上，再分别加装一根搭铁线，更换了新的发电机总成，当时没什么问题，但第二年的夏天老毛病又复发了，而且先后又有4台发电机被烧毁。

分析排故：为什么总是在夏天高温时烧毁发电机，不用空调（制冷空调）时就不出现这类故障，会不会与发电机功率不够有关系呢？一般在大型的客车上都配置两台发电机，28V/150A的发电机为除空调外的全车其他电器设备供电，而28V/120A—150A的发电机则单独供给空调系统供电。而该款车型只配有一台28V/180A发电机，发电机供全车所有用电设备使用。

查阅了维修手册，电涡流缓速器工作电流的理论值约为110A，空调工作电流约为

88A，这还不包括前照灯等用电器的工作电流。驾驶员反映夏天在同时使用制冷空调和电涡流缓速器时，特别是电涡流缓速器处于高挡（4挡）工作状态时，发电机的皮带会打滑，并发出“叽、叽”的尖叫声。了解到这批客车的运营线多为山区复杂道路，使用缓速器的频率相当频繁，发电机往往超负荷运转，长期处于满负荷、超负荷状态，发电机的温度自然会很高，烧坏发电机的定子绕组线圈也就不足为奇了。常见的大功率车用发电机应该采用三角形接法的定子绕组才能有足够的电流稳定输出，而该车采用的是星形接法的定子绕组的发电机，因此要得到相同的大电流输出，就只能减小转子的电阻来加强磁场，从而相对的励磁电流会增大。当电涡流缓速器突然停止工作时，发电机输出的发电量也就随着下降。但这时由于磁场绕组的自感电流产生的磁场和发电机的调节器输出的励磁电流减小的反应没那么快，因此就使发电机输出的电压峰值已经超过调节器内部的大功率开关管的耐压极限，因此三极管就很容易被击穿，使得发电机的转子励磁电流迅速地上升，从而造成定子线圈发热烧毁。

修理技师想到电容不是有充、放电功能吗，利用电容放电具有延时的特性，不就可以起到缓冲作用吗？问题是用多大容量的电容才恰到好处呢？太小不起作用，大了会产生滞后现象。经过匹配试验，最后选用了一只50V/500μF的电解电容，用热缩管、热熔胶、导线将电容组装好，与电涡流缓速器控制盒的第一挡的控制线相并联，装车后使用效果良好。

为什么选择与缓速器的一挡开关并联呢？这是因为一挡是最先起作用的，并对电容充电，也是最后一个停止工作的，能更好地保持发电机输出电压的稳定。

用加装一个50V/500μF的电解电容的方法改装了8辆车，经历了几个夏天高温的检验，再没有发生发电机烧毁的故障了。

186. 按压喇叭按钮后喇叭就失效的故障

故障现象：一辆青年JNP6120KE豪华客车，在行驶途中驾驶员使用了电喇叭后，在CAN总线仪表板上出现了“CAN通信错误”的文字提示。当再次使用喇叭时，喇叭就不响了。

分析排故：青年JNP6120KE豪华客车上已经使用了CAN串行通信总线控制，其仪表模块、前控制模块、中控模块和后控模块组成了一个局域网控制系统，对各种信息进行分析处理、发出指令、协调汽车各控制单元及电器设备的工作。同时采集组合开关（远/近光灯、转向灯、刮水/洗涤器开关）的信号，并在仪表板上显示车速、发动机转速、冷却液温度、机油压力、燃油量、电源电压和左、右转向指示灯等信息。在该系统中，开关不再被用来控制负载电流的导通，而只用于控制信号的采集，开关与负载之间没有物理上的连接，只有逻辑上的控制关系，因此开关的寿命得以大大延长。控制单元（模块）采用了半导体固体电路，有足够的输出功率，并具有开路和断路自动保护功能，所以在负载的回路中不再需要继电器和熔断器。该系统具有故障自检功能，大大提高了车辆的可靠性和安全性。

修理工打开电源开关后，在屏幕底部见到实时报警信息“CAN通信错误”。然后进入故障诊断检测界面，发现在操作喇叭按钮时，检测屏上没有接通的指示信号显示。由于此车的组合开关上刮水器控制开关与喇叭按钮共用搭铁线，因此又测试了刮水器的控制信号，结果只有快挡接通的指示信号，其他两个挡位都没有导通或短路的指示，怀疑是仪表模块与前控模块的通信不良引起，则开始检查两个模块之间的通信线路，然而测量结果正常。重新打开电门开关后，在屏幕的右下角又出现了红色的“IOU1”字符。于是，查阅该CAN总线控制系统的使用手册，该提示表示一次供电（常火线）存在断路或处于有虚接状态。从驾驶员处了解到，行车时发现喇叭不响后，曾经停车检查，没有发现有熔断器断路，重新起动后就正常了，但是过了十几分钟后，再次按压喇叭按钮，就不响了，仪表显示屏上就出现了“CAN通信错误”的报警信息提示。接着，对提供常电的电路进行仔细的检查，电路上的熔断器及插座都正常，也没有发现接触不良的情况。沿着供电线路继续寻找，终于发现了在模块引线的连接插座上的塑料座由于受热已发生变形，里面的导电铜片上也已经因为发热产生的氧化作用，变成了深褐色且发生了松动，使接触电阻大大增加。

重新做好新的铜质导电插头，又更换了新的连接塑料座。再次打开电源开关，观察仪表板上的检测屏，上面已经没有故障信息的提示，按压喇叭，喇叭声响正常，刮水器工作也正常。进行试车检验，结果故障解除。

187. 德国曼发动机转速突然上升或熄火的故障

故障现象：一辆装有德国曼MAN-D2866LOH23发动机的青年JNP6125A豪华客车，行车途中遇到颠簸路面时，发动机的转速会突然升高，有时会突然熄火，停机后重新起动，则行驶正常。此故障只是间歇性或偶然出现，所以驾驶员没有及时报修。但3个多月后，故障偶发的次数越来越多，驾驶员才不得不去修理厂要求修理。

分析排故：该车使用的是EDC（Electronic Diesel Control）电控柴油发动机。这种发动机采用的是博世公司早期生产的一种电控直列泵式供油系统。系统不仅可以根据油量调节齿杆位置和发动机转速确定最佳喷油量，还可以根据水温、转速、增压等参数的相互关系，计算出使排放值达到最佳的喷油定时和喷油量。该系统还可以附加废气再循环（EGR）装置的控制、怠速工况的定速控制和自动巡航控制等的附加功能。

接车后修理工发现故障车上的故障码为：“10-1 油量控制偏差”和“1-8 喷油起始偏差”。

查阅该车的电路图后，使用专用的检测仪进行测试。先找到电控发动机的诊断接口，连接专用的检测仪后，打开电源开关（不起动发动机），分项目进行测试，结果数据（油量传感器和转速传感器电阻值、发动机冷却液温度）都正常。鉴于车辆已经使用多年，通过对客车发动机线束进行重点的排查，在发动机的电控喷油泵上的相关电线上，发现一线束已破损。由于车辆行驶中受到道路的冲击和发动机运转时的振动，都会引起破损电线处的瞬间短路，电源熔断丝熔断，从而引起了油量控制线圈失电，造成电控发动机会突然熄火。当导线间产生的短路时，会使油量喷油控制传感信号发生了畸变，失真信号就会引发电控发动机的转速有时会突然升高。

故障原因找到后，对故障线路进行了认真的包扎和固定，排除了隐患，重新试车一切恢复正常。

188. 两例因电磁场干扰引发的故障

1) 大宇客车水位报警器响和报警指示灯亮

故障现象：一辆大宇GDW6900E客车行驶中，当车速为80km/h时其水位报警指示灯有时会亮起，蜂鸣器报警。此时打开灯光开关，发现灯光有明显的亮暗变化，灯光亮度不稳定。

分析排故：灯光亮度不稳定，说明电压不稳。检查报警线路、报警指示灯和蜂鸣器报警器，结果均正常。根据现象分析，上述故障可能是发电机的输出电压不稳定引起磁场干扰造成的。造成发电机的输出电压不稳定的原因是：

(1)发电机整流二极管被击穿；

(2)发电机励磁电路有故障。

起动发动机，慢慢提高转速，当转速达到1200r/min时，用万用表测试电压，其充电电压在（26±1.8）V范围内波动，触摸发电机外壳有烫手感觉，其温度明显偏高，因此可以判定发电机有故障。拆卸并解体发电机，检查定子、转子，没有发现异常，然而在测试整流二极管时发现其中有一组已经被击穿。电压整流失效，引起电压波形的畸变；电压的变化又使电流发生变化，使得发电机周边产生了较强的磁场，从而引发干簧管式水位传感器的磁场发生变化。外来磁场的干扰触发了水位传感器，导致水位报警灯点亮，蜂鸣器鸣响。

由于发电机内的整流二极管已被击穿，于是更换了二极管整流板。试车以后，仪表上显示发电机的输出电压恢复了正常，警报灯与蜂鸣器不再报警，灯光恢复正常，从而故障排除。

2)大宇客车转速表指示失准

故障现象：一辆大宇 GDW6120K 客车装有 DE12TIS 电控柴油发动机。驾驶员反映，在做过一次发电机维护后，行驶中若使用电涡流缓速器就会发生车速表指示失准。

分析排故：首先检查转速表的外部连接情况，然后查阅大宇 GDW6120K 客车原厂提供的发动机维修手册和电气线路图，发现该车使用的转速表信号源来自电控发动机提供的转速信号。在对电控发动机进行诊断时并没有发现故障码，用万用表测得转速传感器的阻值（约1200Ω）也符合要求，且传感器线缆没有破损。但检查中发现转速传感器的导线与发电机的搭铁线之间是用扎带包扎后重新固定的。会不会这里的线束包扎有问题呢？电涡流缓速器工作时的大电流是由大功率的发电机输送的，因此发电机上搭铁线的电流变化会引起周围的磁场变化，会削弱转速传感器上产生的感应电动势，从而造成转速表指示失准。为此，拆开扎带调整好两导线之间的距离，再重新固定好线束。试车，转速表上的指示恢复正常。

由于强磁场对位于附近没有屏蔽防护的电缆或传感器信号都会引起相互干扰，使信号传输发生错误。因此，在维修电器设备或加装用电器时，一定要注意检查电控发动机上传感器的线缆的屏蔽和隔离，做好防护措施，防止相互之间的电磁干扰发生故障。

189. 3例安凯客车电控液压缓速器的故障

电控液压缓速器是一种辅助制动装置，高档客车上通常配套选用的有分体式福伊特 Voith133－2、Voith－115E 和一体机型 ZF1600 系列产品。它主要由电子控制部分、控制开关和缓速器液压系统三部分组成。

1)电控液压缓速器灯常亮

故障现象：一辆安凯 HFF6121K35 客车装有福伊特 Voith-115E 型的电控液压缓速器，

行驶了 35 万 km，电控液压缓速器的故障指示灯常亮，且不再起减速、制动作用。

分析排故：根据电控液压缓速器的结构和工作原理，分析上述故障原因为：

(1)电路控制的元件或电线部分存在短路或断路现象。

(2)液压缓速器内部的故障。

对此首先使用电脑诊断仪检测诊断，发现存有的故障码为“电磁比例阀电路存在短路”。对照维修电路图，逐步对外部连接的电路进行仔细排查，又检测了连接电磁阀的接插件的防水绝缘性能，一切都正常。然后在检查电磁阀时，发现电磁阀电线的接口处有液压油渗漏，对此解体进行清洗，并且对电磁阀线圈的绝缘作了仔细的检查，没有发现任何问题，因此装复后准备试车，再次打开电源开关，开始自检时，故障灯又亮了，症状还是同前一样。

再次根据电路图对照分析，由于 HFF6121K35 客车上配置的福伊特 Voith-115E 电控液压缓速器在自检时，它的 ECU 将采集到的缓速器冷却系统内的冷却液温度和液压油温传感器信号及控制开关电路、电磁比例阀、连接的压力传感器等信号与 CPU 内部储存的信息相比较，发现有不正常情况时，仪表板上的红色故障指示灯会常亮（正常情况下应在打开电源开关 3s 后熄灭），以提醒驾驶员注意：电控液压缓速器的电控系统部分有故障需要维修。然而前面的检查表明外部电路正常，故此只问题可能出在 ECU 内部的自检信息的传递通道上。为此，采用对比排除法，将故障车的 ECU 拆下，安装到工作正常的同型号客车上对比检查，起动发动机后也出现了相同的故障现象，故确诊为 ECU 内部的故障。

更换了一新的缓速器控制电脑 ECU 元件后，试车，电控液压缓速器的功能恢复了正常。

2)行驶中缓速器故障灯会亮，功能有时失效

故障现象：一辆装备有福伊特 Voith-115E 电控液力缓速器的安凯客车，在冷车或平路上运行时缓速器工作正常，但是在热车或颠簸路面上行驶时，缓速器的故障灯会点亮，此时缓速器减速、制动的效果都明显减弱。

分析排故：检查缓速器的外部连接线路均良好，使用故障诊断仪进行检测，显示故障原因为：

(1)冷却温度传感器；

(2)开关分级控制电路绝缘不良。

查阅该车的电控液力缓速器电路图，根据故障现象的不稳定性，分析认为电路上可能存在有间歇性的短路。由此从手柄控制开关的连接电路开始，对电路进行分段检查，沿着控制电路在车身上的布置方向，仔细寻找故障点，终于在一个安装电线的固定处，发现在车身的中部有一处电线绝缘层有破损。其原因是一个管路的金属抱箍螺栓太长，该金属抱箍螺栓与电线相邻，车辆行驶中振动形成的摩擦把电线的绝缘层破坏，从而造成了间歇性的短路。紧接着又在安装在变速器后部的液压缓速器的冷却液温度传感器的连接电路上发现了一处破损。

重新对已经有破损的电线做了包扎和绝缘处理，并调整了抱箍的排列位置。使用电脑诊断仪清除故障，重新打开电源开关，自检以后，故障灯熄灭，进行试车一切正常。

3)行驶中缓速器故障灯突然亮起

故障现象：一辆累计行驶里程为 81 万 km 的安凯 HFF6122K01 客车，装有福伊特

Voith133-2 型的电控液力缓速器，当以 90km/h 速度行驶时，驾驶员操纵缓速器的手柄开关，突然出现缓速器制动失效，同时故障指示灯点亮，断开缓速器开关后，指示灯常亮不灭。

分析排故：接车后，首先用电脑检测仪读取故障码，故障码为 8（冷却液温度传感器有故障）。引起该故障的可能原因有：

(1) 传感器的连接线路发生断路或短路；

(2) 导线连接插座接触不良；

(3) 该冷却液温度传感器有故障。

然后根据该车电路图，使用数字式万用表的电阻挡测量该传感器的电阻值，测量的结果为 2500Ω，但此时仪表上的冷却液温度显示为 80℃。对照该缓速器维修手册上的数据，当冷却液温度为 80℃时，电阻值应为（1300 ±30）Ω。实际测得的传感器电阻值大大超过了正常值，说明传感器有故障。检查发现冷却液温度传感器的连接电路安装在底盘上，位于变速器的后部，由于长期处于恶劣的雨水、泥沙和高温等环境下，连接插座的密封防水防尘作用已经失效。脱开温度传感器的连接插座，发现其中的导电端子已经严重老化。直接测量该冷却液温度传感器的电阻值为 1280Ω，说明该冷却液温度传感器的功能还是正常的，造成液压缓速器指示灯常亮、制动减速失效的原因就应该是连接插座内导电端子严重老化而引起的。

更换了新的连接插座和连接端子，用清洁剂清洗了冷却液温度传感器的接线端子，重新连接好以后，消除故障代码，起动发动机进行道路上的制动减速试车，电控液压缓速器的制动效果恢复到了正常。

电控液压缓速器的 ECU 为了保障发动机和液压缓速器共用的冷却液处于正常温度，当液压缓速器的冷却液温度传感器检测到的电压信号被 ECU 认为不正常时，会减小液压缓速器的制动转矩；当超过上限允许值时，会使液压缓速器停止输出制动转矩。同时安装在仪表板上的故障指示灯会点亮，警告驾驶员此刻缓速器的制动减速作用已经被限制，提醒驾驶员要做好预防性安全驾驶操作。

在检修拆装变速器或更换离合器的摩擦片时，要注意福伊特 Voith133-2 电控液压缓速器上的两条温度传感器的引线，即冷却液温度和液压油温度传感器的连接插座引线，二者的间距很小，不能接错。

190. 3 例客车制冷空调的故障

客车上通常采用的是非独立式空调，其工作原理是利用发动机的动力来驱动空调压缩机来改变制冷剂的压力，应用车载大功率发电机输出电能，驱动冷凝电机和蒸发电机工作，实现热量交换。客车空调一般通过控制面板来设定温度，回风口温度传感器和温度控制继电器组成温度控制回路，用于控制车厢内的温度。压力开关保护电路则用来保证空调压缩机正常工作和整个冷热交换系统内的压力在额定的范围之内。

1) GDW6900E 客车的空调温度不能调控

故障现象：一辆大宇 GDW6900E 客车车厢内的空调温度不能正常调控。

分析排故：针对上述故障，对该车空调系统所做的检查发现，开启制冷空调时冷凝风机工作正常，干燥过滤瓶工作正常，视液镜内基本上没有气泡存在，冷凝器翅片上无积尘，通风良好，蒸发电机运转正常，送风量大小控制自如。由此可以确定故障可能出在温度控制的电路上，查阅空调控制电路原理图，与控制温度相关的电器元件有：空调控制面板、回风温度传感器、温度控制继电器。针对故障现象，检查电路的连接是否可靠，检查回风温度传感器的安装位置，再对比检查温度控制继电器的通、断是否良好，以上检查一切正常。随后对控制面板上的可调电阻进行检测，发现旋转式变阻器外表面有水渍；转动时，数字万用表上的阻值变化没有规则，有跳跃现象，且有时出现断路现象。由此说明该旋转变阻器已经损坏，其内部的炭膜层已出现脱落损坏。

更换了一只同型号的变阻器，装复后试车，空调的温度控制恢复正常。

2）客车空调制冷效果差

故障现象：一辆安凯 HFF6122K01 豪华客车，装有舒车（德国 AC353）空调，空调的温度和送风量都可以无级调控，车辆在累计行驶 150 万 km 后，因为空调不制冷而报修。

分析排故：接车后经目测检查高、低压管路、压缩机、蒸发器、冷凝器及电机都正常。

首先，接好空调检修压力表，起动发动机运转正常后打开空调。空调压缩机工作 3min 后，低压表的读数为 0，高压表的读数为 0.8 MPa（正常值应为 1.5 ~ 2.3 MPa），故初步判断可能是空调干燥瓶堵塞。打开蒸发器顶盖，用专用工具顺时针方向转动，将截止阀阀杆拧至中间位置，使截止阀处于三通状态。松开干燥瓶出口端接口，有少量制冷液喷出，但低压表读数仍为零，判断干燥瓶有问题（上述方法不可取，最简便的方法是空调系统运转后，用手触摸一下干燥瓶外壳温度有明显的上升表明是正常的。如果没有明显温差或产生结露、结霜现象，则表明干燥瓶效果不良。稍微松开干燥瓶接口螺母，接口处只有少量或无制冷剂流出，说明干燥瓶已经明显失效）。在该车空调上，干燥瓶与膨胀阀之间还装有电磁阀，是为了预防压缩机瞬间停机时，电磁阀起到切断系统内液态制冷剂回流，以防止液击现象的产生而损毁压缩机的阀片。然后短接低压开关，起动发动机开启空调。用试灯测量电磁阀的供电，再用万用表检查电磁阀的电阻和电器控制系统，结果均正常。咨询客车制造厂被告知，可能是电磁阀里面的铁芯被卡住，可把阀芯暂时取下。接下来，先将干燥瓶的三通检修阀顺时针拧紧，切断系统制冷剂，然后拆下电磁阀阀芯，打开三通检修阀，此时低压表仍为零。难到膨胀阀有问题？为此，先调节膨胀阀的开度，结果没反应，然后拆下膨胀阀，分解阀体和阀芯，此时发现有干燥剂卡住使膨胀阀阀芯不能开启，故障原因终于找到。

更换了干燥瓶和膨胀阀，将三通检修阀打开，用高压氮气清洁高压管路后，就有大量氮气从膨胀阀的进口处喷出，再用氮气从空调泵低压端接入，膨胀阀出口处就有大量氮气喷出。管路清洁完成后抽真空保压检漏正常，然后添加制冷剂，调整膨胀阀开度至标准，开启空调，此时空调制冷效果良好。

3）客车空调失效

故障现象：一辆 2003 年产的桂林大宇 GDW6900E 客车，装有东焕空调，该车在修理厂更换了干燥瓶，又补充了制冷剂后，出现空调系统不制冷现象。

分析排故：首先检查空调系统外部连接情况，在确定外部连接正常后。接好空调检修用高、低压表，起动发动机运，待转正常后开启空调，这时高压表压力为 0.5 MPa，低压表压力为 0。然后打开空调器顶盖，此时发现干燥瓶截止阀关闭，初步判断是因为截止阀被关闭才造成高、低压系统无法建立起来的（这是因在修理更换干燥瓶后忘记了打开截止阀）；打开截止阀开启空调后，发现高压只有 1.1 MPa（正常值为 1.5 ~ 1.8MPa），低压为 0.6MPa（正常值为 0.2 ~ 0.3 MPa），并且检视窗内有大量气泡，估计是缺少制冷剂。然而补充了制冷剂后，检视窗内仍然有大量气泡。

针对这种情况，认定膨胀阀已经损坏，于是决定更换膨胀阀。更换膨胀阀前的准备工作如下：

(1)将干燥瓶的截止阀关闭；

(2)短接低压开关；

(3)开启空调，当低压表示数为负值时，关闭空调。由于此时系统内的制冷剂都集中在高压区域内，可以减少更换新的膨胀阀时制冷剂的泄漏，从而不仅可以减少浪费，而且还可以减小对大气环境的破坏。

膨胀阀更换好以后，打开空调后发现高压表压力过大，于是用回收机回收了系统内部多余的制冷剂，调试后空调正常。

正确的维护是使空调机组获得良好的使用性能、延长使用寿命的必要前提，平时要做好空调机组的定期维护工作。维护工作的具体内容和要求是：

(1)制冷系统：目视检查制冷剂量（空调系统工作时，检视窗内应无气泡），管路各接头无渗漏，管路固定可靠，干燥瓶有效。

(2)压缩机：检查冷冻机油的油平面，轴封处应无漏油；电磁离合器及 V 形传动皮带工作正常，且传动皮带松紧适度。

(3)冷凝器和蒸发器：保持清洁，无结尘；风扇电机运转良好，无噪声；膨胀阀调节正常；定期清洁滤网。

(4)电气线束：要保证连接可靠，温度电控面板的开关、指示灯有效；高低压保护开关性能良好。

(5)冬季维护：冬季关机后每月开一次空调，系统运转 15min，保持整个系统的各方面的性能良好，尤其要保证压缩机的润滑。

(6)启用前维护：在每年开始使用之前，更换干燥瓶及冷冻机油，清洁、检查空调的冷却系统。如需检测管路的密封性时，用高压氮气（保压 24 小时）检测，也可使用专用检漏仪检测，同时要使用优质的制冷剂。

191. 威伯科 WABCO-ABS/ASR－D 系统的 ASR 灯亮

故障现象：一辆大宇 GDW6120K 客车因尾灯不亮进厂修理，修理工发现尾灯不亮是由于线路氧化引起的，造成接插座内的接触件接触不良，清理氧化物后，重新连接后虽然尾灯不亮的故障排除，却造成 ASR 防侧滑警告灯常亮。

分析排故：查阅大宇维修手册，ASR 灯点亮的可能原因是：

(1)与 ASR 差动阀布置有关；

(2)与 ASR 比例阀有关；

(3)与 ECU 内部故障有关。

通过检测口诊断，得到故障码为 7-5（表示故障与 ASR 差动阀布置有关），因此故障原因可能与参数设置及线路连接有关。

使用威伯科 WABCO 公司的 ABS/ASR-D 型防抱死/防侧滑控制系统的客车，其发动机上装有机械控制的高压泵，这种高压泵上一般没有安装控制降低发动机输出转矩的相关电路，也就没有安装降低发动机转速的电磁阀或伺服电机。因此该类型车上使用的 WABCO ABS/ASR-D 控制系统在参数设置时，在 ASR 防侧滑控制回路的发动机输出转矩控制数据线上设置了一个固定电阻（约 300Ω）作为电脑的控制模拟回路，模拟存在一条控制发动机转矩输出的电路。故一旦此控制回路被断开，ABS/ASR 电脑检测不到这条模拟电路的存在，就会亮起 ASR 警告灯，提醒驾驶员要注意，ABS/ASR 电控系统有问题，必须进行检修。但是该故障不影响车辆的各项功能，常规的制动系统功能依然有效。

检查线束发现确定有一根线断开了，原来是修理工检修尾灯连线时不小心把 ASR 的连线弄断了，接通断开的连线后，打开电源开关，ABS/ASR 系统自检后，ABS 和 ASR 警告灯均熄灭了。之后进行了路试，试车结果正常。

关于威伯科 WABCO ABS“E”和“D”系统的说明：

WABCO ABS“E”是“D”系列的升级版本，它在“D”系列上增加了 ASR 功能及制动压力传感器，并且在功能上可与采用 CAN 总线通信的 ECU 模块相互交换信息，可与电控燃油发动机配合使用，可使 ASR 防侧滑的作用更佳，制动效果更加可靠。

192. 福伊特 VERA 型电控液压缓速器的压力开关异常

故障现象：一辆青年 JNP6137HW 豪华客车行驶中使用了行车制动（液压缓速器开关与行车制动器联动）后，电控液压缓速器的故障灯亮，缓速器减速、制动性能失效。

分析排故：打开电源开关自检，所得故障码为：

11：开关挡位不明。

12：开关搭铁。

13：开关短路。

首先使用数字万用表，对加装脚控气压压力开关的通断进行测量，在测试中发现其通断正常，连接的线路绝缘良好。为此对照该缓速器的电气工作原理图分析，由于当使用手控分挡控制开关时，液压缓速器的功能均正常，于是拆下脚控气压压力开关，再次进行仔细的检查。这时可以看到气压压力开关外壳上标记的气压压力额定值分别为 0.1MPa、0.3MPa、0.5MPa 和 0.7MPa，于是决定对气压开关进行额定压力下的测试。接通带有气压表的气管，并使用数字万用表对每个气压压力开关的额定压力时进行通断测量，结果发现了其中有 0.3MPa 和 0.5MPa 两个气压压力开关的导通时的气压压力值和标定压力值不相符合，测量时刻的 0.5MPa 气压压力开关先于 0.3MPa 气压压力开关导通，而切断充气加压时，两个气压压力开关同时断开。根据电控液压缓速器的控制电脑内设定的控制开关导通次序，它的挡位开关应是依次按顺序导通，所得结果加装后的脚控气压压力开关导通顺序出现了混乱，从而出现了上述故障。

更换了符合额定压力值通断的脚控气压压力开关，并清除了储存故障代码后，进行了试车，电控液压缓速器的功能恢复正常。

193. 金龙客车发电机不发电的故障

故障现象：一辆金龙 XML6108 型客车，装有康明斯 ISBe 型电控柴油发动机和佩特莱

AC172R 24V 140A 型的发电机。驾驶员反映仪表板上的充电指示灯在行车时会亮起，电压表显示的电压在24V 以下（正常情况下应为26~28V）。

分析排故：充电指示灯亮说明是发电机发电量不足。接车后，首先进行了初步检查，发电机上的各个连线端子连线正常。然后起动发动机，测得电枢 B 端子上的电压为24V，充电警告灯 WL 端子上的电压为0.5V，结果表明是发电机确实不发电。同时使用万用表检测发电机的电枢接柱 B、相电压接柱 N、充电警告灯接柱 WL 的搭铁电阻，都符合要求。由于该发电机为双线制电机，又对搭铁 E 端，即负极导线作了仔细检查，也正常。在拆下传动皮带后，转动发电机的皮带轮，转动灵活，说明发电机没有机械故障。

导致硅整流发电机不发电的可能原因有两个：

(1)励磁部分的故障，如磁场绕组短路或断路、电压调节器故障、无励磁电流。

(2)定子、整流部分故障，如定子绕组短路或断路，或整流二极管故障，无整流电流、电压输出。

查找发电机的故障部位时，比较方便快捷的方法是将发电机分为励磁和整流两部分进行检查。首先打开发电机的防尘罩盖，拔下电刷上来自电压调节器的两根引线后，使用万用表测得两个电刷端子间的电阻（磁场绕组的电阻）约为4Ω，结果符合要求。（检测电压调节器时如果没有专用设备，可以利用替换法或试灯电压法。）解体发电机，拆卸固定在整流板上的定子绕组的3个紧固螺栓时，发现其中的一组接柱的螺栓已经松动，接触面上伴有黑色氧化物，从而会产生很大的接触电阻，其结果相当于其中的一相绕组已断路。再对整流板上的整流二极管进行检查，整流二极管和励磁二极管的正反向电阻测量结果都正常。

重新焊接了新的接线端子，并清洁了被氧化的整流板表面，然后安装发电机及连接线束，起动发动机后，仪表板上的充电指示灯熄灭，电压表指示值达到28V，发电机工作恢复正常，故障排除。

平时维护发电机主要是检查电机上的接线端连接是否可靠；传动皮带松紧度是否适当；发电机上的专用通风管是否完好。根据多年的维修经验，新的进口或合资生产的发电机一般在车辆行驶30万 km 时做检测，检测发电量是否正常，转动灵活无异响，达到50万 km 时做二级维护作业，清洁、检查电刷长度、润滑轴承，并视需更换。国产发电机则在行驶20万 km 时做检测，达到30万 km 时做二级维护作业。

194. 两例起动机工作不良的故障

1)发电机充电指示灯不亮时，起动机不工作

故障现象：一辆大宇 GDW6900C 客车，一天早上打开电源开关至起动挡时，起动机（俗称马达）不工作。由于该车已经使用了两年多，所以首先用万用表检查蓄电池的电压，万用表指示单个6-QA-180的蓄电池电压实际只有9V，说明蓄电池已经亏电。于是使用外接蓄电池并联起动了发动机。当发电机给随车蓄电池充电15min 后，重新打开电源开关起动，但起动机依旧不工作。仪表板上只有充电指示灯不亮，按压警告灯检查开关，发现警告灯泡本身正常，但这时发现总电源关不掉，电源总开关控制线上常通电。该车装有 DAEWOO 28V/150A 硅整流星形接法的大功率发电机。

分析排故：接车后，首先查阅该系列客车的全车电路原理图，了解了充电指示灯电路

的走向。该系列客车的充电指示灯回路由仪表板上的指示灯，一直到发电机的电压调节器上的充电指示灯。充电指示灯的亮和灭由中心点“N”控制。

(1)当发电机发电时，只有中性点“N”有约12V电压输出时，在电压调节器的指示灯电路上才会有约24V的电压输出，充电指示灯则熄灭。

(2)“N”点的输出还控制着起动机安全继电器，当发动机转动时，防止再次误起动起动机。

(3)“N”点的输出到达电压调节器以后，再由调节器输出一个约24V的控制电压，它的一路经过续流的二极管到电源总开关控制线，能使电源总开关继续工作，防止驾驶员在正常行驶时，不小心把总电源开关关掉。另一路则可以作为控制空调开关的电源。因此，发电机充电灯不亮的可能原因是：

①灯泡坏；

②电压调节器坏；

③充电指示灯的电路断路；

④充电指示灯的电路与带电电路发生短路。

检查过程中排除了前3种可能，重点放在最后一个可能的原因上。在发动机停转时，使用万用表对搭铁测试与充电相关电路，发现在该“N”中心点电压输出电路上约有24V的电压存在，说明与发电机充电相关的电路或者发电机内部有问题。再次分离发电机的磁场和中性点及接搭铁端的插座，测量发电机上的中性点引线，结果仍有约24V电压存在，从而确定发电机内部有故障存在。

于是拆检发电机，根据星形接法的硅整流交流发电机的发电原理，测得定子线圈的绝缘良好，从而把检查的重点放在测试整流二极管上。通过认真的测量，终于发现整流板中一组整流二极管中的正向二极管已被击穿，使得星形接法的硅整流发电机的中心点“N”上带有24V的电压。由此，前面出现的相互间关联的故障现象，也都是由于二极管被击穿引发的。更换已经损毁的整流二极管元件板，重新装复好发电机后，充电指示灯亮，打开电源开关起动发动机，试车正常，故障消失。

2)起动机无力的故障

故障原因：一辆装有博世BOSCH KB型24V/5.4kW滑动齿轮式大功率起动机的JNP6125A豪华客车，早上起动时，因起动机转速不够快，产生的转矩太小，使发动机不能正常起动。

分析排故：首先检查蓄电池的连接和电压，检查结果均正常。起动机能转动，说明机械传动装置良好。查阅维修资料，该客车上的起动机位于发动机的左侧飞轮壳上，为博世KB型大功率滑动齿轮式起动机。它有两套磁场线圈，主磁场线圈与电枢绕组串联，并联线圈则与电枢绕组并联，用于限制无负荷时起动机的转速。起动机工作过程包括两个阶段，只有确保电机驱动齿轮与飞轮齿圈完全啮合后，电机才会输出最大功率。

由此看来，起动机运转无力的可能原因大致有以下几种：

(1)蓄电池电压不足；

(2)并联线圈烧毁，使电枢不能转动；

(3)电磁开关的扣爪凸缘处磨损严重或电磁开关的内部线圈断路；

(4)多片式离合器有打滑现象；

(5)电枢轴的支撑轴承松旷而引起与磁极产生摩擦。

由于在检查故障的过程中，分别排除了前面4种的可能原因，因此基本确认是第5种原因所致，于是拆检起动机，通过仔细的检查和测量，发现由于缺少润滑已经使起动机电枢轴的支撑轴承已磨损，且有较大的变形；电枢与磁极之间的间隙变得不均匀，转动时有摩擦产生，故由此引起起动机输出的旋转力矩明显下降。

重新更换新的轴承，按标准装复好起动机，装车后，经过一段时间的使用，没有再出现起动无力的现象。

起动机的维护的一般要求是：

由于起动机工作时的瞬间电流高达400A以上，所以电源线的连接一定要牢固可靠。使用起动机时每次不得超过15s，连续使用不得超过3次，以免长时间使用烧毁电机。进口或合资的起动机维护周期一般为30万km，维护作业时必须检查电刷长度并酌情更换。维护时要检查轴承表面质量和配合间隙并润滑轴承，检查单向传动离合器和齿轮的技术状况。国产的起动机维护周期一般为20万km。

195. 沃尔沃客车电控悬架（ECS）的故障

故障现象：一辆使用了5年的沃尔沃B10M豪华客车，该车在正常行驶中ECS（电控气囊）故障指示灯偶尔会亮起；同时气囊会自动升降，有时持续运行几分钟后，气囊会自动恢复正常，此时按下ECS调整开关也无法调节气囊高度。停车后，再次起动，重复行车试验，偶尔又会出现上述的故障现象。

分析排故：汽车悬架对汽车的操纵稳定性、乘坐舒适性都有较大的影响，因而底盘悬架结构在不断改进，其性能及控制技术也在迅速提高。沃尔沃公司（VOLVO）B10M、B12M等豪华客车上所装备的克诺尔（KNORR）公司生产的电子控制悬架ECS（Electronically-Controlled Suspension）系统，可以根据截获的随机变化的车辆高度传感器电信号，保持底盘的水平；或通过操作仪表板上的控制开关，根据要求调控车辆底盘的高度，直接控制气囊的升降。ECS比以往的机械调整控制更为迅速、准确，能满足不同条件的要求。

接车后修理工利用ECS的自诊断功能，读取的故障码为：2、4、5、6。

查阅维修资料，其故障码的含义见表5-3：

ECS故障仪码表 表5-3

故障代码	故障现象	故障原因
2	气囊不能正常工作或不稳定	电磁阀故障
4	车辆行驶中，气囊会无故升起	里程表的速度信号丢失，导致发给控制单元错误信号或通往ECS控制单元的速度信号线路有故障
5	高度传感器信号故障	1个或多个高度传感器信号错误；ECS控制中心到1个或多个高度传感器间的信号断路；ECS控制单元有故障
6	控制时间监督故障	气囊压力不足，气囊、气管或阀体漏气；气囊、阀体、高度传感器或调平杆损坏；高度参数错误

分析故障代码成因，对照该车 ECS 系统电路图逐一检查排故，并清除故障码。

1）故障代码 2 原因排查

（1）分离电控中心的控制单元插头，对电磁阀——电路的电阻进行测量，测得的电阻值为 0。

（2）断开电磁阀上的接线测量：

①测量 ECS 控制单元插头上连接的电磁阀接线电阻，若与前面测量结果相同，说明此线路上有短路；

②直接从电磁阀的接线柱上测量，控制阀（电磁阀）线圈电阻正常。

（3）在检查电磁阀线路走向时，发现转角处起固定作用的塑料捆扎带因长期振动使导线外保护层损坏，铜线外露发生了短路。

采用绝缘捆扎带，恢复连接电磁阀引线，测量的结果恢复正常。

2）故障代码 4 原因排查

（1）检查里程表传感器与里程表的线路连接情况，（用数字万用表电阻挡）测量线路正常，没有断路现象。

（2）检查里程表传感器上的接线柱和插座，发现导电片接触良好，拆下里程表传感器，用手转动轴芯，里程表能转动。

（3）再次查看原车电路图，发现速度表上输出的（C3）速度信号在沃尔沃 B10M 客车上是一个由多个电子控制系统共用的信号，（ECS）电子控制悬架的 ECU 也使用 C3 信号，因此只有找到其他的相互连接线路，才能确定故障。

（4）在电控中心，根据电路原理图上的代码找到 C3 信号的连接插座，发现其中的一根连接线路导电片已经松动，这正是 ECS 控制单元传输的 C3 信号线。

清洁、紧固连接插件后装复，恢复正常。

3）故障代码 5 原因排查

（1）根据电路原理图，用数字万用表测得的高度传感器的电阻正常，电路连接良好。

（2）打开点火开关，测量传感器的工作电压为 5.01V（标准值为 5.0V ±0.02V）。上下滑动控制臂时，电压读数在 1.70 ~3.44V 范围变化，都属正常。

（3）试车，当经过颠簸路面时，偶尔还会出现气囊供气电磁阀频繁工作以致升高，停车后，再点火起动后，恢复正常，控制开关升降也都正常。

（4）再仔细检查高度传感器和线路后，终于发现：由于车辆使用日久，线路外面包裹的波纹塑料管和导线间由于振动而相互摩擦，使左后高度传感器导线的绝缘层磨成锯齿形，铜芯外露，似断非断。由于颠簸振动，线路上传递的高度信号或丢失或因有而引起气囊突然升起现象。

更换导线并进行防水包扎处理后，ECS 的高度传感器信号电路恢复正常。

4）故障代码 6 原因排查

（1）首先检查溢流阀的输出压力应该在 750kPa 以上。气囊、气管、电磁阀体无泄漏。在行车中多次制动后，有时会出现 ECS 故障指示灯闪烁现象，仔细检查储气罐和气泵，其工作状态均正常，气管、气囊没有检出泄漏情况。

（2）再进行电路检查。用数字万用表测量压力传感器的电路连接，发现 ECS 指示灯在闪烁时，压力开关不通（导通最小压力为 750kPa），说明经单向溢流阀输出到气囊的气体压力没有超过750kPa。按照气管及储气罐的排列情况，压力传感器安装在主储气罐的出气口，而前后制动器的储气罐是用四通阀并联在储气罐的单向溢流阀压缩空气出口端，此时仪表板上的压力表指示气压没有达到正常的800kPa，所以判定单向溢流阀有堵塞或流量过小的问题。停车后检查，发现单向溢流阀有泄漏现象。拆检后，发现内部压力调节弹簧由于长期被水汽氧化而锈蚀，橡胶膜片和O形密封圈已老化产生漏气，有气流不畅现象。在ECS电控气囊工作时，不能达到工作需要的正常压力（900kPa），而引起车身上升时气囊进气反应不灵敏，延长运行控制时间。

(3)更换单向溢流阀后，其出口端的出气量恢复正常。

在清除ECS控制单元内的故障码后，再次起动发动机，ECS故障指示灯熄灭，说明ECS系统正常。车辆行驶中再次测试ECS系统，测试选择多种复杂路面，在不同车速下行驶，ECS效果良好，功能恢复正常。

通过对沃尔沃B10M豪华客车的ECS故障检修排除，更好地了解掌握了该车的ECS结构和工作原理以及检修方法。如果线路接触不良，或共用传感器信号的失真，或供气压力过低，都会发生间歇性的故障，引起电控系统的电脑将错误信号与正常信号进行比较，储存故障码，使ECS警告灯点亮。

196. 诚信服务，标本兼治

故障现象：2008年9月某天凌晨一时左右，一辆外地途经杭州的大客车打电话请求救援，该车在路上突然熄火，再也发动不起来了，车上满满一车人，非常焦急。

分析排故：急客户所急忙，抢修人员以最快的速度赶赴现场。这是一辆宇通ZK6137型双后桥客车，配置日野高压共轨发动机。修理工仔细检查了30min后才查出原因，原来是控制ECU电源的一个继电器一根地线发生断路，但外观检查没有断裂处，使之无法起动。又反复检查半个多小时，也没有查到这根地线到底断在那儿。车主非常焦急，肯求修理工重新拉一根地线临时处理一下好了，全车乘客都着急早点回家。修理工对车主说：我给你接一根线是小事，但这事关系车辆的安全问题，乱接电线很容易引起电线短路，从而引发火灾事故。如果我简单处理一下让车起动，那是有隐患的，我要对你的客户、我的单位和自己负责。修理工上上下下，钻进钻出，历经两个多小时，才查到问题所在，原来这根搭铁线安装在蓄电池内侧，这里还有好几根搭铁线，除了这根ECU电源继电器的搭铁线磨断了，另外两根线的绝缘层也已磨破，露出了铜线。功夫不负有心人，问题终于找到了，经过清理、捆扎、固定处理后，一转动点火开关发动机就顺利起动，车主和旅客们再三道谢后高高兴兴地上路回家了。

为什么查了这么久，一是没有电路图，对车辆结构不熟悉，晚上又漆黑一片，仅靠一只蓄电池灯照明。二是电路设计不规范，不同电器线路电线的颜色区别不明显，晚上难以分辨。蓄电池箱内布置线束不合理，这辆客车的线束没有做好隔离，这是一个安全隐患。修车时如果是遇到一些不负责的修理工，听从驾驶员要求简单地接一根线能起动就了事，修一次就接一根线，收一次费，再修再接再收费，这车很快变成“蜘蛛网”，安全就没有保证了，这个安全隐患可能就会随时发生火灾事故。

客车自燃事件时有所闻，客车发生火灾极易发生群死群伤的特大事故，而客车火灾事故大部分是由于电气线路短路所引起的。为此维修企业要诚信服务，修车时一定要标本

兼治。

197. 新车走合期要倍加关注，重点检查，排除隐患

事件经过：杭州某公司新购置的一辆某品牌客车在执行第一次二级维护作业出厂检验时，检验员试车检测其制动、转向性能，发现该车转向盘自由行程偏大。进一步检查转向传动轴伸缩节处明显松旷，拆卸花键轴及伸缩节，其啮合部位长度只 3cm，对比其他同类客车，其啮合部位长度足足有 15cm，原来是客车制造时错装了部件。驾驶员一直没有报修异常情况，幸亏检验员认真仔细检查，排除了一次重大的机械、安全事故隐患。

为了投入春运工作，某客运公司通过车辆招投标新购了 8 辆某品牌客车，8 辆新车投入使用后驾驶员反映都存在离合器起步发抖现象。修理工检查后，排除了发动机和离合器操纵系统及驾驶操作的原因，可见是离合器的质量问题。

于是向客车厂家反馈情况，要求查明原因，原来这批客车装用的是大连生产的离合器总成，价格只需 3000 元。客车厂家只好免费更换了上海萨克斯的产品，试车发现离合器发抖故障完全消失了，而这一价格要 6000 多元，一分价钱一分货。所以在采购新车时一定要选择技术性能相匹配的产品，明确主要总成件的厂牌、型号、产地等要素，不能一味只求低价，任何供应商都要计算各自的成本和利润。

新车出厂时一般都会安装轮胎装饰罩盖，主要是为了客车的美观和方便驾驶员清洁车轮。其实不然，虽然增加了美观，却会带来危害。安装轮胎装饰罩盖后，无法直观检查轮胎螺母的松紧程度，更不利于轮胎和制动器的散热，严重地影响轮胎的使用寿命和制动效能，于行车安全不利。曾发生过新车在走合期内发生轮胎螺母松旷事件，是由于新车在装配时没有均匀拧紧轮胎螺母所致。轮胎螺母的检查是一项日常工作，务必要把每一项简单的事情做好，才能确保良好的车辆技术状况。

某高档品牌客车（单车价格 200 万元），安装德国进口的原装奔驰柴油发动机，新车启用第一周内发生曲轴皮带轮脱落事件，累计行驶只 3500km。客车在高速公路上飞驰，突然其发动机曲轴皮带轮脱落到路面上，导致后面 2 辆轿车因避让不及发生追尾事故。因该发动机曲轴皮带轮的高度足有 14cm，所以紧随其后的一辆轿车的发动机油底壳被曲轴皮带轮撞破，事故直接经济损失达 2 万多元，幸运的是没有人员受伤。查明原因是发动机曲轴皮带轮仅用 8 只 ϕ8mm 的螺栓紧固重负的皮带轮，且紧固螺栓的工作力臂太短，所以不能承受皮带轮的大负荷。对同类的其他客车检查也都见到过这种现象，说明这完全是产品设计存在的问题，后来经过加大螺栓直径和强度，并加装 3 只传动销分担受力，使问题彻底解决。为此我们不能一味地相信进口产品一定没问题，任何部件的一点缺陷就会影响整体的工作质量。加强质量管理就要加强全员、全过程和全企业的质量管理。好的产品质量是设计、制造出来的，而不是检验出来的。

原因分析：客车是劳动密集型生产的产品，总成部件的安装都是人工完成，配置又多种多样，部件质量也是天差地别。目前大多是根据客户的定价需求确定总成的配置，生产过程中又经常会加班赶进度，整车质量的保证难度很大。新车在使用初期，机械部件磨损多，总成部件、电器线路的连接和紧固件在振动、冲击等载荷的作用下会发生松动、变形和磨损，新车走合期间磨损大、故障多发。为此新车使用前一定要认真阅读使用和维修说明书，加强对驾驶和维修人员进行必要的技术培训，不要过分相信新车没问题，并做好维修档案记录。新车初期的正确使用是关键，否则将造成车辆的提前损坏，对发挥车辆的技术性能大打折扣。

198. 检修工作疏漏导致客车空调爆炸

事件经过：2010 年 2 月 28 日，浙江地区的气温突然飚升到了 25℃，某公交客车在行驶途中因车厢内闷热（全封闭式空调客车），驾驶员刚打开空调开关，紧接着是一声爆炸声，车厢内顶部的空调风管及支架全部爆裂，部分客车的侧窗玻璃破裂，车上旅客 5 人不同程度受伤。发动机部位上的空调压缩机及管路破裂，空调压缩机的皮带轮脱落，附近居民被这一爆炸事件惊吓了。驾驶员紧急停车切断电源，立即报警并抢救伤员，并做好了防止次生事故发生的防范工作。驾驶员训练有素，临危措施得当。

原因分析：现场情况是客车顶部空调管道和送风箱发生爆炸，没有其他任何易燃易爆物品，也没有外来的爆炸源，客车电器系统和油箱、高压储气筒、蓄电池及轮胎等都完好无损。空调系统怎么会爆炸呢？闻所未闻。原来两个月前该车曾报修空调效果差，要求修理厂检修，修理工对该车空调系统外部检查情况良好，用仪表检测制冷管路中的高、低压后认为要进一步检查空调管路的密封性，于是用常规方法对空调管路充高压氮气检漏，根据维修技术要求空调管路中氮气的压力要求达到 1.5MPa，并且要求必须保压 24h。可是第二天一早，另一驾驶员在不知情的情况下就开车上路了，后来天气转冷并持续低温，修理工和驾驶员都忘记了该车的空调系统尚在保压检测状态，但客车就这样一直处于运行之中。因冬季气温低，不必使用冷空调系统，直到 2 月 28 日这一天气温突然升到了 25℃，全封闭的客车内闷热，于是驾驶员打开空调开关，空调压缩机工作后，系统内部的压力就骤然上升，当超过了管路系统能够承受压力的这一瞬间就发生了客车空调爆炸事件。

汽车维修质量，事关行车安全。提高汽车维修质量，必须强化“三检”（自检、互检和专检）制度，制度的执行更是关键。汽车维修是一个综合性的系统工作，有时需要许多技工共同配合作业，为此要职责分明，尤其是要落实维修车辆的进、出厂检验、维修过程检验签证和车辆交接等制度，做好维修档案记录，总结、研究客车使用、维修规律。管理部门要加强检查、督促和考核。

199. 两起客车火灾事故的思考

事件经过：自舟山连岛跨海大桥开通以来，美丽的东方海岛笑迎八方来客。走访亲友的，游山玩水的，不亦乐乎。然而，就在 2010 年 2 月 19 日这一天，人们还沉浸在春节的气氛中，杭舟线上两辆客车发生了火灾事故。中午时分一辆杭州至舟山岱山班车行驶到甬舟高速金塘跨海大桥上，驾驶员发现车辆发动机尾部开始冒烟，马上靠边停车，打开车门、关闭紧急断气开关、疏散旅客，立即报 119 火警。并在旅客协助下，共使用 6 只灭火器进行自我施救，但火势未能及时控制，最后导致客车整车和大部分行李烧毁。同日晚上 9 时许，一辆舟山回杭的旅游大巴在杭甬高速萧山境内发生火灾，客车整车和行李全部烧毁。由于抢救疏散及时无人员死亡，但有 10 多名旅客受伤，全部经济损失达 80 多万元。

原因分析：该班车于 2003 年 4 月购置，已累计行驶达 100 万 km，火是从发动机舱内燃烧起来的，因在高速公路上未能及时控制扑救，整车烧尽（图5-16），凡是易燃物已全部烧毁，发动机上的铝质附件也已熔化，现场地面上留下近百米的油渍。

图5-16　客车火烧残骸

该车发动机（康明斯）为后置式结构，发动机右边附件有机械式高压泵、熄火电机，外侧有中冷器和水箱；发动机左边附件有起动机、发电机和涡轮增压器，外侧有空调机、蓄电池和排气管。车型老旧，发动机舱内没有其他用电设备，该车的低压进油管和回油管都采用亚太胶管。

整车烧毁后，车内一片狼藉，发动机舱内的橡胶件、电线护套和发电机已全部烧毁，涡轮增压器壳上部、增压器与中冷器之间的连接管和气门室盖等铝制件已熔化，发动机下部及排气管和空调机清晰可见。

火灾是在行驶途中从发动机舱内先自燃起火的事实，说明蓄电池和轮胎都是整车燃烧后烧毁的，也可排除车内人员的人为因素所致。车辆在行驶中驾驶员没有感觉发动机动力不足现象，是车上乘客先发现发动机舱起火的，事故车辆是驾驶员正常操作停车的，说明在停车前发动机的供油系统正常。地上的油渍是回油管烧破后的柴油或机油渗漏所致。因为电线被盗和整车烧尽，具体的起火点基本确定是熄火开关（驾驶员说熄火开关工作不正常）或电路磨损短路引发。驾驶员发现客车后部冒烟停车后，先下车查看情况，再想上车去取灭火机，但因车上乘客争先逃离，无法拿到灭火机，延误了最佳灭火时期，导致大部分行李烧毁。

而那辆旅游大巴的事故完全是驾驶员的责任事故，该车在途中旅客已闻到柴油味，很显然是燃料渗漏了，驾驶员曾进入高速公路服务区检查，因检查站内无人修理，在没有解除隐患的情况下继续行驶。驾驶员于安全不顾，侥幸抵达目的地后再修，行驶不远就酿成惨祸。

俗话说：火烧全光，火灾猛于虎，客车火灾事故更令人谈之色变。据公安消防部门统计资料表明，汽车火灾事故逐年大幅上升，客车火灾燃烧迅猛、蔓延快、危害大，极易造成车毁人亡的恶性事件，后果不堪设想。防范客车火灾事故已是道路运输企业安全管理工作的重要内容。

1）客车结构特性分析

随着客车使用要求的大大提高，客车配置越来越多，空调、缓速器、视频设施、电脑控制系统等层出不穷，用电设备、负荷越来越大。客车上的易燃材料多，客车内饰都是棉布织物、海绵、塑料件和汽车轮胎都极易燃烧。而客车的整车技术没有轿车那样成熟完美，我国的客车改装选配又特别多，线束多、连接点多，电线布局及整车设计不尽合理。后置发动机冷却效果相对来说要差一些，客车高速大负荷运转时，发动机舱内温度很高，柴油机供油系统复杂，易发生渗漏故障，柴油的自燃点又低。客车自重增加（12m 长的客车装备质量超过 12000kg），高速运行使汽车底盘负荷大大增加，车轮制动器和轮胎等机械温度随之提高。因客车附件多、控制系统复杂、维修检查空间狭小，造成检查维修困难，导致隐患故障难以及时发现排除。

2) 客车火灾事故原因分析

客车设计缺陷，线束、油管、排气管、蓄电池布局不合理，电线、油管与排气管或蓄电池之间没有很好的隔离措施；没有采用总线技术，线束多而乱；车辆改装选配多，有的擅自改装，随意搭接电线，用电负荷大大增加，电线超载运行。

驾驶员往往重使用、轻维护；维修制度不落实，检查、维修不规范。由于简化维修作业，留下不少隐患，如导线绝缘层破损、电线老化、接触不良、电器短路、蓄电池不清洁或电源线损坏短路，或进、回油管漏油。漏油、漏电往往是火灾重要诱因。

大功率发动机工作时排出大量高温废气，如排气管接口垫、排气歧管接口垫或排气管石棉隔热层损坏，则高温废气极易引燃周围可燃物。

夏季高温客车长时间大负荷运行，车辆散热困难，发动机舱和制动器、轮胎等机械温度高，如果制动器发生卡死故障或轮胎缺气时，则极易诱发轮胎起火。

上车前安检把关不严，旅客携带易燃易爆物品上车，如民工乘车时常携带柴油、煤气瓶、鞭炮等物品，或携带发胶、打火机、清新剂等物品，这些易燃易爆物品在太阳光的直射下极易导致火灾。有的驾乘人员在车内吸烟，安全意识淡薄。

收车后，驾驶员未能仔细检查车辆，没有关闭所有用电设备和电源总开关，导致一些用电器长时间用电发热，电线温度升高皮层熔化，易导致电线短路起火。

3) 怎样预防火灾事故

预防火灾事故一定要做到：

(1) 提高全员安全意识，加强全员、全过程的管理，重抓事前预防、事中控制，防患于未燃，警钟长鸣。落实安全责任制，强化督促检查，严格考核。确保安全管理资金的投入，加强从业人员的教育和培训，提高全员安全意识和业务技能，增强事故预防和应急处理能力。

(2) 车辆选型时要选购技术成熟、配置合理的车型。车辆设计中必须全面考虑用电负荷的平衡性和合理性，采用总线设计。线束与进油、回油管不能捆扎在一起，线束和油管要避开高温区和摩擦区，尽可能减少接触点，用橡皮减振包扎固定。蓄电池箱内要整洁，加装、改装用电设备时一定要计算好用电负荷，合理取电、布线，确保绝缘效果，包扎固定可靠。要有专业人员完成改装作业，千万不能随意乱接电源，否则不仅要留下火灾隐患，还可能损坏其他电器设备或控制系统。

(3) 中、高档大客车都采取后置发动机，发动机工作环境较差，后舱的隔热防火设计要周密，《营运客车类型划分及等级评定》（JT/T325—2010）标准中明确规定高级客车后置发动机舱要有自动灭火装置。随车配备大容量灭火机 2 只、安全锤不少于 4 只。定期对驾驶员进行防火知识培训和实战演练，了解掌握汽车的燃烧特性，提高防火意识、组织旅客逃生自救和实际灭火操作能力。

(4)车内严禁吸烟，车内醒目处张贴标语，温馨提示，做好旅客的宣传工作。为了您和他人的安全，严防易燃易爆物品带上车，利用科技手段强化安检和监控，做到防患于未然。加强对安检人员的业务技能培训和考核。

驾驶员要全面掌握各电器设备的功能，正确使用，并加强汽车的日常维护，做好“三检”、保持“四清”、防止“四漏”。做好“三检”：即出车前、行车中、收车后检视车辆的安全机构及各部件的坚固情况，油、电路系统要重点检查防范。保持“四清”：即保持机油、燃油、空气和蓄电池的清洁。防止“四漏”：即防止漏水、漏电、漏油、漏气。要勤检查，发现问题及时修理，消除隐患。行车途中要经常观察汽车仪表系统是否正常，检查有否油味、焦味。回场停车时一定要先关闭所有用电设备，再切断电源总开关。

(5)良好的车辆技术状况是安全运行的首要前提。要认真贯彻执行“定期检查，强制维护，视情修理”的维修制度，强化维修工作职责，重点是加强修理工的工作责任心和严格执行维修技术规范要求，完善客车回场进行日常维护、一、二级维护和维修作业的完整性，重点检查并确保油电路系统、发动机冷却系、排气管和车轮制动器等部件工作良好。要定期检查整车线束在车体上的固定状况及绝缘层是否清洁、完好；检查各配电板中的继电器座的导线连接、插座板中的接插件是否良好；检查导线绝缘层是否破裂、缺损或老化现象；检查熔断丝是否齐全、完好，各开关工况是否正常。检查供油系统是否有渗漏或管路损伤现象，排气管各接口及保温隔热层工作良好。蓄电池清洁、连接良好，发动机冷却系和车轮制动器工况良好，发动机正常水温在80～90℃，车轮制动器轴承松紧度适当，制动无拖滞现象，轮胎气压正常。检查中发现的缺陷或故障必须及时修复或更换，绝不能让客车带病行驶。

4)车辆自燃的应急措施

安全是人们对道路旅客运输服务的第一需求，人的生命是最宝贵的财富，创建和谐社会首先就要树立“人的生命权至上”的理念。客车一旦发生火灾，驾驶员要沉着冷静、勇敢果断地根据不同的情况，采取相应的灭火措施。

如万一发生起火异常情况，先靠边停好车打开车门和应急门，切断电源，组织旅客逃生，并迅速使用随车灭火器，顺风方向对准着火部位喷射，不要慌乱，冷静应对，如事态严重应及时拨打119求救电话。如无法打开车门，就用安全锤或其他坚硬器具打破玻璃(现在客车上用的大都是双层夹胶玻璃比较坚固)。

局部起火，轻微烟雾溢出，此时驾驶员应马上靠边熄火停车，取出随车灭火机找准起火点，迅速进行自救喷射冒烟部位。这类火情只要发现及时，施救得当就可解除。如发动机处有浓烟或火光时，还没有施救增援情况下这时不能盲目打开发动机舱盖，否则空气的大量进入反而会加剧火势。因为保持发动机舱盖关闭状态，阻止了氧气的补充助燃，减缓燃烧速度，有利于扑救。

如是供油系统起火，则要迅速切断油路，避免油箱爆炸，且不能用水来灭火，只能用灭火器或沙土及其他覆盖物覆盖使其熄灭。

行车途中如发觉有油味或焦烟味等异常情况，应立即停车检查，排除故障后方可再继续行驶。

客车火灾事故的发生往往比较突然，燃烧速度较快，人们遇火警时会惊慌失措，所以驾驶员一定要冷静、机智、动作麻利，不仅要快速反应组织抢救，还要及时做好交通事故的防范，如在公路上发生火灾，则要在后面设置警告标志（高速公路上必须在车 150m 外设置），以防引发交通事故。严重的交通事故极可能引发火灾，要及时疏散、抢救旅客，以防不测。如果火灾发生在停车场内，则要迅速撤离周围车辆，控制事态的扩大，降低财产损失。

总之，安全生产必须坚持“安全第一、预防为主、综合治理”的方针，企业要发展，社会要和谐，安全是前提，安全责任重于泰山。通过抓源头、抓制度，长效管理，持续改进，确保客车运行安全。

200. 两起客车维修服务投诉

1) 同一车型离合器摩擦片价格相差大的投诉

事件经过：在同一个月内，先后有二辆同一型号同一时间购买的客车在修理厂修理，都更换了离合器摩擦片，客户在结算时仔细查看了结算清单，傻眼了。一张离合器片子的价格是 1600 元，另一张则是 2550 元，觉得非常不可思议，当时汽车配件市场价格没有调价，于是质问修理厂，要求修理厂说明原因。

原因分析：修理厂工作人员得知情况后，心神恍惚，非常担忧材料销售部门有否随意高价销售，否则将严重影响修理厂的声誉和长期建立的良好客户关系。诚信服务是企业的服务宗旨，尤其是在市场经济条件下，服务性企业必须先为客户创造价值，再谋企业利益，建立长期的合作伙伴关系，企业才有发展希望。

认真检查领用的离合器摩擦片材料，这两张摩擦片都是上海产的萨克斯产品，但两张摩擦片的直径大小是不一样的，价格较低的摩擦片直径是 ϕ420mm，而价格高的一张摩擦片的直径却是 ϕ430mm，直径较大的是加强型离合器摩擦片，所以价格就要高一些。同一车型又是同一批客车，二辆车的离合器怎么会不一样呢？询问了修理工和检验员的答复：换上的新离合器摩擦片与换下的旧件是一样大小的，回访驾驶员反馈离合器使用正常。排除了修理上的原因，说明是原厂装车时存在问题，然后追问客车生产厂，确认是生产时装用了不同规格的离合器摩擦片。

客车部件的配置五花八门，质量参差不齐，客车生产企业为了千方百计降低生产成本，对一些隐性的配件材料自然会选用价格较低的产品。我国有句古语是：一分价钱一分货。高速运行的客车离合器片（如上海产的萨克斯）的正常使用寿命在 70 万 km 以上，其直径越大，承载的转矩也越大，价格就越高，使用寿命越长。所以在选购新车时一定要签订协议，明确客车部件配置的厂牌、型号和规格甚至于产地，争取延长质量保证期限，客户权益最大化。在招标采购客车时，千万不能以最低价格作为中标的标准，要科学分析比较综合性价比。选好车、用好车、修好车是道路运输企业机务技术管理的职责和使命，也是道路运输企业确保安全、舒适、快捷、经济目标的前提与保证。

2) 更换油封反而漏油，车子被修坏了

事件经过：一辆现代 HK6124 客车因主减速器油封漏油，在修理厂更换了一只新油封后，第二天出车运行回场驾驶员又报修主减速器油封漏油更严重了，车子反而被修坏了，这是怎么回事呢？

原因分析：修理工拆检主减速器凸缘时发现其油封的内径比凸缘的外径大，油封起不到密封作用，齿轮油自然就往外流，幸亏油封的下端面高于后桥的油底壳，行驶里程不长，剩余的齿轮油保证了主减速器的润滑和冷却，否则主减速器将干摩擦而损坏。

查阅车辆的技术档案资料，现代客车的主减速器凸缘有两种结构，所以其对应配装的油封内径也是不一样的，一种是 ϕ70mm，另一种为 ϕ80 mm。漏油的原因是油封用错了，修理工在安装时没有仔细检查油封的接合情况，太粗心大意了。

就目前我国客车与轿车的生产现状，轿车是成熟的定型产品，而客车的生产是按客户的需求、价格的定位而组装生产的，所以客车配置的不确定和配件的不一致性情况比较多，就是同一型号、同一批次的客车也常有这种现象。因此在维修客车时一定要做好技术资料的档案记录，不要轻信同一车型的部件一定是相同的。同时修理工在申领材料时要与旧件对比一下，材料员要了解掌握各车型配件材料的技术参数，有两种结构的部件要追问一下是哪一种，并提醒再比较一下。机务技术管理部门要收集各种车辆的技术资料、了解掌握不同车辆的通用件和同一车型中的非通用件，加强对维修技工的培训和考核。在维修作业中必须严格落实“三检”制度和检验签证制度。